"现代中国的孔夫子"、中国近现代史上的民间大儒

段正元与道德学社

韩 星◎主编

知识产权出版社
全国百佳图书出版单位

图书在版编目（CIP）数据

段正元与道德学社/韩星主编. —北京：知识产权出版社，2015.3
（段正元研究丛书）
ISBN 978－7－5130－3006－9

Ⅰ.①段… Ⅱ.①韩… Ⅲ.①段正元（1864~1940）—哲学思想—思想评论 Ⅳ.①B259.95

中国版本图书馆 CIP 数据核字（2014）第 217347 号

责任编辑：江宜玲　　　　　　　　责任出版：刘译文
封面设计：品序文化

段正元研究丛书

段正元与道德学社

DUANZHENGYUAN YU DAODEXUESHE

韩　星◎主编

出版发行：	知识产权出版社有限责任公司	网　　址：	http://www.ipph.cn
社　　址：	北京市海淀区马甸南村1号	邮　　编：	100088
责编电话：	010－82000860 转 8339	责编邮箱：	jiangyiling@cnipr.com
发行电话：	010－82000860 转 8101/8102	发行传真：	010－82000893/82005070/82000270
印　　刷：	保定市中画美凯印刷有限公司	经　　销：	各大网上书店、新华书店及相关专业书店
开　　本：	720mm×960mm　1/16	印　　张：	15.75
版　　次：	2015 年 3 月第 1 版	印　　次：	2015 年 3 月第 1 次印刷
字　　数：	262 千字	定　　价：	58.00 元

ISBN 978-7-5130-3006-9

出版权专有　侵权必究
如有印装质量问题，本社负责调换。

目　录

- 弘道明德　救正人心 …………………………… 王殿卿（ 1 ）
- 段正元与道德学社 ………………………………… 任宝菊（ 7 ）
- 论道德学社的性质和意义 ………………………… 鞠　曦（ 19 ）
- 段正元的儒学思想 ………………………………… 鞠　曦（ 35 ）
- 段正元儒学思想论略及其哲学反思 ……………… 鞠　曦（ 52 ）
- 段正元与现代新儒学"道统"观念之比较 ……… 鞠　曦（ 74 ）
- 论段正元的亲民之道 ……………………………… 鞠　曦（ 83 ）
- 段正元内道外儒之学理意蕴——兼论儒家之道 … 鞠　曦（ 97 ）
- 段正元道德思想精义 ……………………………… 韩　星（109）
- 段正元对中国传统道德伦理的现代转换及其意义 … 韩　星（132）
- 修道之谓教——段正元论道与教 ………………… 韩　星（143）
- 道德学社与道德宗教 ……………………………… 韩　星（151）
- 段正元孔教思想与实践 …………………………… 韩　星（170）
- 段正元大同思想与实践 …………………………… 韩　星（180）
- 段正元道德学社的历史文化定位 ………………… 赵法生（219）
- 段正元民间信仰之思想特色——以"黄中通理"篇为例 … 余强军（222）
- 段正元中道思想的特点 …………………………… 李世凯（231）
- "现代中国孔夫子"段正元 ……………………… 黄　慧　冯俊强（243）

目 次

弘道明德　救正人心

王殿卿

一、面对时代的回应

段正元（1864～1940）一生经历两个朝代：从清末到民国；从鸦片战争到"七七事变"。在西方强势文化的冲击之下，中华文化已变成弱势文化，并且正在被西方文化所取代。文化上的西化，是经济、政治等社会全盘西化的舆论先导，也是最终的结果。西方列强的逻辑，历来是"文化上的占领，是最终的占领；文化上的消灭，是最终的消灭"，这一过程的本质是用西方的核心价值观取代中华道德，使中国教育加速西化。于是，使中国人安身立命的中华道德——孝、悌、忠、信、礼、义、廉、耻，与"封建礼教"画上等号，并逐步被"自由、平等、博爱，科学、民主、人权"所取代；私塾与书院被"洋学堂"所取代，中国人在自己的学校里不得诵读中国的经典，教育自觉不自觉地沦为了"去中国化"的工具。

中华文化步入困境之时，有人主张"中体西用"，有人跟着日本要"脱亚入欧"，喊出"打倒孔家店"的激进口号。段正元为保住中华文化，弘扬中华道统，实现孙中山的理想而弘道明德、奋斗终生。这种精神需要我们后人继承。

文化是民族的生命，道德是文化的灵魂。一股文化救亡的思潮开始生成，它要回应的是：

一、中国还要道德吗？道德还有价值吗？

二、道德也要全靠进口、全盘西化吗？

三、中华道统与中华道德，就等于"封建礼教""旧道德"吗？它还能使中国人安身立命吗？

四、如何对待孔子？儒家与道家是否已成为中国人的精神桎梏与中国发展的精神障碍？中国历史真的是一部"吃人的历史"吗？

五、如何冷静地观察与对待东西方文化？

六、学习与研究儒学的中国知识精英，能否成为践行儒学的"真儒"？

以上六项是时代的课题，也是民国初期"士人"与当政者共同关注的社会问题与应对的历史责任。

二、道德的价值

1911年，孙中山先生领导辛亥革命，推翻帝制，建立共和。1913年2月23日，他在日本东京对中国留学生的演讲中提出："有道德始有国家，有道德始成世界。"❶

1915年，51岁的段正元在北京成立了"道德研究会"。

1916年，他成立了"北京道德学社"。此后，这个以"挽回世道、救正人心"为宗旨的民间社团迅速遍布全国各地，成为重建礼仪之邦的重要道场。

段正元对于道德的价值有其独到见解："有道则昌，无道则亡""无论共和或专制，需道天下以德，齐天下以礼，方可平治天下。"❷ 他的名言与春秋时期管子的"四维不张，国乃灭亡"、孔子的"克己复礼"、孙中山的"有道德始有国家，有道德始成世界"同出一辙，至今仍有重要的现实意义。

三、恢复与创新固有道德

孙中山先生认为，民族要独立与复兴必须恢复中华民族固有的道德。他说："讲到中国固有的道德，中国人至今不能忘记的，首是忠孝，次是仁爱，其次是信义，其次是和平。这些旧道德，中国人至今还是常讲的。但是，现在受外来民族的压迫，侵入了新文化，那些新文化的势力此刻横行中国。一般醉

---

❶ 孙中山：《孙中山选集》，人民出版社1981年版，第684页。
❷ 任宝菊："段正元与道德学社"，见杨子彬主编：《国学论衡》（第一辑），敦煌文艺出版社1998年版，第414、416页。

心新文化的人便排斥旧道德，以为有了新文化，便可以不要旧道德。不知道我们固有的东西，如果是好的，当然是要保存，不好的才可以放弃。"❶ 他认为，"古时所讲的忠是忠于皇帝。君主可以不要，'忠'字是不能不要的，不忠于君，要忠于国、忠于民，要为四万万人去效忠；要忠于事，要始终不渝，做到成功。'孝'字，中国尤为特长，更是不能不要。仁爱是中国的好道德，古时候墨子讲'兼爱'，与耶稣所讲的'博爱'是一样的。信义，中国古时候对于邻国和对于朋友，都是讲信的，实在比外国人好得多。像日本等帝国主义，既不讲信，也不讲义。爱和平，更是中国一种极好的道德，现在世界上的国家和民族，只有中国讲和平，外国都是讲战争，主张帝国主义去灭别人的国家。"❷

段正元提出："救治中国社会问题、国际社会问题的最好方法，是在普天之下推行中国的传统道德。"❸ 于是，传承中华道统，对中华传统道德进行现代转化和广泛传播，就成为各地"道德学社"活动一以贯之的中心内容。

他对中华"旧有道德"的十条评价为：中华旧有道德是积极而非消极的，是文明而非腐败的，是权宜而非迂阔的，是平等而非阶级的，是自由而非束缚的，是健全而非贫弱的，是极乐而非苦恼的，是普遍而非偏枯的，是圆满而非缺陷的，是真实而非虚文的。这十条，是对当时一些知识精英用自由、平等、博爱等西方核心价值批判中国"封建礼教""旧有道德"的一种理智回应。这是一种文化的创新，值得今日国人尤其是知识界效法。

四、做真儒

段正元面对"打倒孔家店"的声浪，对于孔子的思想、儒学的真谛有积极的评价和新的概括。为了将儒家伦理通俗化、大众化，他进行了一系列的新概括：

> 分而序之，为君臣、父子、夫妇、昆弟、朋友五达道。体而行之，为智、仁、勇三达德。蕴之为内圣，格物、致知、诚意、正心。发之为外王，修身、齐家、治国、平天下。其纲纪人群，则立孝悌、忠信、礼义、

---

❶ 孙中山：《孙中山全集》（第9卷），中华书局1986年版，第243页。
❷ 同上书，第244页。
❸ 任宝菊："段正元与道德学社"，见杨子彬主编：《国学论衡》（第一辑），敦煌文艺出版社1998年版，第415页。

廉耻八德。其维持社会，则尚父慈、子孝、兄良、弟恭、夫义、妇听、长惠、幼顺、君仁、臣忠十义。❶

对于"三纲五常"的争论，至今不绝于耳。一百多年前的段正元却有自己的解释：

> 纲者，系对上者责任之义也。以君为臣纲而言，君者，主也；臣者，辅也。君之称非必皇帝之独当，共和国之总统亦皆为君。但凡居君之地位者，必其道德学问足为大众之模范，能负个中完全责任者，始足为纲。父为子纲之理亦然，而其事则非如若臣之简单。父子、夫妻纯为恩情和合，为夫为父者常居于责任与模范地位，为妻为子者各辅夫、父共成家庭之美满。❷

段正元还为《论语》"唯女子"一章正名，说孔子所谓"唯女子"指的是自恃聪明之女子，而非世间所有女子。

这些阐释是他对儒学真谛的领悟，也是他面对社会各界进行演讲必须回答的重要问题。此种"真儒"功夫，仍是当今吾辈之楷模。

"能说能行者皆是儒"，这是段正元的名言，也是他推行道德教化的一贯主张。无论是教育的主体，还是客体，均须遵循知行合一，学以致用，否则不是"真儒"，而且道德教育也难有实效。他要一国之君臣首先做出道德示范，为"救世安民之实行实德实事"；他要学校教育尊重师道，"师严而后道尊""师道立而善人多"；他要学者勿埋头考据，崇尚空谈，言而不行，"只知揣摩圣人之文章，窃取功名"；他希望学者做到"能说能行""能说能行者皆是儒"。这套主张是他在长期道德教育实践中的经验总结，也是具有普世意义的治国安邦之真经。

五、中体西用

"中学有其长，西学有其短"，是段正元对于崇尚"西学之风"的回应。"现世界文化可分东西两大流派。中国乃东方文化之代表。"中西文化的区别

---

❶ 任宝菊："段正元与道德学社"，见杨子彬主编：《国学论衡》（第一辑），敦煌文艺出版社1998年版，第415页。

❷ 同上书，第424页。

是："西人富于科学思想，故能发明形下之器，增进人类物质文明。华人富于道学思想，故能阐明形上之道，增进人类精神文明。"欧洲国家"法律严密，兵力强盛，经济充裕，皆非治乱之具"，是"外观文明，内实野蛮"。"欧洲文明与中国之道德文明，实有体用之别。物质文明是有为的，在表面显而易见。道德文明是无为的，在里面，微而难识。""欲解除中国现在之国际不平等束缚，并解除世界战争危险，促进人类永久和平，舍昌明中国古代大圣人两千余年前所发明的大同主义外，别无他法。"❶

他指出，自清末变法以来，在提倡科学、创办实业方面清廷竭尽全力，但至今"国愈困而民愈穷"，原因是"徒知摹仿外人物质文明，而不知有精神的作用……而不知发扬吾人固有之道德文明，以厚其根，以荣其华"。"若本我国道德文化之精神，利用西人物质文明之实际，则益显人类进化之光辉。""如是有本有末，有质有文，安中国而和万邦之日必不远矣。"❷

应当说，他的理念与实践是当时的社会现实"逼出来的"，是人人都要面对的。他与以"骂祖宗"为荣的全盘西化思潮决然不同，代表的是中国人的良心、"文化救亡"的心声。

一百年前中国人面对的这六个课题至今仍有极大的针对性和启示性。现在，国人要用自己的智慧和执着继续完成这一百年来一直没有完成的历史作业。

六、以史为鉴

20世纪20～30年代，在政府与民间的共同推动之下，忠孝、仁爱、信义、和平"八德"成为恢复中华民族道统的共同价值观。在民间，文化上"救亡图存"的意识逐步生成，一股重振国学的热流开始激荡。在中小学课程中，国学内容得到充实，大学里出现了国学院，梁启超给留学生开出了以经史子集为内容的书目；从胡适、梁漱溟到毛泽东等，纷纷对引进西方教育的弊端感到忧虑，主张继承中国书院教育的优良传统，以重振国学；民间道德重建的呼声与实践也开始形成气候。尽管这20余年的"好景"被日寇的铁蹄所践踏，但是，它为造就一代"不愿做奴隶"、为"救亡图存"而英勇奋斗的中国

---

❶ 任宝菊："段正元与道德学社"，见杨子彬主编：《国学论衡》（第一辑），敦煌文艺出版社1998年版，第415～416页。

❷ 同上书，第423页。

人，为造就以"西南联大"为标志的一代有作为的知识精英，为孕育一批有中国良心的"新儒家"所做出的贡献，已载入史册。

长期以来，我们对从文化上"救亡图存"者，或视为"保守"，或定为"反动"。对于这一段历史，应当用"历史唯物论"做全面、客观、心平气和的评价，这极具现实意义。

没有中华文化的复兴，只有政治、经济的变革与发展，何以有可持续的发展？何以有完整意义上的中华民族的伟大复兴？

自1992年邓小平"南方谈话"至今20年来，国人逐步有了新的文化自觉与自信，以儒家文化为主导的中华文化又获新生，从民间到官方、自下而上兴起一波波的国学热，广大民众呼唤与践行中华美德（道德模范）之风，以"传道、授业、解惑"为宗旨的民间私塾、学馆、书院遍地开花，中华文化经典正在进入公办学校的教材与课堂。从小读着中华文化经典长大的新一代，将给中华文化复兴带来新的曙光。这种"文化兴邦"的新气象，似乎正在接续段正元那个时代的使命再前行。

20世纪是中华文化从备受摧残到开始新生的百年；21世纪将是大发展、大繁荣，逐步走向复兴的百年。我们有幸赶上了可以复兴中华文化的新时代。

段正元与道德学社

任宝菊

20世纪上半叶,伴随着政治、经济、军事乃至百姓寻常生活发生的翻天覆地的变化,我国的意识形态领域也同样经历着巨大的震荡。以儒家学说为核心的中国传统文化逐渐由独尊的地位转变为被批判和被否定的对象。但由于传统文化本身的特点,它得以在西方各种新思想、新思潮的强烈冲击下,仍保持其强大的生命力。当西方传来的各种政治、经济、文化教育思想被青年们当作救国真理,在中国大地上传播并成长的时候,仍有一批对传统文化情有独钟的学者,或在高等学府,或在田野乡村,以弘扬传统文化、凝聚民族精神、振兴民族灵魂为己任,研究儒家学术,宣讲儒家思想。段正元,就属其中的一位。

一、创道德学社,普及儒家学说

段正元(1864~1940),原名德新,道号正元,取天元正午、道集大成之意。四川威远县望集乡堰沟坝(现镇西镇红林村)人。十五岁时,他因母病求医,遇一位八十一岁的老人,老人姓龙名元祖。龙元祖一副汤药,使段母重病痊愈,段正元因此立志随龙元祖学医。但龙元祖惜传医术,反劝段正元学道,曰:"医乃大道之绪余,果明大道,识阴阳之妙用,握造化之枢纽,化育参赞,则医不待学而自精矣。否则为庸医,可以医肉身,而不能医性灵;可以医个人之病,而不能医全国全世界天下万世人之病。"于是,段即随龙元祖入青城山、峨眉山学道。龙元祖授以先天后天、内圣外王、修齐治平、全体大用一贯之道。四年之后,段明心见性,奉师命下山四处云游,寻师访友,交谈学道悟道的心得体会。这一时期长达二十多年,期间他备受磨难坎坷,饱尝人间冷暖，也结交了一些朋友，收了一些弟子，人生体验与学识与日俱增。四十岁时，他著成《阴阳正宗》十二卷，却因早年间为赈济灾民将家产散尽而无钱出版。无奈之下，他只得摘其书中纲要，缩为一卷，易名为《阴阳正宗略引》，方得付梓。

1909 年，段正元怀揣一块银圆只身赴京。历经艰辛，于 1910 年 4 月到京。在京期间，段正元遇到了刚从日本留学回国、正在民政部供职的杨献庭。杨敬仰段的学识与人品，于是拜段为师。他从此成为段正元兴办道德学社的得力助手。1911 年，段正元看到清政府气数将尽，革命风云渐起，一时难以施展抱负，便与杨献庭一起返回四川。

1912 年春，段、杨师生二人在成都创办了人伦道德会，以提倡伦理、扶持人道为宗旨。会中供奉孔子牌位，每周六由段公开讲解三纲、五伦、八德。其时正值全国批儒反孔潮流活跃之际，故曾有提倡新思想的学者到会与段正元论辩。段对他们进行了驳斥，依然办会如初。人伦道德会刚成立时，仅有会员十余人，后听众越来越多，段的演讲由此竟延续了一百二十三周。其演讲记录后被编辑成《大成礼拜杂志》《圣道发凡》《外王刍谈录》等。

1914 年复，段又携杨献庭等弟子再次赴京。1915 年冬，河南籍国会议员陈景南（字尧初）拜段为师，段于是又得一位对他后来的讲学传道事业大有帮助的弟子。在陈景南之后，又有数位当时的军界、政界要人执弟子礼（包括当时的陆军总长王士珍、内务总长孙洪伊、步兵统领江宇澄、警察总长吴炳湘等）。在此期间，段正元及弟子在扁担胡同租了观音庵房三间，挂起"道德研究会"的招牌，作为在京讲学传道之所，并着手筹备建立道德学社。宣传大道的局面由此初步打开。

1916 年腊月初八，北京道德学社正式成立，地址在西单头条胡同六号。学社社长为王士珍，社师为段正元。弟子多为军政要人及留日回国者。开社当天，段正元做了演说，宣讲道德的含义、作用以及道德学社的宗旨，即阐扬孔子大道，实行人道贞义，提倡世界大同，希望天下太平。

北京道德学社工作概况：①学社开办以后，段正元每星期日公开演讲一次，企图唤醒人心，移风易俗，匡正天下。其学说主要讲内圣外王、修齐治平之道，也讲身心性命之法，其所讲皆天性中流露。段讲学传道时从不用发言稿之类，讲时由弟子记录，然后整理成册。②经费来源照成都人伦道德会模式办理，完全由弟子自由乐捐，绝不花国家一分钱。办社初期，王社长及其他要人曾为经费忧虑，提议或由政府有关部门拨款资助，或为段正元在政府部门谋一职务。段正元对此坚决反对，他说："我在学道之初，曾对师对天发誓，凡办挽回世道、救正人心等一切道德事业，不用公家钱，不受国家名位，纯以师儒身份，尽匹夫有责之义务。"③出版宣讲道德的书籍。社内设有出版机构，按期出版记录学社活动情况的《道德学志》及段正元的讲演记录。从学社成立到段正元退隐二十年间，共出版《道德学志》八十一册、段正元的演讲记录三百多种。④1928年以后，由于否定传统文化已经成为当时整个社会不可逆转的潮流，道德学社的活动也深受影响。1933年冬，社员为救正社会风气，挽救人心，自愿捐钱出力创办《中和日报》，每日出两大张，逐日登载宣传道德文化的文章，散播到社会上。1937年，日本攻陷平津，难民众多，学社遂将办报的费用完全移用到办理收容所的事务上，《中和日报》于是停办。1938年，学社在安福胡同七十六号报社旧址处成立经学讲习所。在大栅栏七号成立妇女挑花工作所，并在所中讲习儒家经典。⑤北京道德学社的讲学传道活动截止到1952年11月21日。北京市人民政府以封建迷信为由，强令其解散。

北京道德学社成立后不久，南京、汉口、杭州、上海、奉天、荥阳、随县、徐州、保定、天津等地纷纷成立道德学社分社。各分社均由当地好道心诚人士自愿捐钱舍地发起成立。社内的组织工作情况因各地社员人数的多寡、事务的繁简而各不相同。一般来说，分社不像总社那样每周一次演讲，而是每月初一、十一、二十一有三次集会，向孔子行礼，或传达师道教训，或交谈修身体会，相互砥砺，平日则各务其业。如社中遇到特别重大的事情或难题，自己无法解决，便向总社发函请求段正元莅临指导解惑。段正元因此经常奔波各处讲学传道。1918年冬至，段正元在首次开说大法的隆重典礼上被弟子们尊称为"师尊"，这一称号之后被沿用下来。

段正元于1937年在《中和日报》上刊登退隐说明书，1940年1月逝世于北京，葬于海淀善缘桥陵园，园中有龟碑、华表等，但在"十年浩劫"中被破坏殆尽。

段正元去世后，弟子们将其生前出版的单行本讲义三百多种整理汇编成《师道全书》六十册。"十年浩劫"，多成灰烬。段之弟子为保存《师道全书》及其他单行本，冒着被打成"反革命"的危险，从劫后余灰中保存了这些资料。现北京国家图书馆存有《政治大同》《师尊特讲》《道德专刊》等，首都图书馆有《大同元音》《圣道发源》《道德学志》及其他单行本。

段正元去世后，汉口弟子江中如中将曾在抗日时期任蒋介石重庆行辕总务主任时专程由重庆去段正元故里，与村里人金光裕商议在故里建些亭阁以表纪念，全部费用由其负责。1947年江再去段故里时，村中已建成了一些亭阁石刻等。现在荣县成佳镇与威远县交界处岩石上，尚留有"师尊故里"四个巨型石刻大字，其余皆荡然无存。

二、继孔道绝学，求世界大同

认为儒学在孔孟之后即失去真传，自己则承担着继承孔道绝学、重新阐释儒学真义的重任，是段正元学术思想的一个典型特征。

段正元是在19世纪末正式接受儒家学说教育的。这个时期的儒家学说已经处于中西文化的激烈冲突当中。段的老师龙元祖深谙儒家学说哲理，是一位坚信儒家学说并试图振兴儒家学说的隐逸之士。他在晚年遇到了可以将终身学术思想相托的段正元，段正元亦不负师望，继承并广泛传播了老师的学术思想。龙元祖在对段正元授课伊始时即说："盖儒道心法失传已久。《大学》之道，至孟子以后，就无知道的真儒了。汉代考据，末世理学，皆系研究儒教之文章，而性与天道，终不得其门而入。"他评论当时的学术："当今之世，所学非所用，所用非所学，只知理学文章，格物形下的小道，而不明性与天道之学，允执厥中之法。"（《师道全书·圣道发凡》）段正元承继师训，在以后几十年的讲学传道生涯中，曾多次强调"中国自尧、舜、禹、汤、文、武、周公、孔、孟几个大圣人外，即无真仁大儒，多半似是而非""孟子以后道脉不续，《大学》无传""儒家自孟子而后无真儒"，等等。他在回答"你的思想基础是什么"的提问时，明确表明自己讲学传道的目的是："中国有一正统的道德思想，自尧、舜、禹、汤、文、武、周公至孔子而绝。我的思想，就是要继承这个正统的道德思想，并发扬光大之。"（《政治大同》）段正元在继承龙元祖思想的基础上，结合他多年对儒学的认知、体验和感悟，对儒家学说进行了新的诠释。

第一，何谓道德？道德的作用、意义何在？段正元在《政治大同》中解释道："在先天言，道德乃天地之元气，为生天、生地、生人、生万物之根本。在后天言，道德乃人生之福气，为穷通、夭寿、富贵、贫贱之源头。""个人之身心性命，以及家国天下，万事万物，无一不在道德包孕之中。"因此，道德"不可须臾离也"。他指出，道德水准高的国家，必呈日月光华、国泰民安之景象；反之，刀兵水火、夭扎疾疫之灾必随之而起。对个人而言，厚德所以载福，和气乃能致祥。反之，刻薄成家，理无久享。总之，有道则昌，无道则亡，这是天道与人事的自然规律。

第二，中华传统道德是人类至高无上的文化。段正元提出了"万教归儒"的论点。他在《政治大同》中指出：中华传统道德是"致广大而尽精微，极高明而道中庸"，无美不备、无用不周的优秀文化。"道德"二字，可以说是世界开化最早的中华文化的代名词。尤其《大学》一书，"乃万教之纲领"，实为古今中外道德之结晶，任何学说、任何教义，都不能出其范围。

终其讲学传道生涯，段正元一直致力于对儒家学说真义的阐释与发展。他认为，儒家经典中的"四书"是蕴藏儒学真义的所在，"四书"中尤以《大学》最为重要。段正元从成都人伦研究会首讲儒家真义开始，之后在北京、汉口等地道德学社的讲演中，对《大学》《中庸》《论语》之义不断进行着详尽而深入的阐释。段正元这样概括儒学的真义：

> 分而序之，为君臣、父子、夫妇、昆弟、朋友五达道。体而行之，为智、仁、勇三达德。蕴之为内圣，格物、致知、诚意、正心。发之为外王，修身、齐家、治国、平天下。其纲纪人群，则立孝悌、忠信、礼义、廉耻八德。其维持社会，则尚父慈、子孝、兄良、弟恭、夫义、妇听、长惠、幼顺、君仁、臣忠十义。

第三，中华传统道德是实现世界大同的必由之路。实现世界大同、天下太平，是段正元一生宣讲儒家真义不倦的最终目的。他在民国六年立下的传道办道志愿十八则，是儒家修、齐、治、平思想的具体体现。其中，第十四条（爱身、爱家、爱国、爱天下、爱人、爱物、爱众、亲仁）、第十五条（实行人道本元，相亲、相爱、相扶持，以天下为家乐）、第十八条（人能弘道，使天下太平、世界大同，个个安居乐业，人人享真贞道德、自由、平等、幸福）充分表现出段正元试图以儒学治平天下的愿望。

段正元指出，救治中国社会问题、国际社会问题的最好方法，是在普天之下推行中国的传统道德。针对鸦片战争以来中国为摆脱任人欺侮的困境而在经济、政治、军事等方面所做的各种努力，段正元认为，这些都只能治理国家的某个方面，但"法律严密，兵力强盛，经济充裕，皆非治乱之具"。欧洲国家国富兵强，不也依然富者极富，穷者极穷，贫富视若仇敌吗？它倚仗兵强马壮，侵占他国土地和权利，如此"不啻蛮貊之邦"。因此，欧洲国家，"外观文明，内实野蛮"。段正元认为，"真讲自由、平权、共和、无政府、国际平和，惟有实行道德"，只要天下之人个个接受并践行儒家真义，就能达到世界大同的目的："人人由讲信修睦，尚辞让，去争夺，进而达到口无择言、身无择行、从容中道的程度，便成大同世界。公理之极致，道德之极致。人人是君子，个个是圣贤。"（《道德和平》）他坚信："试看将来大道一开，平天下不以武力，不以强权，不以经济压制，专在实行道德。"他还说："无论共和或专制，需道天下以德，齐天下以礼，方可平治天下。"总之，"欲解除中国现在之国际不平等束缚，并解除世界战争危险，促进人类永久和平，舍昌明中国古大圣人两千余年前所发明的大同主义外，别无它法。"到那时，"纯以道德仁义统一全球，协和万邦，中天下而立，定四海之民，自然万邦任乎，人人尊亲一道，人人同享大道之幸福。"（《政治大同》）

第四，如何在普天之下推行中华固有的道德？段正元认为应该从三个途径来实现。其一，综核名实。即"为人君者，必须做到为人君止于仁……为人臣者，必须做到为人臣止于敬。否则，一为残贼共弃之独夫，一为蠹国病民之乱贼。"总之，为官者必须名实相符，有令即行，各尽其职，全国百姓方能各安其业。其二，表彰先圣。应该纪念开创中国文明的几大圣人，反对否定传统文化、打倒孔孟、数典忘祖的做法。其三，尊重师道。国家道德风化的兴衰与否，关键在于教育。教育的兴盛，关键在于是否尊重师道。"师严而后道尊""师道立而善人多"，故必须重视教育，尊重师道。段正元强调，这三个途径是"国家治化之根本，亦是现时对症之良药"。如此三者能够实现，不但恢复旧有的道德，而且还可以实现孙中山理想中的三民主义。

三、躬行实践，希冀以德治国

笃学力行，言行一致，是段正元学术活动的一个重要特点。段正元指出，博大精深的儒家学说都是古代圣哲从实践中得来的。段正元曾不止一次阐释他的这种认识。他在《道一》中讲："圣人之道重在躬行实践……圣人是行有余力则以学文，非空谈理想。"又在《道德约言》中说："圣人之言是由躬行实践，一一做到，由性分中流露出来，发为文章，故能永不垂灭，如日月经天，江河行地。"1919年秋，有美国传教士何乐意拜访，问段正元："贵社讲道德，何为贵？"段正元答曰："重在实行。凡中外古今之圣贤他佛，无不是实行实德，行有余力，则以学文。"（《远人问道录》）

段正元批评汉以后的儒生违背了儒学的真义，或埋头考据，或崇尚空谈，将至高无上的儒学引入了歧途，也严重损害了儒学的地位。他回忆龙元祖对自己的教诲："忆吾少时，不思读书，志在学仙，而吾师要吾学道。吾师云，学道办事不要读书，因数千年来读圣人书不明一字，不行一句，殃及国家，故有今日之乱。"他在《道德约言》中说："今言道德政治，人以为迂腐。推其故，即坏于理学文章空谈，言而不行……前之读书人，只知揣摩圣人之文章，窃取功名。但求说得好听，不管能行不能行，故数千年来，将真正修齐治平之道，一并看假，以为圣人之道，即在文词。"

段正元指出，对于儒学来说，唯有笃学力行，言行一致，才是儒学的实质所在。1918年，段正元在汉口讲《大学》时说："《大学》本是实行之道，非可以语言说者。"《道德约言》中讲："道德不是空谈作文章，乃是开诚布公教人身体力行，救世安民之实行实德实事。"段正元强调指出，真正的"道"就在于"能说能行"，"圣人之道太大，真不容易讲得。且讲得儒，还要实行到了才成儒"。因此，"能说能行者皆是儒"。无论何人，无论其出身、国籍、肤色，只要照儒学真义去做了，就是现出了人之真性，"真性一现，率性而行即是道，凡事皆由性分中发"。段正元传道讲道的特点是性命双修。他在对弟子谈到性命双修与社会上出现的其他道会的区别时说："做内功有通灵通神者，种种灵异不一。吾概不以为然。此乃后天之法，虽见效速而成功难。吾今讲的性命之学，不重后天神奇，重在先天之功行。认真踏实，步步做到。讲修持者若不明修道之真假，以法为道，以身中玄关为先天大道，得一口诀，数月即通灵神之神，此通外之法，不足以为道。"段正元对弟子一再强调，只有实实在在地去实行《大学》之道德，"方是修持人之根本"。后来，他的弟子在回答道德学社的来访者所问"贵社与其他道会有何不同"时，也是这样答复的。他的弟子说，我们老师所教的，不是素隐行怪、书符念咒，更不是参禅打坐、静坐孤修等法，我们所接受的学问，即明德亲民、止于至善、格物诚正、修齐治平这些道理以及止、定、静、安、虑、得这些大法。总之，所有学问全在行住坐卧、视听言动之间，行之至平至常，而用之则至神至妙在其中。（《道德学社访问记》)不难看出，在段正元的学术体系中，得道与行道是一个前后紧密衔接、相互促进、不可中断的过程。只有如此，才可称得上是真儒学；儒学也只有如此，才能实现它真正的价值。

段正元在传道讲道生涯中，无论是对人、对己、对国家，自始至终都奉行着"能说能做"的原则。他的弟子概括他的一生为"言忠信，行笃敬，能言者，期必能行；能行者，方能有言。有名者，必有其实"。"传道立社不用公家钱，保合太和未犯一邪淫，办救人利物之事不做国家官，修身齐家圆满美满，勤俭自强不息"，等等。但终其一生，应该说最能体现他能说能行、言行合一特点的，当数他百折不挠、殚精竭虑，在国家危难关头，尽其全力，力图推行德治，挽救国家命运的所作所为。

北京道德学社成立后，先后经历了北洋军阀集团内部为争夺权力而爆发的混战，随后又有蒋介石集团之间大大小小的数次争战。"九一八"事变之后，中国又面临日本侵略的严重危机，并终于在1937年爆发了抗日战争。可以说段正元所处的时期，是中国历史上社会、政治最不安定的时期之一。面对这种局面，段正元从未袖手旁观，恰恰相反，他不辞辛劳，游说于北洋军阀、蒋介石集团新军阀之间，甚至对侵略中国的日本军国主义者也苦口婆心，试图说服他们皈依儒学道义，修齐治平，实现他以德治天下的夙愿。他曾先后与萧耀南、卢永祥、吴佩孚、何键、何应钦、蒋介石等多次会晤，推行自己的政治主张。1922年，卢永祥拜会段正元，求消弭战祸及永久安邦之道，段正元告以"求和平不如求平和"，希望他能够发起永久平和大会，并通电全国，卢永祥当时答应，但后并未做此事。1924年，吴佩孚邀请段正元到洛阳，问如何统一中国、平治天下。段正元答曰："当今之世，必行王道以教民，而后天下可以一。一者何，仁也。以仁心行仁政，天下之人归心焉。"他反对以武力统一，但吴佩孚亦未照此去做。1930年冬，蒋介石两次会见段正元，段正元进以四字——"谦让和平"，希望蒋介石能够以德政治国。

在为国为民排忧解难的过程中，段正元特别注意言行一致，不能做的事绝不胡乱搪塞。1924年，第二次直奉战争即将爆发。自命为中国通的美国传教士李佳白想联合在野文化团体联名通电，呼吁和平。为了取得段正元的同意，他亲自到道德学社拜访段正元。当他说明来意之后，段正元认为，和平呼吁非一纸电文可了，问李："不知通电之先如何预备，通电之后如何进行？"李回答道："我们只管通电呼吁，至于如何进行则管不了。让他们军政界自行商量可也。"段正元听后甚感遗憾,说道:"听说欧人发明物质,重在实验,宣传教义,刻苦勤行。足下热心社会公益,关切中国政治,大名闻之久矣,以为必是一位大实行家。仅主张呼吁和平,用意极善。然事先无准备,事后无方法,仅是一纸电文发表于世,以之沽名钓誉或有余,以之息事于人恐不足……足下系西方名人,于和平大事业只主张通电一文了事,并不计如何见诸行动,以吾之见,枉费精神。"他表示:"苟有实在计划,愿为附骥也。"至此,李佳白赧然羞色,不得不佩服段正元言行一致的真儒品质。他赞叹道:"素闻先生主张三教合源,万教归儒。窃以为言大而夸,而今领教,方知儒者即踏实认真之躬行君子。先生之实事求是,不徒空言,一扫汉代以后诸儒之能言不能行、所学非所用之恶习。先生道高德重,信而有征,大同世界之导师非先生莫属也。"说罢告辞而去,不再提联名通电之事。

1934年,第二次世界大战即将爆发。王震(字一亭)联络上海一批知名人士发起"阐扬孔子大同真义,祈祷世界和平"大会,希望以此化解战争。他敦请段正元公开说大法,主持祈祷,以期达到"化干戈为玉帛,转戾气为祥和"的和平目的。此事得到三十余国朝野名流复电赞成,当时《泰晤士报》《字林西报》均有报道。但终因有为政者以为迷信进行阻挠而未能举行。为答谢为"和平会"筹备会辛勤工作的同人,也为履行自己已答应的事情,段正元借七十三岁寿辰之际,做了特别讲演。这次讲演被编辑成书,名为《师尊特讲》,王一亭亲写书名广为赠送。北京国家图书馆现存一部,即为王一亭所赠。

段正元曾在《不自欺贞言》中说:"我学道办道,原为挽回世道,救正人心,如我对于国家当道者,为国救民救天下,未曾尽心竭力,鞠躬尽瘁,何敢承当师位?"1940年1月,段正元临终前对弟子留下最后遗言:"万事不足以解我之忧,唯世界永久和平可以解我之忧。"纵观段正元的一生,虽因天时不至,宏愿难施;但他言行一致、能说能行,以一介布衣,未忘国忧,尽其所能为国排难、为民解忧,完满践行了自己的诺言。

四、论中西文明,倡导中体西用

自鸦片战争以来,西方思想传入中国,中学与西学、旧学与新学的关系问题就产生了。大约在清末民初,有人明确提出了东西方文化问题。到了20世纪20~30年代，关于中学、西学关系的争论愈趋激烈。因此，如何对待中国文化与西方文化就成为历史赋予段正元的必答题。对这个问题的回答，也是段正元学术思想时代特征的体现。

第一，在对待中西文化的问题上，段正元虽然认为"万教归儒"，但他并不排斥外来文化，基本上持兼收并蓄的态度，表现出比较豁达宽容的文化观。这也是他的大同思想在文化上的反映。他认为，对于任何不同于儒学的文化，正确态度应该是吸收融合，取长补短。

1919年，段正元接受美国传教士何乐意拜访。何问："贵社所讲道德，究以何者为宗主？"段正元答道："真正大道，无种族、国界、教派之分……我今所讲道德，与古之大圣人志愿相同，不分种族、国界、教派，并不辟诸教。择其善者而从之，其不善者而改之。以三教合源，万教归一为宗，以集万教大成，开万世太平为主。"（《远人问道录》）

段正元指出，中西文化并不是截然对立的，它们之间有相通之处，可以相互影响。比如社会主义的思想，段正元指出，现在万国所推行的"极新之政治，即先王仁心仁政极古之政治"。因此，只要在天下实行中华固有之道德，以这种道德造就的社会与以西方新思想构造的社会主义，并没有多大的区别，"有何大小强弱贫贱富贵的阶级？有何男女的界限？有何政府之设？有何法律之用？故以道德缔造大同世界，为极稳健之社会主义、极自然之社会主义，极高尚神化之社会主义"（《道德和平》）。本着"民吾同胞，物吾同与，人类不分国界，不分种族，本应相亲相爱相扶持"的认识，段正元曾收有几位异域弟子，如德国弟子卫礼贤、日本弟子小山贞枝等。这几位弟子也为中西文化的交流做出了贡献。如卫礼贤曾将《老子》《庄子》《周易》《吕氏春秋》、"四书"等译成德文，并自著性理专著，他还将段正元的《大学心传》《万教丹经》带回本国译成德文。

第二，段正元对中西文化的特点进行了分析，主张中体西用。段正元认为，中学与西学是两种不同性质、不同作用的文化，西方的物质文明是中国道德文明的基础；中国的道德文明将在物质文明的基础上更为发达。它们之间应是相辅相成、相互促进的关系。段正元在《政治大同》上卷中对此有比较详尽的阐述："现世界文化可分东西两大流派。中国乃东方文化之代表。"中西文化的区别"仅就思想界言之，西人富于科学思想，故能发明形下之器，增进人类物质文明。华人富于道学思想，故能阐明形上之道，增进人类精神文明。""物质文明的增进，可以助长人类肉体的幸福；道德文明的增进，可以助长人类精神之幸福，并可善用物质完美肉体与灵魂的幸福。"《道德约言》中讲："欧洲文明与中国之道德文明，实有体用之别。物质文明是有为的，在表面显而易见。道德文明是无为，在里面，微而难识。有为者乃无为之发皇，即为无为者之辅。故于大道将开，道德文明之实现于世之先，特生物质文明以辅佐道德。"总之，"物质文明实为道德文明之先驱，而道德文明乃完善物质文明之实用。"段正元反对将西学奉若神明，将民族文化全盘否定的做法，指出中学有其长，西学有其短。《大同元音》一书中指出："我中华道德乃世界独一无二之文化，外国不知中华道德，故仅能发明形下之器物质文明。"即使是在物质文明方面，中国物质文明也曾有过比西方国家先进的时候。且不说周公汉武、唐宗宋祖，但说六百年前，马可·波罗的游记所记中国当时文明，工商艺术之进步就使西人"尤惊为未有"。欧洲的物质文明固然发达，但同时出现的社会问题也很严重，"欧美工商竞争，贫富悬殊，侦探强盗，俱有绝技，皆物质文明发达之结果"。欧洲的新思想不少，但欧洲战争的无休无止，对其他国家造成的伤害，"推其原委无非强权竞争等学说所造成"。段正元批评当时的一些学者"极力鼓吹物质文明，而对中国固有道德文化深恶痛绝；以为中国文学过于虚假，不如西方科学之真实，中国道德过于顽固，不如破坏开放之有益。殊不知前清科举时代之文学，系伪儒假造道德，而未彻底了解圣贤载道之经文，君子躬行之实德也。"他指出，自清末变法以来，在提倡科学、创办实业方面清廷竭尽全力，但至今"国愈困而民愈穷"，原因是"徒知摹仿外人物质文明，而不知有精神的作用……而不知发扬吾人固有之道德文明，以厚其根，以荣其华"。

段正元指出，协调物质文明与精神文明，使物质文明与精神文明能够同时发展的最好办法，当是中体西用。"若物质的文明愈发达，而无道德文明以范围之，则社会上一方面愈文明，他方面愈黑暗……若道德文明愈发达，再利用物质文明以推展之，则地球上立成大同世界，极乐世界。""若本我国道德文化之精神，利用西人物质文明之实际，则益显人类进化之光辉。""如是有本有末，有质有文，安中国而和万邦之日必不远矣。"

第三，在段正元的学术思想中，有不少是吸收了西方的民主、科学等思想而对儒学进行了新的发展，如对于妇女问题和等级关系的阐释。

在段正元的学术思想中，男女是平等的。在《元经解释》里，段正元指出,汉以后专对女子制定的"七出"规定,以"无子""恶疾"为罪状,这种规定"必是一般腐儒,因本身不能行道,更不能行于妻子,好事者为抑阴扶阳而捏造之条款"。他还为《论语》"唯女子"一章正名,说孔子所谓"唯女子"指的是自恃聪明之女子,而非世间所有女子。过去对这句话的误解,完全是由于孟子之后没有真儒所造成的。段正元评论当时的男女平权平等运动,"虽事实上不尽合乎中,然亦阴阳互相为用之定恒也"。段正元的这些阐释,名为对儒学真义的复归,实际是在接受了当时新思想的情况下,对传统文化的吐故纳新。从段正元关于中西文化的论述中不难看出,在新的社会发展需要的形势下,段正元坚持以传统文化为中心,试图通过吸收新思想中的合理成分,改造传统文化中不适应时代要求的内容,从而达到弘扬中国传统文化的目的。

段正元活动于我国20世纪上半叶的社会大变革时期。从十九岁明心见性,到七十六岁离世,近六十年的时间里,他南北东西,为复兴改造儒学奔走呼号;建社传道,受业之徒竟达十七万之众;弘孔扬儒,著作不下三百种之夥;辞世鹤归,素花丧服使北京西单为之变色。他无疑是一位近代以来有较大实际影响的儒学传道者。但由于种种原因,我们对他本人及其学术知道得太少了。本文仅简单地勾勒出一个轮廓,目的是想引起学界对他的重视,进一步展开研究。应该说,段正元的学术是值得研究的,它不仅能补白20世纪上半叶思想界的一个重要侧面,更能呈现出我国社会的实际面貌及其必然走向。

(原载《国学论衡》第一辑,敦煌文艺出版社1998年版)

论道德学社的性质和意义

鞠 曦

近年来,由于中国文化热的出现,儒学研究也进入了1949年之后最好的时期。随着对儒学研究的深入,学界开始了对段正元儒学思想及其所创立的道德学社的研究。儒学在中国历史上所产生的重要作用,使中国文化和哲学研究者都必须对儒学的学科架构和理论形式做出判释。但是,从目前对儒学研究的主流趋势而言,由于使用西方哲学的主体论承诺和形式推定儒学的本质性,所以掩盖了儒学自在的本体论承诺和逻辑推定,由此形成了儒学思想研究的误区。因此,笔者在对段正元儒学思想及其所创立的道德学社的研究中,力求从段正元儒学思想的本体论承诺和逻辑推定道德学社的性质和意义,从而对儒学和中国文化的本质性及其在当代社会的实践意义给出与历史和逻辑相统一的判释。

一、道德学社对儒学历史遗产的继承

儒学产生于中国的春秋时期。由于"礼崩乐坏",当时社会格局动荡,三代以来的古法被破坏,"人心惟危,道心惟微""道术为天下裂":"二帝三王"所开创的文化形式面临危机。孔子以天下为己任,"述而不作,信而好古",自觉承担起统续文化的历史重任,创立了儒家学说,并不辞劳苦地"周游列国",传道讲学,以自己的思想影响春秋列国的政治,创立以讲述儒学思想为主体的民间教育形式,为传播中国文化培养了众多的弟子,其学说在历史上产生了重大影响。

司马迁说:"孔子之时,周室微而礼乐废,《诗》《书》缺。追迹三代之礼,序《书传》,上纪唐虞之际,下至秦缪,编次其事。曰:'夏礼吾能言之,杞不足征也。殷礼吾能言之，宋不足征也。足，则吾能征之矣。'观殷夏所损益，曰：'后虽百世可知也，以一文一质。周监二代，郁郁乎文哉。吾从周。'故《书传》《礼记》自孔氏……孔子以诗书礼乐教，弟子盖三千焉，身通六艺者七十有二人。如颜浊邹之徒，颇受业者甚众。孔子以四教：文，行，忠，信。绝四：毋意，毋必，毋固，毋我。所慎：齐，战，疾。子罕言利与命与仁。不愤不启，举一隅不以三隅反，则弗复也。"（《史记·孔子世家》）从司马迁的上论中，可以看出孔子对中国文化所做出的不朽贡献。但是，由于孔子的思想创立于春秋时期，其时与三代历史时期相距不远，他的学术思想和理论形式的主体部分是"追迹三代"而来，因此当时的人们自以为对三代文化并不陌生。由于人们对三代文化本质性和"周室微而礼乐废"的理解认识不足，所以，孔子虽开创了儒学思想形式，但在当时并没有形成经世致用的影响。尽管当时的学者如云，有百家之称，但对于"道术为天下裂"和应对此做出的理性认识，显然众说不一，各执一端。孔子独具慧识，在向老子问礼之后，从对三代文化的本体论承诺和逻辑推定中，对三代文化产生的对人性的规导作用做出了永恒的价值论判断，从而创立了儒学思想形式。因"述而不作"，他的儒学在当时并不新奇，加之其学说针对人性之危所阐发、所规导，虽对当时的社会政治有一定的冲击力，但不为当时的列国政治所接受，也是可以理解的历史必然。

可是，正如历史所表明的那样，当社会政治由动荡不定转为稳定之后，大一统的社会政治只能用两种方式来维持其稳定，这就是有如秦皇的暴政和汉董仲舒所倡导的儒政——以独尊儒术形成对社会意识的规导作用。然而，自汉代开始的儒政不是孔子儒学，儒政是被异化了的儒学，而孔子儒学是与三代的礼乐文化相统一的。所以，两汉以后的学者不时针对所面临的社会问题而引发对三代政治文化的反思，企图重现三代盛世，是可以理解的。

推行儒政，实质上开始了中国文化和社会的新架构，这一架构显然落后于三代政治文化的理想架构。如果说文化和社会架构都是人性的表现形式，那么，文化和社会中的所有问题无不反映出人性的基本问题。所以，基于人性基本问题的存在，导致社会矛盾层出不穷，这使得对儒学的研究形成一种政治上的价值论承诺和范畴推定，即在维持统治者利益的前提下建构儒学的理论形式。所以，这一原因使表现为儒政的儒学不能坚持孔子儒学的道本体论、不能坚持"二帝三王"的"允执其中"之道、不能坚持孔子儒学的本体论承诺和逻辑推定，而开始依照时代与社会政治的需要而产生异化的儒学形式，例如两汉的独尊儒术、宋明理学、陆王心学和近现代新儒学。可见，这是儒学异化的过程，所表现出的儒学异化是由中国社会政治的需要而形成的，并由此表现出新的文化和历史现象。

　　正是基于两汉以来儒学显现的历史性失落及所造成的社会政治问题的正确认识，段正元开始了他的学术历程。基于他对儒学之道、中国社会政治问题、教育结构的正确分析，为传播中国文化、培养政德合一的人才，他创立了道德学社。道德学社对儒学的继承基于两个方面，即对儒学的自觉和对中国社会几千年来形成的架构和问题之认识。余英时先生曾对儒学的现代困境做过分析，认为"现代儒学的困境则远非以往的情况可比。自19世纪中叶以来，中国社会在西方文化的冲击下开始了一个长期而全面的解体过程；这个过程事实上到今天还没有走到终点。由于社会解体的长期性和全面性，儒学所面临的困境也是空前的。"❶ 显然，段正元正是在儒学的这种困境中开始创建道德学社，以弘扬先秦儒学之道的基本教育形式。然而，段正元的思想与当时已经产生的以梁漱溟、熊十力为代表的新儒家理路大不相同。以教育方式而言，新儒学基本和传统儒学教育相类似，主要是以学校教育为其重心（虽然梁漱溟后来发现这一模式的弊病，把教育的重心放到农民身上，办乡村教育，但还是没有脱离学校的形式），而段正元是把教育的目标放到全社会，以期重现有如杨子彬先生所论儒学的自在性："在先秦，儒学本来就是一种生活方式，从政、治学、从教或经商都不失儒家本色。所谓'还其本来面目'，不仅发明孔孟之道的本然，而且要恢复儒学之为生活的品格。"❷ 显然，段正元以道德学社为教育形式，与儒学的自在性统一。虽然传统教育模式表明了这样一种形式："在传统时代，到处都可以是儒家'讲学'之地，不必限于书院、私塾、明伦堂之类地方，连朝廷之上都可以有经筵讲座。"❸ 尽管如此，却"不能成就一个真能修身、齐家、治国、平天下之人才。演至近代，学术愈陋，治术亦因之愈卑，民贫国弱，无法救济，遂降服于法制文明、物质竞争主义之下矣"（《归元自在》）。对于造成这些问题的原因，段正元认为："天下之无道久矣。真正大道，孟子而后，即失传人。故格致诚正、修齐治平，一贯的大学之道，秦汉以来，

---

❶ 余英时：《现代儒学论》，上海人民出版社1998年版，第229~230页。
❷ 杨子彬：《国学论衡》（第一辑），敦煌文艺出版社1998年版，第285页。
❸ 余英时：《现代儒学论》，上海人民出版社1998年版，第234页。

皆作为文章读。用为做文章，取功名之资料而已。即有二三理学家，用心探究，无奈真传已失，无处问津，亦不过但凭各个人理想之深浅，发为影响捉摸之理论而已，徵诸实行，概难乎其人。国家纷乱，社会黑暗，有由来也。"（《大学心传》）出于对中国文化深刻的体认，他认为："中国有一正统的道德思想，自尧、舜、禹、汤、文、武、周公至孔子而绝，中国自尧、舜、禹、汤、文、武、周公、孔、孟几个大圣人外，即无真仁大儒，多半似是而非"（《政治大同》），"孟子以后道统不续，《大学》无传""儒家自孟子之后无真儒"（《圣道发凡》），"我的思想，就是要继承这个正统的道德思想，并发扬光大"（《政治大同》）。所以，段正元选择了以道德学社作为"阐扬孔子大道，实行人道贞义。提倡世界大同，希望天下太平"的基本途径。泛言之，即将历来圣圣相传之明明德、亲民、止于至善、格致诚正、修齐治平之固有道德发挥于世界，"使天下之人皆知道德为人生之根本"（《道德学社访问记》）的教育形式。

因此，段正元儒学思想的本体论承诺和逻辑推定的统一，使其以道德学社作为实践的形式，无论就其学术性还是社会实践性而言，都是无可非议的。基于中国社会由于儒道失传带来的诸多问题，深感"天下之无道久矣"的段正元在反思问题的原因之后，认为自孟子以后，道统失传，儒学之道被扭曲为儒政之官学，即"用为做文章，取功名之资料而已"。所以，他在对当时的政治和教育体制做批判反思之后，即认为当时的民国社会由于"民贫国弱，无法救济，遂降服于法制文明、物质竞争主义之下"，从而致使"学术愈陋，治术亦因之愈卑"，所以其时的教育仍"不能成就一个真能修身、齐家、治国、平天下之人才"。段正元基于先秦儒学在民间发展的经验，创立了道德学社作为传播儒学之道的基础，为"使天下之人皆知道德为人生之根本"、为培养造就"修身、齐家、治国、平天下之人才"而不惜呕心沥血。所以，研究分析道德学社的历史资料和段正元的著述，道德学社的本质性是显而易见的。毫无疑问，道德学社是在对儒学和中国文化做出本质性界定之后以经世致用为目标的学术性和教育性的民间学社，对传播儒学之道、复兴中国文化做出了不可否认的贡献。从道德学社的自在性而言，除了表现为儒学之道的基本意义之外，道德学社还对当时社会的教育体制和政治模式形成了自在性的否定。

二、段正元的学术历程与思想

段正元之所以创立道德学社,以此作为"阐扬孔子大道,实行人道贞义,提倡世界大同,希望天下太平"的基本教育形式,是因为其学术思想有深刻的理论渊源。段正元继承其师龙元祖的思想,在对儒学的全体大用、经世致用有体认之后,将之发扬光大,从而成为一代儒学宗师。

段正元少年时代因母病志在学医,但其师龙元祖虽然医术高超,却认为"医乃大道之绪余,果明大道,识阴阳之妙用,握造化之枢纽,化育参赞,则医不待学而自精矣。否则为庸医,可以医肉身,而不能医性灵;可以医个人之病,而不能医全国全世界天下万世人之病"。因此,龙元祖进一步启发段正元,对中国的社会问题及原因进行了分析,希望段正元能在复兴中国文化及儒学之道的基础上医治中国的痼疾。龙元祖认为中国的问题是由于"儒道心法失传已久。《大学》之道,至孟子之后,就无知道的真儒了。汉代考据,宋世理学,皆系研究理学之文章,而性与天道,终不得其门而入""当今之世,所学非所用,所用非所学,只知理学文章,格物形下的小道,而不明性与天道之学,允执厥中之法"(《圣道发凡》《师道全书》),所以,复兴中国文化重在儒学之道的正本清源。因此,段正元为了学习"性与天道之学,允执厥中之法",随师龙元祖入青城山悟道,四年之后学成下山,遵师命以传播儒道、匡正天下为己任。在经历种种磨难之后,最终在北京成功创立了道德学社。经过段正元的不懈努力,"自出山以来,由川至京,往返两度。道德学社成立后,若宁、若汉、若杭、若沪、若奉、若津、若保,以至其他各处。次第推行,遍及全国。中外名流,列弟子籍者,不下十数万人。足迹所到,例有演讲,其余笔记问答,传功授法,在在均有记录。凡所立言,固无一不是性与天道,亦无一不是天然、自然而然之绝妙文章。方之孔子与其他各教圣人,不独齐驱并驾,或且过之",段正元"讲学传道,正经立法,欲以道济天下,垂宪万世耳"(《师道全书·序言》)。可见,在实践中,道德学社的发展很快。但是,道德学社始终坚持自立的原则,虽然困难重重,但段正元"未用公家半文钱,未占民间一锥地,两袖清风,怀抱道德,居易俟命,素行而位,穷则独善其身,达则兼善天下。在尘出尘,在俗出俗。可行则行,可止则止"(《大德必得》《政治大同》),坚持了道德学社的民间性和学术性。

段正元认为其学术思想，"乃由明心见性经验阅历而得，非捕风捉影之谈"（《天津说法草案》），"忆吾少时，不愿读书，志在学仙，而吾师要吾学道。吾师云：'学道办事不要读书，因数千年来读圣人之书不明一字，不行一句，殃及国家，故有今日之乱。圣人之道重在躬行实践。形上形下，道器攸分。形下之器实行易，可以瞻天下人之身家；形上之道实行难，可以全天下人之性命……'我何以提此？见得圣人之经难讲，圣人是行有余力则以学文，非空谈理想。今之著作家，下笔万言，倚马可待。登台演说，口若悬河……我有何能，我是言行合一，说到做到。古人云：道，犹路也。天地人神共由之路，能说要能行也"（《道一》）。显然段正元的知识背景与那些来自书本知识的学者有根本的不同，《易传》曾有"书不尽言，言不尽意"之谓，所以，段正元是以其"明心见性经验阅历而得"，从而成为一个坚定的、以复兴儒学之道及中国文化为己任的民间学者。

正如段正元的学术思想博大精深、内涵十分丰富一样，他对其思想来源所说的"由明心见性经验阅历而得"一句，其内涵也十分丰富。段正元师从龙元祖，进山隐修，由此证得儒道之学的全体大用、一贯之道之真传，由学而明，以对儒道之学的体认和弘扬中国文化的坚定信念，遵师命下山传播儒道之学，以匡正天下为己任，开始了弘扬儒道的艰苦历程。

段正元于光绪四年（1878年，是年十五岁），拜龙元祖为师；于光绪八年（1878年，是年十九岁），学成下山；于光绪十九年，即在三十岁时开始著作《阴阳正宗》；于光绪二十九年（1903年，是年四十岁），历十年完成《阴阳正宗》一书，共十二卷；于宣统元年（1909年，是年四十六岁），为弘扬儒道第一次进京；于宣统三年（1911年，是年四十八岁），返回故里；于民国元年（1912年，是年四十九岁），在成都成立"伦礼道德会"。于民国三年（1914年，是年五十一岁），第二次进京。段正元于民国五年（1916）即五十三岁时，才在北京成立道德学社。自十九岁学成下山到在北京成立道德学社，历时三十四年，其间虽有恩师龙元祖不时辅助，但由于其学术理路的民间性质，加之生逢乱世，家境贫寒，行道之难可想而知。段正元在六十岁时，在其《重刊阴阳正宗略引序》中，曾对当年著作《阴阳正宗》的情境做了说明。他说："我自十九在青城山明心见性后，了然于大道之生天、生地、生人、生物之由来，与人在后天宜如何存心养性、归根复命，返还先天之究竟，默识于衷，未敢轻发。至三十觉可以著书，始将觉悟所得笔记出来。并将先后天性命颠倒，乾坤坎离，错综变化，凡阴阳二气所含之一切微妙义理，画成图像，详加说明。穷十年之力，积稿至十二卷，定名为《阴阳正宗》。其时在已经舍弃产业以后，家况窘破，昼间营生计，寸晷无暇，夜间秉笔，燃桐油灯照明。为惜油计，芯草细捻如线，故油虽省而目力耗，几为之盲，耳亦为之减聪。头骨更咀喳作声，身体之劳瘁可知。书稿虽成，无力发刊，偏向亲友告贷，无一人肯应，甚至受其奚落。孟子所谓劳其筋骨，饿其体肤，空乏其身，行拂乱其所为者，我实皆一一经验过来。"（《师道全书》）著书之艰苦，行道之艰难，于此可见一斑。至于所历几十年之奋斗创立道德学社之艰辛，就更是可想而知了。所以，段正元以这样的经验阅历，得到儒道真传，并费尽艰辛，弘扬儒道之学，成就了一代宗师之伟业，令人感佩不已。

段正元的学术思想能达到"识阴阳之妙用，握造化之枢纽，化育参赞"的高度，除了他所说的"由明心见性经验阅历而得"之外，还有一个更为重要的来源，即他的为学之道。他的为学之道充分表现出与古代圣哲及孔子儒学的统一性。段正元认为，在孔子思想中，有很重要的为学之道，所以在他一生的讲学中多有论述。其中最为重要的是段正元对孔子的"敏以求之"和"学而"的为学之道的阐述。

我们知道，《论语·学而》载："子曰：'学而时习之，不亦说乎？有朋自远方来，不亦乐乎？人不知而不愠。不亦君子乎？'"《论语·述而》载："子曰：'我非生而知之者，好古敏以求之者也。'"段正元在六十一岁时，对于"好古敏求"和"学而"的为学之道做了精辟的论述。

> 吾今学道四十有八年，立学社十有三年[1]，其新教旧教之书，皆未读未习，何堪为人师？不知吾之学说，亦非生而知之也，皆是好古敏以求之者。窃思今于敏求之古学，不过破窗窥天，虽门人编辑成书者有多种，其中不过发明万分之一，浅中之粗。

> 吾昔年在乡时，曾对亲友云，我不读书，将要为儒教之师，人皆不信我，说我为痴狂。不知我非生而知之之学，自受师教，即教我百书不看，将来有一线之明，任尔到天涯游访，还有比吾道高者，尔去从他，此即好古敏求之学。又云，自古尧舜禹汤文武周公孔孟，皆是此学。而今方知古道中无有穷尽。（《师道全书》）

---

[1] 从民国元年在成都成立"伦礼道德会"开始计算。

孔子之我非生而知之，好古敏以求之，回到本来，一齐皆知……先天学与后天学，有若天渊相隔，不知其几千万万里。好古敏求之学，澈底澄清，数千年事，了在目前。故说我非生而知之，不是生后由学而知。如今人学诗学礼、博闻强识，所知尚有穷时。又如术数之学，只知之其当然，不知其所以然。好古敏求，则知其来因，知此物是如何生，原始要终，可以知道。凡圣者皆是如此。如文王伏羲画卦，三画为乾，六画为坤，他亦由敏求而知，不由后天学知。凡敏求之学，天地有，他有，天地无，他亦有。后天之学何以不能如此？盖从后天学，不过成为贤者。有些人后天学都不知，为愚为不肖。这两部学问，圣人有一章书，可以见得。子曰，"学而时习之"，学者后天之学，后天生后之学，即生而知之之学。学有为也，其而字即无为之教。真到了而字之无为，即无言也。此其中有心法，将来明了自知，不然万言难知。如易云，河出图，洛出书，则之而后知，皆后天之学。触动一物而后知，尚属学字范围，亦有而字之意。真正而字，无言之教，无象之明。如吾在讲，通无为、即无为在讲。吾有所言，每教人翻书来证，看合否，此即我敏求之学。与而字心法相似……非我有异，万物皆备于我，反身而诚，乐莫大焉。故曰学而时习之，不亦说乎。有朋者、无为中之朋，故能自远方来。数千万年同一时也，数千万友，同一性也，故曰不亦乐乎。其乐者皆是好古敏求，贞古之学者。为的真己，无古无今，皆是一体。人不知，无为也，古学也。而不愠，为己之学成也，无为之道成也。道即我，我即道。此而字又非学而之而，为不知不愠之而，即古道之学。虽非学而，亦是学而。两而合一，故曰不亦君子乎。论学而便为君子，不知不愠，便为圣者。今两而合一，非君子，是君子；是君子，非君子，故曰不亦君子。不亦二字，有非常之妙，非常特别，两而合一，至平至常，而又至神至妙。故中庸云，圣贤有所不知，有所不能，故君子语大莫载，语小莫破，方知方能。论故君子，亦不知不能，不过此故君子，由圣者而现大人之身，故与知与能。（《师道全书》）

上论表明，段正元的为学之道，以其深刻的哲学理路把中国古代文化的优越性揭示得非常清楚，表明了段正元学术思想的渊深。其对为学之道以"古之学者为己"的目的性和所表现出的"无为"和"有为"，"先天"和"后天"及"学而""不愠"的论述，可谓震古烁今之论。其中说明的先秦儒学和道学学理的统一性，已经昭然若揭。

一部《论语》，几千年来，历代大儒对其所做的注释发挥可谓汗牛充栋。但是，如段正元这样深入并精确理解《论语》等"古道之学"者，鲜矣！两汉之后，对儒学的误解以至于格物于形下之用，是儒道失传带来的必然结果。汉宋后，儒不但失缺了先秦的儒学之道，也失缺了先秦的为学之道。段正元学术思想以其独到的理路在为儒学正本清源的过程中对先秦儒学的理路进行了多方面的阐述，不但再现了先秦的儒学之道，也同时再现了先秦的为学之道。所以，应当认为，段正元为当代中国文化的研究、为中国文化的复兴提供的思想参照是多方面的，既具有整体性又具有系统性，这是段正元学术思想的重要特点。

如果说"今之学者为人"是中国学术愈卑的原因，那么，"古之学者为己"在段正元身上的又一次体现，使我们更能了解其思想的博大精深并勇于实践的理性基础了。他对当时的学术思想教育不无抨击，曾一针见血地指出，"近数十年来，自命识时务者，主张变法，兴办学堂。虽有读经一科，然对于经义莫名其妙。如此办学仍不能造就真正人才。青年血气未定，根基不立，易染不良习气。若不亟谋改正，恐非国家之福。人皆以为我迂腐，迄今，则不惟《大学》之道不讲，并《大学》之书亦废而不读。近年来，一切模仿外国，惟恐不肖。结果未图国家富强反增国家内乱。"（《归元自在》）这些发人深省的话，难道不是对中国近现代教育史的一个绝好写照吗？由此带给我们今天的反思，难道不是在证明段正元当年的论述吗？

对于中国的近代学术史，钱穆先生曾有一段话，表达了他的看法。他说："18世纪以下之西力东渐，实以商业兵戎为主，而文化学术为辅，亦不能使中国人诚心乐就。合此两因，遂使近代中国人迷惘前却，走了一百年冤枉路，而仍未得东西文化第三度接触融和消化之益。然途穷则思返，今中国国内有识之士，乃渐渐觉悟纯以功利观念为文化估价之无当。自今以后，中国人殆将一洗以往功利积留，重回头来再认中国传统文化之真价值。亦必能同时认识西方文化之真精神。如此融会调和，若以中国对印回文化往例言之，再历三百年之时期，中国人必能胜任愉快，对此最后一批最远西邻之新文化，充分接纳消融，以完成东方文化之创展过程中所遇最艰巨之第三步工作也。"❶ 钱穆先生的"走了一百年冤枉路"之论不无深刻之处，此论在今天

---

❶ 姜义华：《中国现代思想史资料简编》（第四卷），浙江人民出版社1983年版，第395~396页。

看来仍然意义重大。但是，对其原因之分析，钱穆先生的认识显然没有段正元深刻，因为段正元的思想是基于中国道统文化的本质性认识所发——中国文化中产生的问题是由于缺失了先秦"性与天道之学，允执厥中之法"的儒学之道。所以，本质上表明的段正元学术思想理路与先秦儒学的统一，使我们看到中国文化的优越性，感到中国文化的复兴势在必然，仅是时间问题而已，由此更感到中国文化在未来人类文化进路中将发挥的重要作用。所以，认真研究段正元的学术思想，对于实现这一任重而道远的目标，无疑具有重要的意义。

由段正元的学术思想所引发，从哲学的角度对中国文化的理路进行反思，笔者认为，当前最为迫切的工作是对中国文化的本质性进行界定。西学东渐以来，对中国文化形成巨大的冲击之后，中国文化在当代已经变得面目全非。对这一历史过程及原因的分析，段正元的学术思想就具有重要意义。段正元认为中国文化的本质性是"性与天道之学，允执厥中之法"，所以，这对重新认识和评介中国文化具有重要的参照价值。

孔子在其一生的儒学实践中，对"性与天道之学，允执厥中之法"的把握和运用，在当时的政治社会文化氛围中能得到较为容易的学习和理解，但子贡还是发出了"夫子之文章，可得而闻也，夫子之言性与天道，不可得而闻也"（《论语·公冶长》）之论。段正元把儒学之道概括为"性与天道之学，允执厥中之法"，推定其为中国文化的本质性，并以道德学社的实践使我们看到儒学的学科特性——儒学之道绝不仅仅是书斋里的学问，"性与天道之学，允执厥中之法"也不仅仅是思辨中的理性，儒学之道是使社会架构在人性与"天道"中实现的统一。毫无疑问，社会是人性的表现形式，社会中的存在都是人性中的存在，因此，社会架构必须符合人性。这些结论，不用太多的论证，就可以很容易地被理解，因为人类社会几千年以来的历史已经相当明确地对这些做出了证明，并且以其正在进行的历史继续对这些做出证明。问题的关键在于人性应该以怎样的形式与"天道"统一，社会应以怎样的架构实现人性与天道的统一。儒学为解决这些问题形成了成熟的思想体系。反思社会存在与人性的表现形式，我们不能不为早在几千年前就以其理性形式对社会和人性做出论证并正确规范的儒学之道感叹。儒学之道以其"性与天道之学，允执厥中之法"的高度概括和由此展现出来的本体论承诺和逻辑推定之真善美的统一，使我们备感段正元学术思想与儒学之道的一脉相承和由其对儒学进行的正本清源所展现的现实意义。

孔子以其丰富的学识和阅历,以其人生实践对社会与人性的体验,最终在晚年形成了成熟的儒学思想体系。儒学之道最重要之处即对"人性惟危"的确证,并以"允执厥中"之法拯救之。为了达到这一目标,儒学以《周易》《大学》《中庸》等为基本形式对"性与天道"之学进行了推定。"性与天道"之学的价值论承诺是使人"穷理尽性以至于命",使人性自在地与"天道"统一,从而使人从"人性惟危"中得以自救。

儒学的这些基本思想,在段正元的学术思想和道德学社的社会实践中又一次得到高度的体现。这使我们加深了对段正元为传播儒学之道从青年时代就已经开始的社会实践和艰苦历程的理解,更加理解段正元之所以克服重重困难创立道德学社的良苦用心。把段正元的儒学理论形式与社会实践与孔子的儒学及实践进行比较,可以发现,正因为其理论形式和以道德学社展现的实践方式具有与孔子儒学的统一性,所以当时人们把段正元称为段夫子,不但是一种必然,而且也是对段正元学术思想和社会实践的正确评价。

三、道德学社的历史意义

自20世纪80年代的改革开放以来,由于部分档案资料解密,加之学术氛围较为宽松、学者思想解放,段正元及道德学社开始成为学界的研究内容。段正元一生著述浩繁,1949年以前由弟子记述整理出版了大量不同版本的著作(据初步统计,有三四百种之多)。所以,段正元留给我们的是一笔珍贵的思想文化财富。但是,"十年浩劫"给段正元的著述和相关文献资料造成相当程度的损失,目前在北京国家图书馆内仅藏有为数不多的段正元著作。显然,这对研究段正元学术思想及道德学社造成了一定的困难。

对于研究段正元学术思想和道德学社的现实意义,任宝菊先生指出:"段正元活动在我国20世纪上半叶的社会大变革时期。从十九岁明心见性,到七十六岁谢世,近六十年的时间里,他南北东西,为复兴改造儒学奔走呼号;建社传道,受业之徒竟达十七万之众;弘孔扬儒,著作不下三百种之多;辞世鹤归,素花丧服使北京西单为之变色。他无疑是一位近代以来有较大实际影响的儒学传道者。但由于种种原因,我们对他本人知道得太少了……应该说,段正元的学术是值得研究的,它不仅能补白20世纪上半叶思想界的一个重要侧面,更能呈现出我国社会的实际面貌及其必然走向。"❶ 笔者认为，上论对段正元的学术活动及历史影响之评介是客观而中正的，应引起学界的重视。如果认为段正元的学术活动在中国近代史上有其在社会基层"传道、授业、解惑"的特殊性，并做出了不朽的贡献，那么，其在中国现代思想史中的地位就不容否定。然而，对这样一位"近代以来有较大实际影响的儒学传道者"展开的研究表明，到目前为止，有重大思想价值的成果几乎没有，诚为当代学界的憾事。

作为"儒学传道者"，段正元与现代新儒家同时生活在20世纪上半叶的中国，同样目睹了"五四运动"，亲身经历过"打倒孔家店"否定传统文化的历史时期。虽然段正元和现代新儒家都对中国传统文化持肯定的态度，但是，由于段正元具有与新儒家不同的学术理路，所以，段正元以一个民间学者的身份为传播儒学之道、培养治国平天下的人才而创立了道德学社，其"未用公家半文钱，未占民间一锥地，两袖清风，怀抱道德，居易俟命，素行而位，穷则独善其身，达则兼善天下。在尘出尘，在俗出俗。可行则行，可止则止"。可见，以此成就一代儒道大师之事业者，在近代中国，可谓仅此一人！所以，他的思想和实践留给我们的是一笔极为宝贵的财富。段正元的学术思想不但表明了中国儒家及道统文化的本质性和对人类进步的重要作用，而且也表明了学术研究的自由性对形成段正元学术思想的重要意义。由此，笔者想到在1949年以前，有相当一部分思想学术多有建树的学者，如果沿着他们的学术理路发展下去，其理论前途将不可限量。但是，在1949年之后，正值他们人生的黄金阶段，处于学术思想创作的高峰和成熟时期，多数人由于众所周知的原因，偏离了自己原来创立的学术理论，使本应成熟的思想体系中途夭折。他们留给中国学术思想史的是一笔永远的遗憾和沉痛的反思。

这也更显现出段正元学术思想的自由性、民间性及由儒道之学的自在性产生的社会历史作用。也正因此，在20世纪90年代之后已经开始有恢复道德学社的呼声。张鸣和副教授在其《建议恢复孝义道德学社》的文章中写道："1996年12月……山西省重点乡镇村志系列丛书——《孝义市城关乡志》发行问世，在该书十八卷'大事记'中的两件事引人注目：①民国二十五年（1936）侯佑诚、焦延甫等人发起在城内创立道德学社。②民国三十年

---

❶ 任宝菊："段正元与道德学社"，见杨子彬：《国学论衡》（第一辑），敦煌文艺出版社1998年版，第424页。

论道德学社的性质和意义

（1941）九月私立尊德中学在城内西沙姑巷道德学社内成立，民国四十六年增设高中班。这是孝义县文明史上的两件大事，值得深思。"❶ 我们不禁要问，为什么张鸣和副教授认为"创立道德学社"和成立"私立尊德中学"是"孝义县文明史上的两件大事"并"值得深思"呢？

对此，张鸣和先生接着写道：

> 现在五爱学校的前身是解放前的尊德中学，尊德中学的前身是道德学社主办的文化补习班，所以后来的这一切都发源于道德学社。从1936年到现在已经六十多个年头，我不知道现在的五爱学子能不能知道德学社这个名字。1936年正是抗日战争爆发的前夕，中华民族处于危急存亡的生死关头，当时黑云压城、长夜难明，为了探索救国救民的真理，为了找到一条通往大同世界的光明大道，由当时孝义县的社会贤达、仁人志士侯佑诚、张景良、焦延甫、冯季重等人共同发起筹建了以阐扬孔子大道、实行人道贞义、提倡世界大同、希望天下太平为宗旨的一个学术机构——道德学社。学社讲述四书五经，宣扬仁义道德，在阎锡山军阀封建统治和日寇铁蹄蹂躏下的漫漫长夜中点起了一盏明灯，为处于兵荒马乱、民不聊生中的黎民百姓在心灵上找到一片静土乐园。现在时过境迁，从历史的角度来审视，确实是值得大笔一书的好事、盛事。现在六十岁以上的、在道德学社受过教育的老人，无不怀念那难以忘怀的岁月。从校门口的孝、悌、忠、信、礼、义、廉、耻八个大字，到跨入庭院后所看到的花草树木、讲堂礼堂、名联画像、佳句格言、花廊曲径、凉亭醴泉，还有那朗朗书声、丝竹管弦，那是一幅多么令人留恋陶醉又肃然起敬的历史画面啊！在这所美丽的校园里，曾经集聚了汾孝一代的博学多才、开明有德之士，办起了经当时阎政权省教育厅批准的尊德中学（附设小学），为挽救传统的中华文化做出了很大贡献，培养了数以千计的人才，对他们进行了良好的基础教育和素质教育，使他们进一步深造学习锻炼而最后成为我市我省以至国内港台地区有一定贡献的专家、教授、工程师、企业家甚至省地级领导干部，这是很可以说明问题的。它说明道德学社不是一个空洞说教的学术团体，而是为中华民族的振兴贡献了很大力量的学校。❷

---

❶ 山西省孝义市五爱学校：《五爱通讯》（第10期），1997年版，第14页。
❷ 同上。

在对中国的传统文化及孔子的儒家学说的"精华妙道"做出论证之后，基于对道德学社这一"静土乐园"产生的社会作用，基于重建社会道德文化之需要，张鸣和先生提出恢复孝义道德学社的建议。他说："自鸦片战争的一百多年来，为了寻求救国救民的真理，中国的志士仁人做过许多的探索，有人主张全盘西化，有人主张以俄为师，都获得了一些益处，但也带来一些副作用。今天我们以冷静的头脑反思过去，应当在吸取外来优秀文化的同时，大力弘扬中华优秀传统文化，摒弃民族虚无主义，增强民族自信心，以我为主，中学为体，西学为用。正如伟大的民主革命先行者孙中山先生所说，'东方文明乃仁义道德，而西方文明不过坚船利炮而已！'我们应当充分继承和发扬儒学的道德文化精华，并进一步发扬光大，创造中华民族新的更加光辉灿烂的东方文化。即将到来的21世纪必将是东方经济文化雄踞于世界民族之林的美好明天！怀着以上这些想法，作为炎黄子孙的一分子，我认为应该为中华振兴……贡献自己的一份力量。侯公佑诚曾几次谈到恢复道德学社的愿望，我都极表赞同……恢复和重建孝义道德学社必将推动孝义的精神文明建设。形势喜人，时不我待，恢复和重建孝义道德学社此其时也。"❶ 笔者认为，张鸣和先生提出恢复道德学社的建议，不但表明了社会需要儒学之道的心声，更是对道德学社历史意义的肯定，因此有着一定的理论意义。

道德学社以其儒道之学的经世致用形成了丰富的社会实践，并产生了深刻的历史性影响。侯佑诚先生之所以能在其一生中以民间办学的方式实现其教书育人的理想，正如其所言，是在受到段正元儒学思想影响后"开始有了做人的方向"，从而开始了"历经百年艰苦岁月，矢志育人奉献终身"❷ 的历程。这不但证明了道德学社在当时为传播儒学之道、培养道德人才所做出的贡献，而且也客观地证明了道德学社的性质和意义。历史表明，道德学社所进行的教育实践不容抹杀，应对其进行客观性和历史性的评价，这不但是对历史负责，而且是对中国文化负责。以道德学社为形式表现出的段正元儒学思想理路在中国思想和文化上的意义，是历史性的，其作为思想家的历史贡献、留给我们的思想财富，是极为宝贵的，应加以研究和继承。这是我们这一代学者责无旁贷的义务，极应加倍努力，为推动中国文化的复兴而踏实地工作。

---

❶ 山西省孝义市五爱学校：《五爱通讯》（第10期），1997年版，第17页。
❷ 山西省老年学会会长赵雨亭题词，见郭庆龙、王子荣：《晚霞红满天》插页，山西省老龄委员会1997年版。

从恢复道德学社的呼声中,我们看到儒学的历史和现实价值,因此问题并不在于是否恢复道德学社的形式,而是道德学社对"性与天道之学,允执厥中之法"之弘扬所产生的历史影响和在当代的重要意义。显然,道德学社作为特定历史中产生的一种特定的教育及学术研究形式已经不再与现代教育和学术形式相适应,但是,其表明的学术理路和教育思想是现代教育和学术形式极应借鉴的。以思想解放、学术自由为基础,为重新建设道德的、文明的、科学的中国,道德学社为当代提供了思想上的参照系。根据中国的道德状况,当下之急务是借鉴道德学社的教育实践开展更为普遍的儒学教育,即如杨子彬先生所论的那样,"以儒商的经济力量为后盾,用儒学精神举办各种文化教育事业,在城乡、在企业创办从托儿所、幼儿园、小学、中学、大学、各种技术学校、成人教育,直到老人大学、养老院一整套完整的体系,并且把幼儿园和养老院巧妙地结合起来。"❶ 目前,开展儒学伦理思想教育,已成为许多学者的共识。但是,儒学教材的编写是一个重要的课题,因为西学东渐对儒学形成的冲击和破坏,亟须一番正本清源式的工作。在这一形势下,段正元的儒学思想就以参照系的作用在中国现代文化史中占有重要地位,并将再一次发挥其在现代社会中的重要作用。

学术自由对促进思想理性之进步具有举足轻重的作用。这一点被道德学社的实践所证明,难以设想在思想禁锢、学术封闭的社会氛围中能产生段正元这样的思想家。蔡元培主持北京大学工作时期由于采用"兼容并包"的办学方针,促进了北京大学的学术进步。那时的北大教授,不但应有独立的学有专长的学术水准,而且要能够自编教材,如果达不到这些水准,就不可能在北京大学立足。不但校方要对教授进行学术水平的考察,而且学生的思想活跃和价值取向也对教授的水平提出了相当高的要求。胡适从国外留学归来执教于北大,因按照自己的学术观点和自己编著的教材讲述中国哲学史,其观点新颖,学生一时接受不了,险些被学生逐出北大。那时的北京大学,由于学术自由,思想活跃,所以能够大师辈出,促进了学术和文化繁荣。可是,近五十年来,北京大学没有培养出一位大师级的学者和思想家,这难道不应引起一切关心中国教育和文化、关心中国前途的人的深刻反思吗?

杨子彬先生指出:"今天世界正处在新旧格局交替、人类面临何去何从的

---

❶ 杨子彬:《国学论衡》(第一辑),敦煌文艺出版社1998年版,第286页。

关键时期，和当年孔子所处的春秋时期类似。今天人类文化的发展，从国际范围看，不论在精神上和物质上，都初步具备了实现孔子思想的条件。人类经过几千年、近代几百年，特别是现代一百年文明的进步和折腾，已经开始走出异化的低谷。只要取得共识，共同发扬一切优秀文化，就能制止霸权主义、民族利己主义、宗教蒙昧主义，用和平的方法实现人类进步。"❶ 对于解决这些关系到人类进步的重要问题，杨子彬先生进一步认为："五千年的中国文化是历史上唯一没有中绝的国家和文化，先秦儒学迄今仍是最全面、最深刻的人道主义思想体系，中国又是人数最多、华人遍布全球的国家，所以，我们应该，也能够为人类作出与本身条件相称的贡献。只要能尽快复兴先秦儒学，在和平、民主的前提下，以传统文化统一中国，就能振兴中华，争取 21 世纪成为儒学的世纪、华人的世纪、人类的世纪。"❷ 显而易见，杨子彬先生以先秦儒学为"最全面最深刻的人道主义思想体系"，并将在人类历史上做出贡献的儒学观，为当代中国大陆的学术界揭举了复兴儒学的历史帷幕，使之沉寂了五十余年的儒学研究发出了新的曙光。

  道德学社当年成功的社会实践和产生的历史影响，离开我们已经五十余年了。段正元的学术思想和道德学社的实践表明，复兴先秦儒学是复兴中国文化的基础。这一思想在现代显然具有重大的意义。段正元以其成功的儒学实践为当代儒学研究和社会实践提供了思想和经验上的参照形式。较之于现代新儒学的思想理路，段正元的儒学思想对于当代的学术研究具有更加重要的理论和实践上的意义。

  如果说道德学社的成功表明的是儒学的本质性之必然，从而说明儒学在人性中的自在性，那么，缺失了儒学之道的人性将表现为怎样的本质性危机就成为历史和逻辑中的统一。历史已经让我们经历过和正在经历着这种危机。所以，面对历史对儒学的呼唤，一切真正的学者——心忧天下并敢于为此尽责的学者——难道还不应该清楚他（她）们的奋斗方向吗！

  "敢问路在何方？路在脚下！"❸

（原载《国学论衡》第二辑，兰州大学出版社 2002 年版）

---

❶ 杨子彬：《国学论衡》（第一辑），敦煌文艺出版社 1998 年版，第 281 页。
❷ 同上书，第 426~427 页。
❸ 同上书，第 427 页。

段正元的儒学思想

鞠　曦

　　中国思想史表明，两汉以后，作为学术思想的主流形式，儒学以经学为形式统治中国近两千余年。在近两千余年的历史中，为了适应社会需要，儒学曾有过三次较大的理论模式改造，这就是董仲舒的"独尊儒术"、程朱的"宋明理学"和现代新儒学。儒学的历史地位，受"五四"肇始的"全盘西化"论的冲击，在中国现代的"打倒孔家店""全盘否定"的思想进路中失落了在中国文化中的主流地位。那么，儒学历史地位的变化是由理论的不完备性还是由其他的原因所导致？显然，这是现代中国文化研究中应推定的基本问题。

　　在对这一问题的研究中，一些学者注意到先秦儒学和汉宋儒学及现代新儒学的差异性并反思其中的思想理路。笔者认为，形成这一问题的原因是后儒失落了孔子"穷理尽性以至于命"的"性与天道"之学。问题表明，虽然孔子"性与天道"的思想自成体系，但是，由于后世儒家不理解孔子所建构的"性与天道"的思想原理，结果步入形下格物、空谈性理的误区。关于孔子"性与天道""穷理尽性以至于命"的思想形式，受子贡"夫子之文章，可得而闻也；夫子之言性与天道，不可得而闻也"（《论语·公冶长》）的影响，两汉以来的儒家都没有给予正确的推定。由于"性与天道"关系到儒学本体论承诺与逻辑推定和主体论承诺与形式推定的统一性问题，关系到儒学是否具有自恰的思想体系的问题，故成为儒学基础理论研究中的重要课题。由于失落了孔子的"性与天道"之学，两汉以来的儒家虽然力图重构"性与天道"的思想体系，但我们看到，汉宋以来的"天人合一"到现代新儒学的"良知坎陷"，无不是在寻求本体论承诺与逻辑推定和主体论承诺与形式推定的统一性，然而，由于其思想形式难与孔子的思想理路一以贯之，终究未能建构成熟的思想体系。

生活于民国年间的一代大儒段正元以所创立的道德学社为基础,在对儒学弘扬的过程中,极其重视先秦儒学"穷理尽性以至于命"的体用之学,以其独具理论特色的儒道之论,对中国先秦儒道之学以"穷理尽性以至于命"的理路进行了整合,创立了有别于汉宋后儒及现代新儒学的儒学理论体系。本文介绍段正元儒学思想中关于"穷理尽性以至于命"的理论内容并进行简略的哲学反思,以抛砖引玉,把段正元儒学思想研究引向深入。

一、段正元儒学思想的基本特点

在人类文化发展的历史长河中,尽管洋洋大观而丰富多彩,然而,人类文化没有解决终极关怀问题,而且又给自己制造了新的生存困境(如生态问题)。在这种形势下,西方的一些学者把解决问题的希望寄托在中国文化身上。但是,中国近百年的主流学术理路表明,能够适应这一需要的理论形态不但没有建立,而且由于"全盘西化"的冲击,形成了对中国文化空前的摧残,终于酿成了中国文化的现代困境。在中国文化的现代困境中,段正元力挽狂澜,在充分研究中国文化的基础上,以其儒学理论体系的建构,为中国文化的进步做出了重要贡献。因此,深入研究段正元的儒学思想就成为当代中国文化研究中的课题之一。

研究表明,段正元儒学思想有三个基本特点,即重视中国文化的道统、坚持先秦儒学和道学的统一并把儒道的"穷理尽性以至于命"以体用之学一以贯之。段正元的儒学思想使道统理论、儒道之学与性命之学实现了统一。由于推定了儒学之道的实践性,段正元的儒学理论推定了道统、学统和政统的统一性。段正元的儒学思想整合了先秦的儒道之学,使之成为思想体系,他所建构的儒学思想体系在秦汉以来的中国文化史中是空前的。如果说孔子因"述而不作,信而好古"(《论语·述而》),以其自在的方式创立了儒学,后世儒家没有理解其理论形式而使儒学失落了一贯之道,那么,段正元则是自觉地以中国文化的道统为己任,在对儒道之学进行梳理的基础上建构了思想体系,从而对儒学进行了一次正本清源。显然,研究段正元的儒学思想,对中国文化的历史性、现实性及其对人类文化进程的作用——中国文化应以怎样的方式走向世界,具有理论和实践的双重意义。

由于段正元把中国文化的道统、儒学和道学的"穷理尽性以至于命"体用之学进行了统一,所以,在段正元的理论体系中呈现了融会贯通、圆融精妙的境地。他所涉及的论题,无论其主题是什么,他都以儒学的道统学理和生命应达到的最高境界一以贯之。由于把终极关怀作为理论基本承诺,段正元一反儒学的官学形式,使儒学恢复了下学上达的理路,从而使儒学在民间得到广泛的传播。

段正元重视道统,以承继道统为己任。他的道统论是以《大学》《中庸》及老子的道学为基础,并且把道统的理论形式赋予了终极关怀的价值,这使道统理论得到了梳理,从而一反唐宋以来的空谈道统,使道统具有了"穷理尽性以至于命"的实践意义,毫无疑问,这是重要的理论贡献。所以,下文将以"穷理尽性以至于命"的价值论承诺研究段正元的儒学思想架构,推定段正元儒学思想的基本意义。

段正元说:

> 中国自河洛出而道统立,《大学》之真道,圣圣相承,迄今四千余年,并未昌行于世,故世道愈趋愈下,人心愈见奸险,黑暗已到极点。皆因世运否卦当权,气数之天作主,小人道长,君子道消。虽说有尧、舜、禹、汤、文、武、周公、孔、孟诸大圣人生于其间,阐明《大学》之道,不过立个模范表率。说到大行,均有志未逮。而今剥极必复,方是实行《大学》真道之时,将来天下各国,皆要实行《大学》之道,凡有血气莫不尊亲。盖否运一去,泰运斯来,君子道长小人道消。此天地世运一定之道也。(《民国七年汉口讲学辑要》)

段正元曾对中国文化的道统失传有过推定,他认为道统自孟子以后中绝。显然,段正元在上论中也表明了这一点。然而,段正元的这段论述表明,他除了把心传作为道统的统绪之源而圣圣相传之外,还指出了"河洛出而道统立"的本体性问题。显然,这段论述与《系辞传》中的"河出图,洛出书,圣人则之"的思想是统一的。把"河出图,洛出书"作为道统的理论根据,这就使道统理论具有了本体论意义,显然,这与"人法地,地法天,天法道,道法自然"(《道德经·第二十五章》)在本体论的逻辑推定上具有统一性。因此,段正元所建构的道统理论具有了与宋儒的道统理论大不相同的内容,由此可以推定,段正元的道统理论是根据这样一个历史和逻辑的过程:"河出图,洛出书,圣人则之"之后,古代圣人据此推定为"允执其中",儒学根据"允执其中"而发展出《大学》之道和《中庸》方法论。而道统不传，就是具体指《大学》之道和《中庸》方法论自孟子以后中绝。然而，《大学》一书"自尧、舜、禹、汤、文、武、周公而后，是书已历数千余年，因其中有秘密传授之处，少有知焉。自来知内圣之学者无几，故致外王之道者无多。况圣而不可知之谓神。得其道者更觉绝无仅有。孔子之时，大道尚未宏开，是书虽著，不过浑言其理，不得多传。故子贡曰：'夫子之文章可得而闻也，夫子之言性与天道，不可得而闻也。'至复命之学，亦不得而闻，子思、孟子之时亦然。"（《阴阳正宗略引》）这就是说，由于《大学》之道不能得到阐释，所以，不但道统不续，而且使"夫子之言性与天道"之学也"不可得而闻也"，所以子思、孟子与子贡一样，都没有得而闻之。所以，为了"阐明大学之道"，段正元贯之以道统的理论形式，以"穷理尽性以至于命"为目的，以《中庸》为方法论，形成了自恰的儒学思想体系。关于《中庸》与人的修养及性命关系，他在《道德学志》中说：

> 道也，所以生天地人物也，天地之所以恒久不已，人物之所以各遂其生，皆道主持之。是天地人物须臾之顷，未尝脱离乎道焉。然人终身由之而不知，最易背叛于道而为非道之事。故君子之人，知道之不可离，尤知道之最易离，则于不睹不闻之地，时加戒慎恐惧。终日乾乾，夕惕若厉。君子何以如是修省，反复其道？盖知人禀道而生，凡有动作即含系道中，勿谓隐而难知，无时不有，在在皆见而发皇。勿谓微而难见，天物不具，处处皆显而彰明。如人藏其心，不可测度。怀善怀恶，即便形于面色，故君子慎其独也。但此独字，非独居个人之谓独，是人人固有即秉彝之良，天命之性也。至尊无对，有一无二。慎独者，是保全此独，不自欺。故慎字竖心从真而取义也。言行坐卧放心于中，于喜怒哀乐未发之时，建中其间，故一发挥于外，即是中节，皆得人情之正，无有乖戾之情，故谓之和。和者，中之发华也。非中无以见和；非和无以显中。中为天下之大本也。知用中则知其损益。损益者，天之道也。执天之道，以制人之情，则时措咸宜，相安于荡荡平平。故和为天下之达道。达则旁通无不宜，放之四海而皆准，与天地合德，日月合明，四时合序，鬼神合凶吉。如是有不位天地育万物哉？天地位焉，万物育焉，人心顺，天心安，物道成，皆由此中和之所致。故曰中和之道，卷之在一心。及其至也，察乎天地。中庸谓之参赞天地之化育，即是尽性以还天之命也。

关于《大学》之道与"穷理尽性以至于命"的关系，段正元在《元圆德道》中说：

"在明明德，在亲民，在止于至善。"这三句是道话，是性功。人之凡躯难免生老病死苦，故大学又说养生之法"知止而后有定，定而后能静，静而后能安，安而后能虑，虑而后能得"。学习此法，可以却病延年，可以出幽入冥，通天达地。"知止"是初功口诀，诸弟子入门时我所传授者即是。能按我所传授实践知止之功者，自然有定，定之极乃静，静之极乃安，安之极乃虑，虑之极乃得。历一层有一层之境象。非言语文字所能表达。定、静、安尚在身内，不出身外，属静存之范围。虑则非思虑，乃不思而虑，虚极生明，顿开大觉，照见本来面目，身内身外，通同无碍，属动察的范围。得，是一得永得。程度至止，则本末始终贯彻。此五句是法，即所谓命功。

"物有本末，事有终始，知所先后，则近道矣。"此四句是总括前面两段以为结束。以先后言，则道是先天，法是后天。性功是先天，命功是后天。先天之物是本，后天之物是末，先后天之事各有所终始。

"明明德"是先天事之始，"止于至善"是先天事之终。"知止"是后天事之始，"得"是后天事之终。先天道至"止于至善"即有法在其中。后天法，至于"得"，即有道在其中。无本不能成末，无末亦不能成本，无始不能成终，无终亦不能成始。先本而后末，先终而后始。知所先后，则当先者先，当后者后，或后中有先，先中有后。悉能合乎规矩，循乎次第，适应乎变化，丝毫无讹。先天转后天，后天还先天。先后天合和一贯，内圣外王，全体大用，完满无缺，故曰"近道"。近道，是与道一体。大道无形，视之不见，听之不闻，博之不得，以有形之人拟无形之道，故曰近。此效验至确，实至迅速。只怕不知先后，果能知所先后，立即是道，故曰"则近道矣"。

"古之欲明明德于天下者，先治其国。欲治其国者，先齐其家。欲齐其家者，先修其身。欲修其身者，先正其心。欲正其心者，先诚其意。欲诚其意者，先致其知。致知在格物。物格而后知至。知至而后意诚。意诚而后心正。心正而后身修。身修而后家齐。家齐而后国治。国治而后天下平。自天子以至于庶人，壹是皆以修身为本。"此一段话极其通俗，易于解释。至圣是将道、法、命、事、物、终、始、本、末、先、后，满盘融化，然后通乎世俗，提出头绪，指明顺序，使人便于遵从，此至圣立教之苦衷也。

……《大学》一书，义理奥妙无穷，仅以文章言，已是语语真切，字字着实，简明无比，详尽无比，脉络一贯，次序井然。其承接处，紧严非常，有如天衣无缝。从前读书人，模仿些许，即可窃取功名。文章是假以状道者，其并非其道尚有如此好处，若将真正大学之道学而时习之，必能成真作圣也。

由此可见，段正元对《大学》一书是极为重视的，因此，在他的一生中进行了多次阐述。他的阐述言简而意赅，直指"性与天道""穷理尽性以至于命"的基本道理，尤其是关乎人们日常的修养功夫，可谓阐发殆尽。他在《阴阳正宗略引》中说：

大学一书，明明德一节，穷理尽性，先天之学也。知止一节，炼凡身，了凡命，后天之学也。从穷理尽性以至于命，本末交修，还我本来真面目，性命合而为一。完全先天中之先天，大学能事毕矣。世有炼精化气，炼气化神，专致力于后天者，寂寞空山，并不理人世间事。不知有所谓先者，而取坎填离，遂不知其为后。纵使灵异神道，功效卓著，而先天之道未全。终无由尽人合天，以立于不生不灭之地。其反乎此者，当初未经明师之传，兼为盲师所惑，学之毫无着落，遂回头抵牾，一切明心养气之学目为异端。讲日用伦常学问，概从切实入手，躬行心行之下，即以为包括无遗，似得孔门之心法矣。然，抛去静养一层，不知有所谓后者，何足与言先。况仁义礼智，虽出于心，而性与天道之贯通，原是别有其地。先儒只凭空说理，并不向身中讨出生活，无惑乎天人不能一气也。此非独修性不修命者有然，即性命双修者，视听言动，俱能不苟。而授以微言，或以行功善为外功，以传妙窍为内功，内外不能一贯，虽发前人所未发，终非最上一乘也。

惟知所先后者，为学既有次第，后及口传心授，何为收心、放心、诚心？何为凝神、安神、虚神？何为抱一、守中、合一？知此九诀则近道矣。

学道者，必求其备；讲道者，必尽其藏。断不可以大道之完全，略于此而详于彼，致使希贤希圣者难以希天。况既露出端倪，苟不罄其蕴底，异日承学之事，妄加猜想，非阻人上进即陷人于异端，其流弊有不可胜言者。揆诸同登道岸之心，岂忍出此。

虽然，苟不至德，则至道不凝。盖炼虚合道之功，其圆满当俟诸异日。孔子故于"知止"一节存而不论其详，因伊古以来，中人以上之资格无几。旷观天下，几尽中人以下之人，灭天理，穷人欲，日亏厥德，大学遂不得其门而入。故单即"明明德"一节，条分贯串，不厌其烦，结以此谓知本，此谓知之至也。可是儒门之学，重平常，不重神奇。究其实，至平至常，即至神至奇已胚胎于此。而圣人不尚神奇者，内而圣，外而王，先天之学，由据乱以后于升平，由升平以底于太平，不越是书矣。岂非平常之中有不平常者在乎。

……由是观之，大学之道，先天与后天之学俱全，真万教之纲领，而为吾儒性命之书也。

以上表明，段正元建构的体用合一的儒学思想形式，阐明了儒学的基本理论问题。这就是以《大学》之道、《中庸》为方法建立的道统理论。在段正元看来，《中庸》不再是抽象的理论，而是具有"尽性以还天之命"的实践意义。他说："天地位焉，万物育焉，人心顺，天心安，物道成，皆由此中和之所致。故曰中和之道，卷之在一心。及其至也，察乎天地。中庸谓之参赞天地之化育，即是尽性以还天之命也。"显然，他的"中和之道"与"是尽性以还天之命"的方法论形成了统一。之所以用"中和之道"来"尽性以还天之命"，是因为人的自然本性所使然。儒学有《周易》《中庸》《大学》等经典，以此承诺和推定了"穷理尽性以至于命"解决终极关怀问题的理论形式，儒学由此形成了思想体系。因此，段正元非常重视对《中庸》《大学》的阐释，在阐释中辅之以《周易》而穷理，从而形成了他的儒学思想体系。他认为："大学一书，乃万教之纲领。天所以广大道之传也。首明大道全体，次明入道之功。至能得而天道已尽，所谓先天大道与后天大道，贯而一之也。"（《阴阳正宗略引》）"人为道体，为天地之心，为五行之秀，为万物之灵，为三才之贵。不过，既已是人，则当作人事，完人格，不负大道之生成耳。大学之精华，即在性命双修，道法并行。"（《元圆德道》）由此可见，段正元把"穷理尽性以至于命"统一到儒道之学的思想形式之中，以此解决终极关怀问题。所以，段正元的儒学思想自成体系。

二、段正元儒学思想的哲学反思

儒学史表明，儒学之失落使两汉以后的儒学只能为之以形而下的"仁义之术"，从而不能"以至于命"，失落了孔子儒学之体而用其末，使之不能上达"性与天道"，使终极关怀成为困扰人们的最大问题。对于儒学为之以形而下的"仁义之术"问题，《吕氏春秋·有度》曾指出：

> 孔墨之弟子徒属，充满天下，皆以仁义之术教导于天下，然而无所行，教者术犹不能行，又况乎所教。是何也？仁义之术外也。夫以外胜内，匹夫徒步不能行，又况乎人主。唯通乎性命之情，而仁义之术自行矣。

上论对儒学存在问题的概括显然是正确的。其指出了天下存在的问题固然是由"仁义之术""无所行"所致，但是，之所以"仁义之术""无所行"，是因为后儒不能"通乎性命之情"，即不能以"穷理尽性以至于命"贯之儒学之道，所以，问题并不在"仁义之术"本身。"仁义之术"是需要的，但必须首先让人们"通乎性命之情"，即"穷理尽性以至于命"之后，"而仁义之术自行矣"。

那么，为什么人们不能"通乎性命之情"呢？那是因为虽然"孔墨之弟子徒属，充满天下"，但"孔墨之弟子"本身并不能"通乎性命之情"，所以仅以"仁义之术教导于天下"，不但被教者因不"通乎性命之情"而弗能行之，而且教者自身也因不"通乎性命之情"而弗能行之。可见，"通乎性命之情"者，本也；"仁义之术数"者，末也。

显然，其中表明的关键问题是"通乎性命之情"，而不是"仁义之术"。所谓"通乎性命之情"，也就是终极关怀问题。笔者的研究表明，孔子以《周易》及《说卦传》推定了"穷理尽性以至于命"的理论形式，那么，为什么后世儒家反而不能以"穷理尽性以至于命"之学教导天下，使天下"通乎性命之情，而仁义之术自行"呢？问题表明，失落孔子"穷理尽性以至于命"理论形式，是产生上述问题的主要原因。

儒学存在的问题表明，由于后世儒家失落了孔子"穷理尽性以至于命"的理论形式，只能推行"仁义之术"，而不能"通乎性命之情"，两千年以降，儒学始终没有解决中国的社会问题，这就在历史和逻辑的统一性中提出下面的反思。

因为儒学在历史上的显学作用，儒学成为中国文化的主体形式，其升降沉浮决定了中国文化的历史。因此，复兴中国文化首先要复兴儒学，这已成为现代儒学复兴论者的共识。我们看到，自梁漱溟开创现代新儒学之后，现代新儒家无不以复兴儒学为己任，虽然他们的方法论不尽相同，却都认为复兴儒学即是复兴中国文化。但是，当我们反思两汉到清末两千余年间以儒学为主流文化的历史时，显然这一历史时期内既不存在"打倒孔家店"的问题，也不存在儒学的复兴问题。然而在这漫长的历史阶段中，儒学不但没有解决中国的社会问题，没有实现孔子的大同理想，而且在西学东渐之后，在"全盘西化"论的冲击下，儒学反而退出了中国文化的主体地位。如果把复兴儒学等同于复兴两汉到清末两千余年间的儒学理论形态，或者复兴某一阶段的儒学思想，就像一些现代新儒家认为应复兴宋明理学或陆王心学那样，不但没有说服力，而且也不能在历史和逻辑的统一性中使儒学真正得到复兴。自梁漱溟开创现代新儒学之后，现代新儒家经过近百年的努力，直到现在为止，儒学的复兴仍然局限于学者的象牙塔内，远远没有被全社会所认同。问题表明，现代新儒学依然是在后儒没有"通乎性命之情"的误区中，也就是说，"通乎性命之情"是现代新儒学理论与实践中的困难问题。

在这样的问题形式中反思段正元的儒学思想，将会发现其不同于现代新儒学的思想理路，在"通乎性命之情"、解决终极关怀的理论架构中，我们将发现段正元学术思想所具有的现代意义。

段正元学术思想成熟的过程表明，"古之学者为己，今之学者为人"的学术风气，是应当引起学界重视的问题。两汉以后，儒学异化为官学，使孔子所感叹的"古之学者为己，今之学者为人"的问题不仅是一个学风问题，而且已经成为一种普遍的社会问题。段正元求学到思想成熟的历程表明，如他对理学夫子所批判的那样，儒学之所以不能造就"内圣外王"式的人才，是由于改篡经文失落了儒学之本体所致。由此可以设想，如果段正元不是拜龙元祖为师"明心见性"于深山古洞，而是求学于当时所谓的社会贤达，我们所看到的段正元就不会是成就了一代儒学宗师大业的段夫子了。所以，段正元成为一代儒学宗师的历史事实，表明了中国教育体制的重大问题。这一问题的产生主要源于社会意识形态的价值导向。黑格尔曾感叹哲学的没落是由于坚强的优秀人才都转向实践方面，这使浅薄和空疏支配了哲学。我们可以做这种推想，两汉以来，中国那些最优秀的人才都是在做儒学方面的工作吗？如果是这样，那么，儒学的失落又表明了什么？应当认为，失落的儒学已经难以造就人才，即使是人才，一旦加入儒家的队伍，也成为儒学的异化者。因此，不对儒学进行正本清源，即使儒学得以复兴，那么，其造就的"人才"也难以被现代文化和理性所认同。所以，段正元直承先秦儒学，认为两汉以后的儒学缺失了本体，并在做出这一历史性判断的基础上对儒学进行了梳理。显然，段正元的这一工作具有重要的意义，超越了现代新儒学的思想理路。段正元对《大学》《中庸》的判释表明，其把道统、道学与性命之学进行了统一，解决了两汉以来失落儒学本体产生的"通乎性命之情"的问题。

中国文化史表明，儒学独尊之后，对人性的扭曲，不但不能产生圣人，而且像程朱那样的贤者也不多见。所以，举贤任能是中国社会从历史到现实都没能很好解决的问题，而教育体制与人才培养的关系是其中的主要问题。这也就是所谓儒道不行的问题。

关于儒道不行的问题，段正元所认为的"因伊古以来，中人以上之资格无几。旷观天下，几尽中人以下之人，灭天理，穷人欲，日亏厥德，《大学》遂不得其门而入"，有其相当深刻的历史和现实意义。所以，段正元为普及儒学而创立独立于官学的民间性的道德学社，更显其思想的自在性，无为而无不为。

三、儒学和道学

段正元的儒学思想表明，其主要的特点是把儒学和道学统一到他的思想体系之中。显然，这在儒学思想史上是开创性的工作，不但赋予儒学强大的生命力，而且对中国的道学文化具有重要的意义。

对于儒学和道学的统一性，在段正元看来，是自在的、先天后天统一的理论形式。我们试列举一段段正元关于儒道统一的论述，以推定他的儒道之学的基本意义。

孔子曰："加我数年，五十以学易，可以无大过矣。"后天学易，易者一也，无为有为，一贯之教。先天学易，即是性与天道，不可得闻；化为后天，即是乾元亨利贞。无为化出有为，阴阳也，五行也，甲子也，八卦也，神机鬼藏也。无为假手有为，故有言也。即有为之说法也。是以八卦中，能知天道动机、能知人间祸福者，因有为之贞性，还无为之真宰，故知之。学易即学道，先先天学易，即是古道，无为上道。先天学易，即是性与天道，生天、生地、生人、生物贞主宰。其体无为而无不为。后天学易，就是五十以学易。易者，一也。先天后天一贯，有为无为一贯。天事即人事，人事即天事，故云可以无大过。大过者，非必杀人放火之谓，不知者为大过，以恶为能者为大过。如今之伟人领袖，终日昏昏，洋洋得意，自以为上等人格。究竟知过否，损人利己，假公济私，得手便为荣，还知什么叫过。心中已经蒙蔽了，灵性已经坠落了。并不知之学说行为，足以生心害政，发政害事，贻祸无。而反自以为是，过莫大焉。人只要有点良心，尚能知过。知过乃能改，今人并良心而无之，焉知有过，不知过，即为大过。五十而学易者，即孔子吾十有五而志于学。三十而立，四十而不惑，五十而知天命。知命之人，心中开朗，方知大过。诸事战战兢兢，知有一个大无为，如大明镜，上下四旁照着，丝毫难避。天地万物，虽万变不出其范围，此乃谓之易。若文王八卦，皆是后天之易。伏羲八卦，亦成对待流行，其中有阴阳，有五行，有甲子，有神机鬼藏。尚非为己之道，非真正易学。真正易学，易者一也，参乎，吾道一以贯之。极其简单，有为无为一贯。先天后天，先先天一贯。故曰天得一以清，地得一以宁，人得一以贞，万物得一以生。界居先后天之交，反先天皆无，无为而无所不为。达后天则变，即一生二，二生三，三生万物，三画成乾，乾元亨利贞。生生不已，故云易字。从日从月，日往则月来，月往则日来，而四时成岁，都在后天说。此次讲无为古学，即一贯之传，为生堂入室之教，现在无非预备，知其不可而为之。盖以泰运初开，非此不能消除天地诸毒害，故不可说而说之。在孔门为一贯心传，在佛家为拈花一笑。说到这个一字，真讲不得。何为一，今日不敢讲，只可说，一生二，二生三，在天为乾，君子终日乾乾。反复其道，守一乾即无为，二乾生出有为，有为合无为，无为就有为，故曰夕阳若，厉无咎。两乾字在先天为乾坤，在后天为阴阳。在人为夫妇，乾坤乱，则天地昏，阴阳乱，则灾变出。夫妇乱，则世界不平。以易说，有乾则有坤，乾坤合一，阴阳谐合，才有八卦。今日讲八卦阴阳以为易，已脱胎为有为易矣。易不可见，见乾坤；乾坤不可见，见阴阳；阴阳不可见，见五行；五行在先天不可见，在后天则

可见，见之于八卦之中。阴阳对待，五气流行，能管先天后天，一切生成异灭之妙用。(《敏求知己》)

段正元的儒学理论体系在儒学和道学的统一性中使过去不能解决的问题得到了解决。他把《易传》与道学结合起来，把《易传》的先天和后天结合起来，"君子终日乾乾。反复其道，守一乾即无为，二乾生出有为，有为合无为，无为就有为，故曰夕阳若，厉无咎。两乾字在先天为乾坤，在后天为阴阳"。段正元不是把孔子的思想孤立起来，不是把儒学和道学区分开来，而是把孔子的思想与"道"联系起来并作为一个整体来把握，把儒学所承诺的最高价值"道"与道学结合起来，因此使儒道之学实现了自在性。他所说的"易不可见，见乾坤；乾坤不可见，见阴阳；阴阳不可见，见五行；五行在先天不可见，在后天则可见，见之于八卦之中。阴阳对待，五气流行，能管先天后天，一切生成异灭之妙用"足以表明儒道之学一以贯之的精妙之论。

同样，我们在本文的第一节所引述段正元关于《大学》的论述，表明他对儒学基础理论研究所做出的贡献。《大学》一书，在两汉以后，由于儒学的失落，在历史上形成了不同的解释，并由此在儒学中具有不同的地位。由于儒学排斥道学，对《大学》的解释始终不能统一。如牟宗三先生说：

《大学》里面讲三纲领、八条目，它也是从主观的实践到客观的实践，它把儒家实践的范围给你规定出来，但是它本身的方向却不确定。它主要是列举了这些实践纲领，可是却没有对这些纲领作什么解释。比如《大学》说"明明德"，但是什么是"明德"呢？"止于至善"，什么叫"至善"呢？"至善"究竟是落在哪个地方呢？这在《大学》里面都不清楚。所以在这些地方就有不同的态度，讲《大学》的人也就有不同的讲法，最典型的两个态度就是王阳明的讲法和朱夫子的讲法这两者。朱夫子那个讲法是顺着《大学》讲《大学》，这是最自然的讲法，一般人也最容易走朱夫子这条路。朱夫子讲儒家是以《大学》为标准。朱夫子的讲法尽管很自然，比如致知格物、格物穷理，这很自然，但是他有一个毛病，他拿《大学》作标准来决定《论语》《孟子》《中庸》《易传》，结果通通不对。可是，如果你把《大学》讲成王阳明那种讲法那也太别扭，你怎么知道《大学》里面"致知"的知就是良知呢？这也很麻烦。《大学》里面的致知、格物未必就是王阳明的那种讲法。王阳明是用他的良知教套在

《大学》里面讲,他这种讲法在文字上是没有根据的,但是他的讲法有一个好处,在义理上来说他的讲法合乎儒家的意思。王阳明是拿《论语》《孟子》来规范《大学》,朱夫子是拿《大学》来决定《论语》《孟子》《中庸》《易传》,所以儒家系统后来就分歧了。❶

牟宗三上论表明了《大学》一书在儒学史上形成的问题。然而,被余英时先生称为"当代新儒家的最后一位大师"的牟宗三先生,在上论中对《大学》中的"明明德""止于至善"等问题的困惑,我们可在段正元对《大学》的判释中得到明确的解答。

> 大学之道,须从明明德下手。先明明德,然后方能合道。盖德,实者也;道,空者也。后天之道,先实而后空;非若先天之道,先空而后实也。孟子谓"尽其心者,知其性",亦与此同。定、静、安、虑、得,明明德之命功。然必先之以知止。知止者,止于至善也。(《道德学志·道德大纲》)

大学之道,虽博大精深,其造学初功,即从"明明德"着手。"明明德"三字,是由先天做到后天,由后天返还先天的功夫。即"明明德"三字,包孕无穷的道理,讲起来亦是说不尽的。浅言之,譬如天平,"明明德"即天平之两端,德即天平之中心,明明与平平相似。一明再明则彻底澄清。故果明明也必德。德者得也,一平再平,则至当恰好。如果平平也,必中。中者,即如平之天针对地针,完称物平施之分量。此孔门之心法也。如孔子云:"参乎,吾道一以贯之。"一贯之心传,亦即尧舜允执厥中之学,即是明明德之实功。先天之性与天道,本不易明,果能由明明德的功夫循序渐进,亦不难穷其底蕴。换言之,明明德又即穷理的功夫。盖道本空空洞洞,原是虚的;德由躬行实践而得,成为实的。凡人之言行合道即是德。德如天之北辰,而人道中亦有北辰。北辰即是机钮。在天为天之机,在人为人身中之机钮。德又即仁。故孟子曰:"仁也者人也,合而言之道也。"人能与仁相合,则身中之北辰即能与天上北辰相扣,如磁石引铁,物类朋从。能与天上北辰相合,所谓天人一贯,道得于人,即明明德之把握。故明明德之学又无人不宜。人能完明明之量即是在

---

❶ 牟宗三:《中国哲学十九讲》,上海古籍出版社1997年版,第79~80页。

德。故大德者，得位、得禄、得名、得寿。道不负人可知也。（《道德学志·道德大纲》）

显然，上论表明，牟宗三不明确的《大学》中的"明明德""止于至善"问题，在段正元的阐释中是相当精要的。这在儒学的基础理论问题上表明了段正元儒学思想与牟宗三为代表的现代新儒学不同的理性进路。由于段正元极其重视《大学》在儒学中的地位，以至于他把道统的理论基础与《大学》统一起来，把性命之学与《大学》统一起来，这使段正元的儒道之学形成了思想体系。对应之下，牟宗三由于不能正确推定《大学》在儒学中的重要作用，所以，他的道统论及学统论等论证就必然是心性之解，或是空泛之论，这使儒学失去了实践意义。牟宗三由于不能判定《大学》的基本作用，便把《大学》放到了儒学经典中最后的位置上，即"我们当该以《论语》《孟子》《中庸》《易传》来作标准，用它们来规范《大学》"。对此，牟宗三先生说：

> 那么，我们看《大学》当该采取什么态度呢？《大学》只是把实践的纲领给你列出来，但是要如何实践，实践的那个领导原则是哪个方向，《大学》里面不清楚。因为《大学》本身不明确，那么到底要如何来实践呢？这个道德实践后面的基本原则到底是什么呢？这个地方我们当该以《论语》《孟子》《中庸》《易传》来做标准，用它们来规范《大学》。我们不能反过来以《大学》为标准来决定《论语》《孟子》《中庸》《易传》。至于《大学》本身的原意究竟是什么，这是个很麻烦的问题。唐君毅先生对《大学》的原意有一个讲法，他那个讲法也许比较好一点（参阅《中国哲学原论·导论篇·原致知格物》）。因为《大学》本身不明确，所以我们讲儒家的时候并不太着重《大学》。以前的人重视《大学》是因为朱子的权威太大，朱子讲《大学》，所以人人讲《大学》。就是王阳明也是从《大学》入手，但是他把朱子的那个讲法扭转过来。王阳明是孟子学，他讲《大学》是孟子学的《大学》。朱夫子的《大学》则是以程伊川的讲法为根据。[1]

从上论中可以看出，牟宗三所认为的"至于《大学》本身的原意究竟是什么，这是个很麻烦的问题""因为《大学》本身不明确，所以我们讲儒家的

---

[1] 牟宗三：《中国哲学十九讲》，上海古籍出版社1997年版，第80页。

时候并不太着重《大学》。以前的人重视《大学》是因为朱子的权威太大,朱子讲《大学》,所以人人讲《大学》"表明了牟宗三一系的儒学思想理路。如果仅仅"因为《大学》本身不明确"就可以对《大学》不重视,而不是像段正元那样不仅重视《大学》,而且把《大学》放到极为重要的理论基础地位而加以阐发,那么显然将形成对儒学不同的理论建构。牟宗三认为应"以《论语》《孟子》《中庸》《易传》来做标准,用它们来规范《大学》",这样的一种理路是否就是孔子所创儒学时自在的理路呢?牟宗三反对朱子"拿《大学》作标准来决定《论语》《孟子》《中庸》《易传》,结果通通不对"。那么究竟应当怎样判释《大学》及《孟子》《中庸》《易传》的相互关系才是正确的呢?

由于孔子有"述而不作"之谓,加之《论语》是其弟子等人的辑纂,因而其中的理论陈述都是应时应事而发,所以,如果要全面把握孔子的思想,就绝不能断章取义。根据自己立定的价值坐标来标定儒学,这正是儒学自两汉以来之所以失落的主体性原因。现在反思这一问题,造成了三种严重的后果。其一,儒学被改造成政治的附庸;其二,所谓的"独尊儒术"使儒学成为门派意识极深的学派,从而排斥道学,使儒学失去了本体论基础;其三,以上两个问题的存在使儒学背离了孔子儒学所承诺的"穷理尽性以至于命"的价值取向,从而使儒学开始了全面衰落的历史过程。

所谓的"独尊儒术",《汉书》中记载董仲舒和汉武帝"天人三策"的讨论表明了"独尊儒术"的思想理路。如果说朱子是以"《大学》作标准来决定《论语》《孟子》《中庸》《易传》",那么,按照这样的思想理路推定后儒的误区,我们就有理由认为,董仲舒是以《春秋》来决定《论语》,从而使儒学在"仁义之术"的误区中越陷越深。

董仲舒把《春秋》推定为儒学的主要经典,他说:

> 《春秋》大一统者,天地之常经,古今之通谊也。今师异道,人异论,百家殊方,指意不同,是以上亡以持一统;法制数变,下不知所守。臣愚以为诸不在六艺之科、孔子之术者,皆绝其道,勿使并进。邪辟之说灭息,然后统纪可一而法度可明,民知所从矣。(《汉书·董仲舒传》)

显然,董仲舒的"独尊儒术"是以《春秋》为儒学的本体,《春秋》的经世致用,使儒学成为政术,这就把以《周易》《大学》及《中庸》承载的儒学思想体系进行了肢解。这不但使道统失落，而且也使儒学的学统成为政术。道统失落造成的儒学失落，为了社会政治的需要而把失落的儒学作为中国文化的主流而贻误后人，以此铸成了千古大错。所以，"独尊儒术"把儒学改造成政术，是儒学的本质性错误。

孔子的儒学思想是一个成熟的理论体系。无论是像董仲舒那样以《论语》推定《春秋》，像朱子那样以《大学》推定《论语》《孟子》《中庸》《易传》，还是像牟宗三以《论语》《孟子》《中庸》《易传》来推定《大学》，结果都是对孔子儒学的肢解。所以，对于判释先秦儒学的理论统一性问题，段正元的儒学思想理路是很重要的。因为其表明的儒学理论架构，并不是以某一经典解释另一经典，而是把儒学和道学的经典融会贯通，从而使儒学步出了历史上的误区。

段正元的思想理路能达到这样高的境地，与其对儒学之道的体认分不开。把道学的"性命双修之学"贯之于《大学》之道，道学成为儒学中的本体，这是段正元的儒学思想理路与汉宋后儒及现代新儒学最大的不同之处。他说：

> 《大学》之真道乃是先后合一、内外一贯、性命双修之学，虽有了先天之性的功夫，犹须了后天之命。故道家云：修性不修命，此是修行第一病。大学所以止于至善，先天至矣尽矣之后，又返回来教人了命之法。所谓知止，将止于何地？孟子曰："学问之道无他，求其放心而已矣。"（《民国七年汉口讲学辑要》）

段正元认为儒学与道学是一个整体，儒学与道学共同构成了"先后合一、内外一贯、性命双修之学"。这就使儒学与道学走出了自两汉以来儒道诘难的历史误区。段正元对儒学思想理路所做的厘定，是其建构儒学思想体系的前提。这是应当深入研究的课题之一。

以上的论证表明，由于孔子"述而不作"，后儒所形成的解释性误区使孔子的哲学思想研究成为当代的重要课题。问题表明，孔子的哲学思想内化于理路之中，而不是像古希腊哲学那样以外化的形式推定了"形而上学"，以此进行哲学的思辨。正是儒学哲学的内化性质，使之对儒学的解释——对逻辑前提的预设，形成了千百年来儒学中的众多流派和歧解。笔者认为，对孔子儒学的研究，要想理解其哲学原理，就必须借鉴西方哲学那种外化的思辨逻辑形式，推定新的哲学方法论，以此对孔子的哲学原理进行外化，在推定其哲学体系的基础上解决儒学中的所有问题。只有这样，才能在中国哲学的本体论承诺与逻辑推定中与西方的哲学和文化进行比较，从而推定中西文化的本质及其在人类文化发展路向中的意义。也只有这样，才能说明中国文化的优越性和解决复兴儒学的本质性问题。

在结束本文之前，还应当指出的是，儒学虽然包括道统、学统和政统，但是，孔子所实践的是学统，由于孔子已经推定"道之不行"，所以，儒学的政治理想还是一个有待实践证明的问题。也就是说，孔子的大同理论模式是一个在复兴儒学的文化实践中加以融会贯通的问题。面对当代世界"经济一体化"的进路，复兴儒学就必然要对孔子大同思想做出判释，而在当代这种纷杂的思想架构中，这显然是一个理性意识极强的课题。值得欣慰的是，在段正元儒学思想体系中包括这一内容。他在这方面有深刻的理论阐述，其关于大同社会的思想理路为研究这一课题提供了参照系。由于本文内容所限，有关这方面的讨论将在以后的研究中给出，在此略过。

段正元儒学思想论略及其哲学反思

鞠 曦

中国的学术思想研究,自近代开始,陷入了一种以西方哲学为坐标系反思和阐释的误区。19世纪至20世纪初,奠定了这一西化的方法论基础。如果说"中体西用"在当时还能作为中国文化一个不甘"落伍"的口号,其力图以中国文化为"体",使西方文化不得僭越,以此表明了中国学者群对中国文化的主体性信念,那么,当"西体西用"已成为中国当代文化的主体定势时,西方文化不但僭越了中国文化,更重要的是,伴随这一过程的同时,中国学者群失去了中国文化的主体信念,从而开始了群体失落的历程。其中,当胡适肇始以西方的哲学范畴来诠释中国哲学,使中国文化的本体(哲学)以西方哲学的形式游离出来之后,中国哲学也被异化为西化的形式,从而使中国哲学变得面目全非。这些已被中国文化的近现代史所证明。笔者发现,在这一主流之外,一些对中国文化和人类文化的必然发展有深刻体认和省察的少数学者,以其远见卓识,克服重重困难,坚持阐扬中国文化优秀的主体形式,并产生了相当的影响。这在西方文化于当代已呈现出某种危机、在主体性上凸显出中国传统文化的优秀性质时,研究近代以来主动承继中国传统文化的那些学者的思想,反思中国文化的历史进路,就成为当代重要的学术研究内容之一。可以看到,近年来,海内外学界对这样的思想家(如新儒家、新道家等)进行了卓有成效的研究,取得了丰硕的成果。但是,中国现代学术思想资料表明,还有一位在民间致力于儒学思想的研究和传播,其思想深刻、著述等身、道行通达、躬行实践,由此形成了相当影响的大儒在当代学界没有得到应有的重视,他就是时称"段夫子"的段正元先生。近年来,笔者研读了段正元的一些论著,发现他以儒学之道推定中国文化的主体形式,其儒学思想自成体系。这些思想对当代中国文化研究具有重要意义。因此,笔者撰文以抛砖引玉,希望学界对段正元儒学思想进行深入研究，使之对儒学及中国传统文化的研究向纵深发展，为中国文化的复兴做出贡献。

一、段正元儒学思想述略

段正元（1864~1940），原名段德新，号正元，成名后人称段夫子。四川威远县望集乡堰沟坝（现镇西镇红林村）人。少年师从龙元祖学道，随师入峨眉山青城山闭关修炼，深得龙元祖先天后天、内圣外王、修齐治平、体用合一之真传。学成下山，奉师命匡扶大道，历尽艰辛于民国初期创办"道德学社"，以传播儒学之道为己任，其儒学思想在当时形成相当大的影响。其讲学所辑成的论著三百余种，现部分散佚，其著述成为中国文化中的思想遗产。由于种种原因，其思想尚未引起当代学界的重视。

段正元的儒学思想以中国文化的主体——"道"与"儒学之道"为主干，对中国文化的精髓把握严谨，阐述精深，并能因事所发而深入浅出；其身体力行，以其创立的"道德学社"为传播儒学的基本形式，为中国文化的发展做出了贡献，成为近代以来有影响的一代大儒。段正元儒学思想的特点，是其充分把握了中国文化的"道统"性，坚持和发扬孔孟的儒学思想，以《大学》作为儒学的基础理论形式，辅以《中庸》为方法论，以此形成了一以贯之的儒学之道，其儒学思想自成体系。显然，段正元的儒学思想具有自身特质，其儒学思想与中国文化之"道"有着承继关系，即其"儒学之道"与中国文化的"道统"一脉相承，因此成为近代以来有代表性的儒学思想形式。

段正元的儒学实践，表现为以"师儒"为形式的心路历程。他的儒学之道，上承孔子所开创的、由孟子所继承的儒学正统思想，而力排汉宋等后儒。在段正元看来，汉宋后儒研义理而不行"儒道"，已偏离了儒学的宗旨。因此，他的学术活动是以"穷理尽性以至于命"为价值取向，竭尽全力地践行"儒道"而终其一生，对中国文化及儒学思想的发展做出了不可磨灭的贡献。

段正元认为，"自孔孟之后，儒家失去正传"，因此，自孔孟之后的儒家已失落了儒学之道。所以，段正元所奉行的"儒道"是"继承这个正统的道德思想，并发扬光大"（《政治大同》）。因此，他的儒道观以其治学与行道的方式实现了统一。段正元师从龙元祖得道而明心见性，办学传道近四十余年而不辍，以自己的学识和道德修养，以"道德学社"作为办学传道的形式，以其身教言行，传播儒学之道。段正元的办学实践表明，其创立的"道德学社"，以传道和解惑为宗旨，师承龙元祖的思想，力行儒学之道。其师龙元祖认为，"盖儒道心法失传已久。《大学》之道，至孟子之后，就无知道的真儒了。汉代考据，宋世理学，皆系研究理学之文章，而性与天道，终不得其门而入""当今之世，所学非所用，所用非所学，只知理学文章，格物形下的小道，而不明性与天道之学，允执厥中之法"（《圣道发凡》）。遵从师教，段正元因此形成"中国自尧、舜、禹、汤、文、武、周公、孔、孟几个大圣人外，即无真仁大儒，多半似是而非""孟子以后道统不续，《大学》无传""儒家自孟子之后无真儒"等深刻、尖锐的学术思想。段正元的这些思想，为反思中国文化和学术思想的历史进程、厘清历史上各种学派与中国文化之"道"的关系以使中国文化正本清源，提供了新的理性进路。

段正元对自己的思想理路有着明确和深刻的认识。他说："中国有一正统的道德思想，自尧、舜、禹、汤、文、武、周公至孔子而绝。我的思想，就是要继承这个正统的道德思想，并发扬光大。"（《政治大同》）因此，段正元以其"正统的道德"为理论基础，践行"儒道"。观其一生，其人自在于天人之际，其学贯通儒、释、道；其以儒学之道为体，学以致用，因此成为既能立言不朽，又能躬行实践的儒学思想家。

就19世纪西学东渐以来所形成的"全盘西化"的主流定势，段正元力挽狂澜，以其儒学之道为理论基础，对中西文化进行了比较，认为世界文化的发展应以中国的道德思想作为本体。段正元认为：

> 现世界文化可分东西两大流派，中国乃东方文化之代表，盖以儒、释、道三教，悉于中华大地发其光华。试看中西文化之区别即可知矣。如中国历准太阴，西国历用太阳。中国文字直行，自右而左；西国文字横行，自左而右。其他种种难以详述。仅就思想界言之，西人富于科学思想，故能发明形下之器，增进人类物质文明；华人富于道学思想[1]，故能阐明形上之道，增进人类精神文明。换言之，即增进人类道德文明。物质文明的增进，可以助长人类肉体的幸福；道德文明的增进，可以助长人的精神之幸福，并可善用物质，完美肉体与灵魂的幸福。若物质的文明越发

---

[1] 注意，非专指道教而言，或统以哲学名词包括之，乃不知哲学乃后天所求之学问，道学乃先天发皇之实德，二者有天渊之别。

达，而无道德文明规范之，则社会上一方面愈文明，他方面愈黑暗。欧美工商竞争，贫富悬殊，侦探强盗俱有绝技，皆物质文明发达之结果。若道德文明愈发达并利用物质文明以推展之，则地球上立成大同世界、极乐世界。(《政治大同》)

显然，段正元把道德作为中国文化的本体，其不但把"道学"与哲学区别开来，而且把"道学"与道教区别开来。段正元把"形上之道"作为本体论范畴并与道教相区别的思想无疑是深刻的。由于段正元的道德论体用合一，限于中国哲学的学科形式，他不可能以思辨的形式展现其思想，所以，以当代中国西化的哲学思维推定段正元的儒学思想，存在方法论问题，这也是现代中国文化研究中的普遍问题。

段正元之所以认为"道学"不是哲学，是因为"哲学乃后天所求之学问，道学乃先天发皇之实德""在先天言，道德乃先天之元气，为生天、生地、生人、生万物之根本；在后天言，道德乃人生之福气，为穷通、夭寿、富贵、贫贱之源头，故道也者，不可须臾离也。凡个人之身心性命，以及家国、天下、万事万物无一不在道德包孕之中"(《政治大同》)。他认为"道学"是先天发皇之实德，因此修养道德是人之为人的根本。人之为人的先天发皇之实德为"道"，修养道德，人之为人的后天之法为哲学，所以，"道"必然包容哲学，人可以通过自我修养而达"道"，使后天的"学问"与先天的"道"统一。段正元的这一思想使我们更加理解中国哲学的学科性质。我们看到，中国哲学的方式与范畴与西方哲学的形式与范畴是截然不同的，中国哲学不但不可能产生西方哲学那种思辨的学科形式，甚至没有独立的学科形式。因此，段正元的这些思想是深刻的，值得深入研究。综上所述，中国哲学自在于文化母体之中，不具有西方哲学那样的学科形式，所以不能被西方哲学的形式与范畴所兼容，因此，对于把西学东渐而来的哲学方法论作为疏解中国文化的方法，应进行彻底地反思。

西方哲学的形式与范畴表明，其形式与范畴及其学科性是一种"后天所求之学问"，即知性的学问。以古希腊的哲学观而言，哲学即智慧。追求智慧的可能性、可靠性和真善美的统一，使知性达到本体之真，始终成为西方哲学追寻的主要内容。近代以来，由笛卡尔的理性论和培根的经验论开始了知性的登峰造极的历程，这一历程至黑格尔而终结。然而，对于道德理性的认识，直至康德受到休谟对知性问题的怀疑论之启发，才明确认为知性不能作为实践的标准，唯有道德才能作为实践的先验原则。分析康德的道德理性可知，其仍为知性之学，即"后天所求"的结果，不是"先天发皇之实德"。可见，西方文化对道德的认识在时间上比中国文化落后，在思想理路上也没有中国文化深刻。中国文化始终在"道"的理路中建构其理论形式，所产生的儒学、道学直至中医学等，都没有离开"道"的范畴。所以，把西方哲学的形式与范畴与中国哲学的方式与范畴进行比较后，应当认为，"道"是中国哲学的基本范畴，"道"是对存在之为存在的思辨。"道"作为范畴，显然不能产生于西方哲学知性的思辨形式之中。中国哲学虽然没有西方哲学那种形式化的思辨学理，但有其独具特色的方式性的思辨理路。"道"范畴的产生和运用，即是方式性哲学思辨的结果。我们看到，对"道"的推定，孔子儒学和老子道学尽管表述不同，在本质上却是统一的。正所谓"道可道，非恒道"。所以，中国哲学对"道"的推定是方式性的思辨，与西方哲学对本体"存在"的形式化思辨截然不同。段正元认为"道"是存在之元气，从而把"道"作为本体，即是中国哲学方式性思辨的结果。段正元把"道"推定为"先天发皇"，把西方哲学推定为"后天所求"，是非常深刻的。毫无疑问，段正元的这一思想对研究中国哲学与西方哲学的理性进路，推定其不同的思维方式与理论形式，以厘清中西哲学不同的认识论和方法论，有重要的意义。

正因为中国哲学在范畴与形式上不同于西方哲学，因此，以西方哲学的范畴和形式作为标准，黑格尔认为中国没有哲学。黑格尔的这一思想，其内涵非常深刻，意义十分重要。我以为，中国哲学与西方哲学在形式上没有可比性，中国没有黑格尔所指称的哲学，西方也没有中国之"道"所指称的哲学。如果把哲学视为人的智慧之学，就不能否认中国所具有的智慧，只不过中国的智慧具有独立于西方的自在形式。两者之间的比较研究需要哲学方法论的"对应中和"，即笔者所认为的"承诺推定法"。但是，由于现代以来的中国学术主流进路是"西体西用"，厚西薄中、数典忘祖已经司空见惯，这使中国的主流哲学研究，直到目前，尚没有推定中国哲学系统的理论形式。我们看到，当代中国的主流哲学研究仍然沿袭胡适西化式的方法，结果只能是对中国哲学的曲解。所以，正本清源是当务之急。显然，段正元的儒学思想为当代的哲学反思提供了参照，对于区别中国哲学和西方哲学的本质性不同，区别两者的道德理性，具有正本清源的意义。

二、段正元和中国文化的道统

段正元所践行的儒学之道，是以道统心传为理论基础，上承孔孟，躬行实践。由于他的儒学思想上承孔孟，从而批判否定了程朱等理学夫子的思想。因此，在研究段正元的道统论之前，有必要对中国文化的道统问题进行反思。

道统，作为中国文化中的概念范畴，发于唐代韩愈，成于南宋朱熹。道统以"心传"作为理论承诺，所以又称为道统心传。所谓道统心传，是指《尚书·大禹谟》中的"人心惟危，道心惟微，惟精惟一，允执厥中"十六个字。韩愈的《原道》认为儒家有一个口授亲传的理论核心，他说："尧以是传之舜，舜以是传之禹，禹以是传之汤，汤以是传之文武周公，文武周公传之孔子，孔子传之孟轲。轲之死，不得其传焉。"显然，韩愈认为道统由三代所传，至孟子后中绝。考道统的理论渊源，出于《尚书》中的"二帝三王"古史体系和"执中"心法，之所以首发道统理论，是基于当时儒学之衰落，从而把原因推定为"轲之死，不得其传焉"，故韩愈的理想是成为上承孟子的道统传人。影响后世的道统一说虽为韩愈首发，但宋儒认为韩愈不能以是践履，因此认为韩愈不是道统传人。道统理论自韩愈所发，继宋周敦颐和张载之后，程颢明确了"心传"的核心思想："人心惟危，人欲也。道心惟微，天理也。惟精惟一，所以致也。允执厥中，所以行也。"❶朱熹则对道统进行了全面的确立："盖自上古圣神，继天立极，而道统之传有自来矣。其见于经，则'允执厥中'者，尧之所以授舜也；'人心惟危，道心惟微，惟精惟一，允执厥中'者，舜所以授禹也。尧之一言，至矣尽矣。"❷因《论语·尧曰》载有"尧曰：'咨！尔舜！天之历数在尔躬，允执其中。四海困穷，天禄永终'"之言，所以，朱熹有所谓见之于经之论。由于朱熹在理学中的地位，在理学成为中国文化的主流形式之后，"人心惟危，道心惟微，惟精惟一，允执厥中"作为儒学的理论核心，长期影响了后人。十六字心传虽然经过今古文之争、伪《尚书》之辨，但因为与儒学的思想架构统一，因此，道统成为儒学的核心理论范畴之一。（当然，现代新儒家对道统有新的见解，本文暂且不论）

---

❶ 朱熹：《遗书》，《二程集》（卷一），中华书局点校本1981年版，第4页。
❷ 朱熹：《中庸章句序》，《四书章句集注》，中华书局1983年点校本，第14页。

朱熹推定程颢是上承道统的传人，朱熹因自己师承程颢，因此当之无愧为道统传人。朱熹说："吾少时读程氏书，则已知先生之道学德行，实继孔孟不传之统。"❶ 对于程氏，朱熹认为："周公殁，圣人之道不行。孟轲死，圣人之学不传。道不行，百世无善治；学不传，千载无真儒。无善治，士犹得以明夫善治之道，以淑诸人，以传诸后；无真儒，则天下贸贸焉莫知所之，人欲肆而天理灭矣。先生生乎千四百年后，得不传之学于遗经，以兴起斯文为己任。辨异端，辟邪说，使圣人之道涣然复明于世。盖自孟子之后，一人而已，然学者于道不知所向，则孰知斯人之为功，不知所至，则孰知斯名之称情也哉。"❷ "宋德隆盛，治教休明，于是河南两夫子出，而有接乎孟之传……然后古者大学教人之法，圣经贤传之指，粲然复明于世。虽以熹之不敏，亦幸私淑而与有闻焉。"❸ 不但朱熹自己认为是道统传人，其弟子和而后《宋史》所立的《道学传》，均给予历史性的肯定。其弟子陈淳说："轲之后失其传，天下鹜于俗学，盖千四百余年，昏昏冥冥，醉生梦死，不自觉也。及我宋之兴，明圣相承，太平日久，天地真元之气复会，于是濂溪先生与河南二程先生，卓然以先知先觉之资，相继而出……闻而知者有朱文公，又即其微言遗旨，益精明而莹白……盖所为集诸儒之大成，而嗣周程之嫡统，萃乎洙泗洛之渊源者也。"❹

《宋史》专立《道学传》说：

> 道学之名，古无是也。三代盛时，天子以是道为政教，大臣百官有司以是道为职业，党、庠、术、序师弟子以是道为讲习，四方百姓日用而不知。是故盈覆载之间，无一民一物不被是道之泽，以遂其性。于斯时也，道学之名何自而立哉。文王、周公即没，孔子有德无位，即不能使是道之用渐被斯世，退而与其徒定礼乐，明宪章，删《诗》，修《春秋》，赞《易》《象》，讨论《坟》《典》，期使五三圣人之道昭明于无穷。故曰："夫子贤于尧舜远矣。"孔子没，曾子独得其传，传之子思，以及孟子；孟子没而无传，两汉而下，儒者之论大道，察焉而弗精，语焉而弗详，异端邪说起而乘之，几至大坏。千有余载，至宋中叶，周敦颐出于舂陵，乃得圣贤不传之学，作《太极图说》《通书》，推明阴阳五行之理，命于天

---

❶ 朱熹：《建康府学明道先生祠记》，《朱文公文集》（卷七十八），刻本。
❷ 朱熹：《尽心·章句下》，《四书章句集注》，中华书局1983年点校本，第377页。
❸ 朱熹：《大学章句序》，《四书章句集注》，中华书局1983年点校本，第2页。
❹ 《严陵讲义·师友渊源》，《北溪义》，中华书局1983年点校本，第76~77页。

而性于人者，了若指掌。张载作《西铭》，又极言理一分殊之旨，然后道之大原出于天者，灼然而无疑焉。仁宗明道初年，程颢及弟颐生及长，受业周氏，已乃扩大其所闻，表章《大学》《中庸》二篇，与《语》《孟》并行，于是上至帝王传心之奥，下至初学入德之门，融会贯通，无复余蕴。迄宋南渡，新安朱熹得程氏正传，其学加亲切焉。大抵以格物致知为先，明善诚身为要，凡《诗》《书》六艺之文，与夫孔孟之遗言，颠错于秦火、支离于汉儒，幽沉于魏晋六朝者，至是皆焕然而大明，秩然而各得其所。此宋儒之学所以度越诸子而上接孟氏者欤！❶

上论表明，在中国文化的历史定位中，理学夫子的重要性不言而喻。然而，从段正元对理学夫子的批判表明，理学夫子的功过是非，的确应引起我们的反思。

关于道统，段正元说：

> 中国文化即在"中道"二字，其意义极深。中庸曰："中也者，天下之大本也。"尧传舜"允执其中"，舜传禹"人心惟危，道心惟微，惟精惟一，允执厥中"。汤、伊、文、周、孔、孟，或见或闻，皆执中之实学，用中之实事，皆有师承授受。故中道之文化，即"师道"之文化。得中道之大圣人，即文化之代表。世界学者，欲求中国文化之真相，必能尊师重道，得此大圣人执中之心法，实践《大学》修身而后可。欲求中国文化普及于世界，必得此大圣人为世界之师，以其《大学》修身之教，为世界教育之精魂而后可。（《永久和平》《政治大同》）

显然，十六字心传和道统，段正元是肯定的，并且认为《大学》是"中道"之基础。但是，段正元认为理学夫子不能称为道统传人，他说：

> 程、朱皆是研究性理者，但其门路走错，未得明师传授真正《大学》心法，不知实践其功，将《大学》一书看作文章，故以文章之法加以改篡和注释，自己不以为非，积非成是，贻误至今。此《大学》之不幸，亦程、朱之不幸。迨后，朱子改本《大学》推行于世，世人只知有朱注《大学》，不知其为谬误之流传。即有知《大学》原本者，亦只知其为讲性理之文字，而不知其为圣门传授心法，与实地用功之课程，未予重视，

---

❶ 《宋史》卷四百二十七，中华书局点校本，第12710页。

是以《大学》之道失传。故而不能成就一个真能修身、齐家、治国、平天下之人才。演至近代，学术愈陋，治术亦因之愈卑，民贫国弱，无法救济，遂降服于法制文明、物质竞争主义之下矣。(《归元自在》)

段正元认为，儒学之道是"执中之实学，用中之实事"，由于儒学的"心法"贯于《大学》之中，由于宋儒不明《大学》心法，"将《大学》一书看做文章，故以文章之法加以改篡和注释"，从而造成了"积非成是，贻误至今"的"学术愈陋，治术愈卑"的局面。段正元由此批判宋儒步入的误区："宋儒只知圣人之事而不知圣人之心，只知其理而不知其道"(《道一》)，"无怪理学辈出，不能救宋室之衰亡"(《无为心法》)，"故而不能成就一个真能修身、齐家、治国、平天下之人才。演至近代，学术愈陋，治术亦因之愈卑"(《归元自在》)。"推其原因，皆因儒道失传，文化晦塞。而误解经义，改篡经文之理学夫子当有难以推卸的责任"(《归元自在》)。在批判宋儒的基础上，段正元对中国文化进行了反思，认为"中国有一正统的道德思想，自尧、舜、禹、汤、文、武、周公至孔子而绝"(《政治大同》)，"中国自尧、舜、禹、汤、文、武、周公、孔、孟几个大圣人外，即无真仁大儒，多半似是而非""孟子以后道统不续，《大学》无传""儒家自孟子之后无真儒"(《圣道发凡》)，"我的思想，就是要继承这个正统的道德思想，并发扬光大"(《政治大同》)。由此可见，段正元对宋儒的批判及其对中国文化所做的反思，旨在正本清源、返璞归真。就儒学的主体性而言，段正元的上论是对儒学思想史的批判反思，其以深刻的思想批判和儒学的躬行实践而卓然成家。

综上所述，段正元的儒道之论在否定宋儒的基础上进行了正本清源。按照段正元的儒学思想理路，中国文化在古代就已经取得了辉煌成就，并且被孔孟所继承。中国文化的优秀形式自孔孟以后没有传人，致使中国文化越来越落后，而孔孟所继承的中国文化是先进的、成熟的。显然，如果这一推定能被段正元的儒道之论所证实，从而证明中国文化的历史进路与西方文化进路的不同，那么，中国文化不同于西方文化的自在性将构成重要的哲学问题。因为，以儒道论之，中国文化的自在性表明，其与西方文化的进化论规律是不同的。进化论认为，人类文化的进化是越来越进步。尤其是唯科学之义的发展观在现代占据主导地位之后，唯科学主义已成为人们的历史观。然而，在段正元看来，中国文化在发展成熟之后，没有人继承导致了不断的落后。可以认为，当今学界对段正元的这一思想可能有较大的争议，但由此所引发的哲学反思将具有重要意义。因为，如果承认段正元的思想理路，那么，对中国文化因无道统传人而落后的必然性认识，将促进对中国文化和哲学的认识、对人性的认识、对中国知识分子的认识以及对中国社会的本质性认识。同样，如果否定段正元的思想理路，也必须在哲学的层次上对道统及宋儒的理路给予辩护，并且要回答中国文化何以在现代退出历史舞台的问题。因此，在当代唯科学主义的理论环境中研究段正元的学术思想，更显其重要的时代意义。

三、儒、儒道和段正元

究儒学之源流，察儒道之本体，是推定中国文化之道的基础性工作。然而，在当代的文化和学术氛围中进行这一工作，需厘清的问题之多，可想而知。因此，从历史和逻辑的角度对儒学进行反思，就显得极为重要。

关于"儒"及"儒学"，《淮南子·要略》述为："……成王立，三年而崩，成王在襁褓之中，蔡叔管叔辅公子禄父而欲为乱，周公继文王之业，持天子之政，以股肱周室、辅翼成王。惧争道之不塞，臣下之危上也，故纵马华山，放牛桃林，败鼓析枹，笏而朝，以宁静王室，镇抚诸侯。成王即壮，能从政事，周公受封于鲁，以此移风易俗。孔子修成康之道，述周公之训，以教七十子，使服其衣冠，修其篇籍，故儒者之学生焉。"这是关于儒的出现及其作用的记载。显然，孔子儒学以承继周公之道、事教化之业为己任，《淮南子》的上论推定了儒学的基本形式。《史记·太史公自序》曰："夫儒者以六艺为法，六艺经传以千万数，累世不能通其学，当年不能通其礼，故曰博而寡要，老而少功。若夫列君臣之礼，序夫妇长幼之别，虽百家弗能易也。"《汉书·艺文志》又云："儒家者流，盖出于司徒之官，助人君顺阴阳教化者也。游文于六经之中，留意于仁义之际，祖述尧舜，宪章文武，宗师仲尼，以重其言，于道为最高。"此说大抵与史相符。汤、周之时，"天子以是道为政教，大臣百官有司以是道为职业，党、庠、术、序师弟子以是道为讲习"，而后，是道为政教的王官之学失其守而呈现"道术将为天下裂"（《庄子·天下》）的局面，儒学始出而为道德之法，儒学因此成为世之显学。《礼记·儒行》中有对儒者的推定："儒有不陨获于贫贱，不充诎于富贵，不溷君王，不累长上，不闵有司，故曰儒。今众人之命儒也妄，常以儒相诟病。"关于"儒"与"儒学"，冯友兰先生认为："照我们现在的说法，儒家与儒两名，并不是同一的意义。

儒指以教书相礼等为职业的一种人,儒家指先秦诸子中之一派。儒为儒家所自出,儒家之人或亦仍操儒之职业,但二者并不是一回事。"❶ 把职业之"儒"与"先秦儒学"区别开来,无疑是正确的。但接下来的推定大有问题:"所谓儒,是一种有知识有学问之专家,他们散在民间,以为人教书相礼为生……这些专家,乃因贵族政治崩坏之后,以前在官的专家,失其世职,散在民间,或有知识的贵族,因落魄而亦靠其知识生活。"❷ 显然,冯友兰先生这里所说的儒家因"落魄而亦靠其知识生活",却是对孔子儒学的曲解。孔子是因"落魄"而成为儒家还是因自觉地承继中国文化之道而成为儒家,是不难证明的问题。而孔子所说的"天下有道则见,无道则隐;邦有道,贫且贱焉,耻也;邦无道,富且贵焉,耻也"(《论语·泰伯》),就更难以用"落魄"的概念一以贯之。所以,冯友兰先生的推定表明了儒学和儒学之道是中国文化研究中没有解决的问题。

儒学和儒学之道,在孔子开创儒学时是统一的,是谓"吾道一以贯之"(《论语·里仁》)。只是在孔子身后,失落了儒学之道,"大道废,有仁义"(《道德经·第十八章》),儒学失之于体而用之于术,后世儒学怎样与"道"统一,儒学之道才成为由儒学实践上的困难所引发的理论问题。儒学实践上的困难表现为儒学由汉自宋的历史脉络。儒学虽然自汉代开始独尊,但在魏晋玄学和隋唐佛学的冲击下,儒学的理论和实践弗能一以贯之而衰落,儒学之道从而成为理论问题,所以,韩愈首发道统的理论意识,最终由宋儒推定了道统的理论形式。

显然,段正元以儒学行道,截然不同于冯友兰所推定的后世之"儒"。事实说明,段正元无论为事为人,都坚持儒学之道。其于盛行"全盘西化"的民国时期传儒学之道,可谓儒之大成者也。为弘儒道,他创办道德学社不花国家一分钱,为人清正而不仕,为实现儒学的理想而鞠躬尽瘁、死而后已。由于他的儒道之论上承孔孟,所以,他的志趣以儒家情操一以贯之。他说:"天地特生之大丈夫,其平居穷时,不沽名钓利,不钻营取巧,贫贱不移其志,富贵不动其心。君子所为众人故不识也。一旦得志,仍顺道而行之,不贪天功,不逞己能,仰不愧天,俯不怍人,为万世之楷模。""而今四方立学社,未用公家半文钱,未占民间一锥地,两袖清风,怀抱道德,居易俟命,素行而位,穷

---

❶ 冯友兰:"原儒墨",见《中国哲学史》(下卷),中华书局1961年版,第5页。
❷ 同上书,第28页。

则独善其身,达则兼善天下。在尘出尘,在俗出俗。可行则行,可止则止。"(《大德必得》《政治大同》)我们从其一生的实践中看到其一代大儒的情操:"师尊讲学传道,正经立法,欲以道济天下,垂宪万世耳。溯自出山以来,由川至京,往返两度。道德学社成立后,若宁、若汉、若杭、若沪、若奉、若津、若保,以至其他各处。次第推行,遍及全国。中外名流,列弟子籍者,不下十数万人。足迹所到,例有演讲,其余笔记问答,传功授法,在在均有记录。凡所立言,固无一不是性与天道,亦无一不是天然、自然而然之绝妙文章。方之孔子与其他各教圣人,不独齐驱并驾,或且过之。"(《师道全书·序言》)因此,研究段正元的儒学思想,无论是继承中国优秀传统文化以利当代的文化建设,还是作为人类文化发展路向之参照,都具有一定的意义。尤以省察后世之"儒"参与其中的批孔之举,吾辈汗颜而仰天长叹矣!

段正元认为儒学之道,无不包容于《大学》之中,因此,他对宋儒不明《大学》之道,批判尤为深刻。段正元不仅为儒道正名而批判宋儒,而且认为唯有儒道能作为人类大同的方法论,从而解决人类的文化问题。段正元认为,由于宋儒不明先圣心法,而终于对《大学》不明其本。他说:

> 理学夫子极讲究修身,如程、朱夫子的言行丝毫不苟,作读书人之模范,其有益于世道人心之处也不在少。然谓程、朱之学即可以尽儒家之道则相去甚远。且以解释经义证之,儒道以《大学》为宗,程子系之曰:"大学孔氏之遗书,而初学入德之门也。于今可见古人为学次第者,独赖此篇之存,而《论》《孟》次之,学者必由是而学焉,则庶乎其不差矣。"朱子以此篇冠《大学》之首,意若谓《大学》一书,已经程子品题不错,世人可因程子之言来读《大学》,于表彰《大学》之中,顺带表彰程子,其用意未必不善。但将程子之言一加思索,则《大学》不但未得程子品题之利益,反被程子诬枉不少。(《归元自在》)

段正元认为,由于儒学之道在孔孟之后失落,所以应还其《大学》在儒道中的本体地位。所以,段正元的儒学之道以《大学》为理论基础,为正宋儒的《大学》之误,其不断倡导《大学》中的思想,深入阐释,以此解决理论和实践中的问题。应当认为,就历史和逻辑的统一性而言,段正元对宋儒的批判是客观的,段正元对宋儒的批判及对《大学》的阐释,无论是基于理性还是根据儒道,都言之成理,论之有据。

段正元说:"程子称孔子为孔氏,以礼言,极为不妥。古人皆以'子'为尊称,其称'氏'者,则在寻常轻微之列,孔氏二字与姓孔的相当。此岂程子口中所应出?"(《归元自在》)他认为,所行道者,必言出而躬行,而程子如此失礼之称谓,无论是于道而论,还是于礼而言,都失其典要,因此,程子的学术思想就必然与道相悖。所以,段正元进一步分析认为:

> 《大学》本内圣外王全体大用之学,所谓"初学入德之门"未免过于轻视。《论语》《孟子》和《大学》,原自一贯,苟能实行体验,自知息息相通,能识《大学》为切要者,亦必能识《论》《孟》为切要。稍有歧视,则两皆失之。谓《大学》为初学入德之门,而以《论》《孟》次之,是不谓《论》《孟》尚不足为初学入德之门,其书即令存之亦无足贵矣。如此抑扬,岂不失当。不惟显其不识《论》《孟》,并适以反证其不识《大学》。至谓"学者""庶乎不差",其语病尤大。"不差"是仅可、未善之辞,"庶乎"是将然、或然而未敢断定之词。夫士希贤,贤希圣,圣希天,境地固自无限,若得明师指教,实践《大学》之功,其造诣可臻于无上之域。今依程子之言,则学《大学》者,不过能得一仅可、未善之程度,而此程度尚在未敢断定之中。如此说来,此《大学》有何用处?由此可见,程子于《大学》究竟是否重视,令人生疑。程子以《大学》可传者,在以其有次弟,及自己改篡《大学》,则又将次弟推翻,此与残害其书之生命,消灭其书存留之价值何异?《大学》一书经程子改篡后,面目全非。其精神之不存更不待言。第推程子之心理,既视《大学》原书不如己之改本,则亦未尝不视孔子及门人为不如己也。(《归元自在》)

段正元认为,由程子始,已把《大学》的精髓所在篡改得面目全非,已为儒道所不容,因此,他对程朱的批判可谓淋漓尽致、发人深省。如果由此能引发当代学者对儒学之道的关注,以发现儒学之道的本质性,使中国文化重新崛起,为人类的进步做出贡献,则人类之幸也。

对于朱子之学与程子的关系,段正元认为:"朱子专尊程子,故于'程子'之上加一'子',以示特别尊崇。而因此有此子程子一衬,愈见孔氏二字无光彩,无分量。朱子即如此尊崇程子,则其对于《大学》之所见,应当处处与程子相同,却不然,程子已改篡之《大学》,朱子又重新改篡一遍,且其相互抵触之处甚多。朱子开首注'大学者大人之学也'。此'大人之学'四字姑且不论其恰当与否，其与程子'初学之门'实相去甚远，何一面引程之言装潢门面，一面又反其论点，究属有意为之或无意为之？有意为之，是不仁也，无意为之是不智也。若有人发难问此，谅朱子亦不好自圆其说。"(《归元自在》)"二人之说先后矛盾。朱子宗程子，其实，明是相成，而实相反。师生不能一贯。"(《天津说法草案》)我们看到，对程朱理学的发难，早在明末清初即已开始，但主要是针对理学的清谈及理学不能解决实际问题而发，其何以铸此，则无人究起。段正元对理学的批判表明，理学因失去儒学之道而铸成大错。段正元发前人之未发，足以引发学界对儒学传统学理的反思和批判。

显然，段正元对程朱理学的批判是相当深刻的，尤其是对"将《大学》一书看作文章，故以文章之法加以改篡和注释，自己不以为非，积非成是，贻误至今"，因此失落儒学之本的批判，可谓切中要害。理学的这些问题出现后，发展的结果使儒学在"前清科甲时代，以朱注为正宗。读书人作文，越乎朱注之外，不能得功名。又称周、程、张、朱为儒门四大功臣入祀孔庙。其实相隔太远。我非品评古人，不过大道要倡明于世，以大道之公平说法，不得不将前后古今之学术加以正当权衡"(《天津说法草案》)。可见，段正元以敏锐的思想洞察问题的本质性，指出了程朱理学给中国文化带来的离经叛道之弊端。他认为，中国文化的问题主要是儒道失落。他说："儒道本讲日用伦常，孟子而后，无人彻底明白。程、朱夫子注解经书为后儒教中之泰斗，奉朱注为正解，乃于《诗经》多解为淫奔之词，可见儒经之浅显者尚讲不得，何况贞道。后世人云颜、曾、思、孟、周、程、朱、张为儒门中八大金刚，究竟是否真尊孔孟，尚值得探讨。"(《道一》)段正元对儒道的把握是相当深刻的，关于其儒道，他说："我之所知，乃由明心见性经验阅历而得，非捕风捉影之谈。"(《天津说法草案》)"忆吾少时，不愿读书，志在学仙，而吾师要吾学道。吾师云：'学道办事不要读书，因数千年来读圣人之书不明一字，不行一句，殃及国家，故有今日之乱。圣人之道重在躬行实践。形上形下，道器攸分。形下之器实行易，可以瞻天下人之身家；形上之道实行难，可以全天下人之性命……'我何以提此？见得圣人之经难讲，圣人是行有余力则以学文，非空谈理想。今之著作家，下笔万言，倚马可待。登台演说，口若悬河……我有何能，我是言行合一，说到做到。古人云：道，犹路也。天地人神共由之路，能说要能行也。"(《道一》)

因此，段正元的儒道之论，以《大学》为本而身体力行。宋儒的过失是将《大学》"看作文章"。段正元认为,《大学》不但是"讲性理之文字",更重要的是"其为圣门传授心法与实地用功之课程"。这些是段正元儒道理论的精华所在,正因为基于对《大学》的体认,为了倡行以《大学》为体的儒道,段正元以道德学社作为躬行实践的形式,成为名副其实的一代大儒。段正元还把程朱的"格物致知"与西方的科学思维进行了比较,他说:

> 朱子补"格物致知"一章,说致知之学,在即物而穷其理,是以道作技艺观也。欧洲物质文明倒是由此而来,请问,道是何物?如此格法能否格得透彻?万教圣人尚不能穷,凭区区人心之灵以穷之,安能知至?莫怪乎杞人忧天也。程朱讲穷理之学讲成物理去了,虽说天下之物莫不有理,从物质上去想可已。本来,形下之器不穷不精,形上之道纯是传授,非思想所能及。即丹经小法尚云:"任尔聪明过颜闵,不遇明师莫强猜。"何况真贞大道?
>
> 凡天下之物莫不有理。理者非君子儒所讲形上之道,乃小人儒所讲形下之器。今之声光电化一切技艺等学,皆从穷理而来,外国人穷究不已,器艺日精。然中国形上之道不可用穷究之穷来格物。则要如穷置之穷,无所用之之穷,格去不仁义之物,格去无廉无耻之物,真性方能显得出来。真性一现,率性而行即是道,凡事皆由性分中发,谓之人能弘道。(《道一》)

可见,段正元对程朱的"格物致知"与西方形下之论所做的比较,表明了程朱失落儒学之道后的本体论之误。所以,段正元从宏观的角度推定中国文化的问题,认为:"论文化实属不易,漫说近世之人不懂,即宋之程、朱,为理学之表,配享圣庙者,亦只知其当然而不知其所以然。"(《道一》)"今言道德政治,人以为迂腐。推其故,即坏于理学文章空谈,言而不行。人以为道德无用。"(《道德辑要》)在相关的层次上,段正元以对中国文化的分析推定了文化衰落的根本原因,是深刻的。儒道自孟子以后不传,致使文化失落,因此出现了程朱理学。对其历史的逻辑必然性反思,将使我们进一步理解段正元儒道之学,正确推定中国文化的历史进路。显然,这些是中国文化研究中的重要课题。

四、段正元的儒道与《大学》

以上的推定表明,段正元儒学思想的最大特点是坚持儒学之道并身体力行，用儒学之道而化成天下。为了明确儒学之道，使其一以贯之，段正元认为儒学之道的理论核心是《大学》。因此，他在《师道全书》中对《大学》进行的阐发可谓发前人之未发，使我们加深了对儒学之道的深刻理解，同时对中国文化问题的症结之所在有了基本的认识。如果能在这一基础上研究人性与社会的关系，对西方文艺复兴以后以科学为主体形式的现代社会存在的问题进行反思，将发现段正元儒学思想具有的现实意义。当代的人类理性应在本质上推定自然与人的关系，推定人和社会的关系，从而建构人类文化的理想形式，在可操作的文化进路中，使人类由自为达到自在。

段正元对儒学之道的深刻体悟，使其特别推重《大学》。他说："《大学》一书，乃万教之纲领。天所以广大道之传也。首明大道全体，次明人道之功。至能得而天道已尽，所谓先天大道与后天大道，贯而一之也……孔子问礼老聃，得闻大学至善之道。"（《阴阳正宗略引》）他认为《大学》是贯通古今、经邦济世的宝典：

> 自是古今之变化，有经书一以贯之；经书之博大，有大学一以贯之；大学之次第，明明德一以贯之。"天命之谓性"，为大学探其源也；"率性之谓道"，明明德真谛也；"修道之为教"，"亲民真谛也"。书末终以"无声无臭者，为至善穷其妙也"。又曰：中者，天下之大本，即忠之进也；和者，天下之达道，即恕之化也；明明德也。故曰中和为儒门上乘法。即明明德之大用。天地万物，一以贯之也。（《阴阳正宗略引》）

> 自尧、舜、禹、汤、文、武、周公而后，是书已历数千年，因其中有秘密传授之处，少有知焉。自来知内圣者无几，故致外王之道者无多。况圣而不可知之谓神。得其道者更绝无仅有。孔子之时，大道尚未宏开，是书虽著，不过浑言其理，不得多传。故子贡曰："夫子之文章可得而闻也，夫子之言性与天道，不可得而闻也。"致复命之学，亦不得而闻，子思、孟子之时亦然。今五州交通，万教各出新奇，机缄将于此尽泄，诚天欲广大道之传也。而万国之教其有裨于人心世道，高出寻常诸子者，终不能超出儒释道之三教。释教空诸一切，道教超诸一切，而其旨又不出《大学》"知止"一节。致儒教踏实一切，《大学》"明明德"一节，已足发其大凡。其实，释道未尝不从事于"明明德"，不过略言"明明德"，详言"定静安"，儒家到复命归根，终必从事于"定静安"，不过略言"定静安"。详言"明明德"，分而为三，合而为一。由是观之，大学之

道，先天和后天之学俱全，真万教之纲领，而为吾儒性命之书也。(《阴阳正宗略引》)

从以上的论述中，我们可以体会出段正元学贯三教、独具匠心之情境。段正元生逢乱世，传儒道以正人心，待天时以成大同，其时难以为之而为之，其道难以行之而行之，于民国乱世成就一代师表，匡正中国文化，立成济世之学，实为不朽之举。段正元于现代主流学术之外而倡导儒学之道，恰似一股清泉而荡漾，成为中国文化中不可多得的思想财富。

段正元视《大学》为儒学之宗，使其与古往今来以正统儒家自居的学术观点大相径庭。自汉以降，以《论语》《春秋》为儒学之宗，认为《大学》只是文字功夫，降低了《大学》的作用，对此，从段正元对程朱理学的批判中已使我们有了相当明晰的理解。从段正元一生的实践中，可以看到其作为真仁大儒的儒学观。宗师于龙元祖之训的段正元，以"圣人之道重在躬行实践"(《道一》)为座右铭，基于对"中国自尧、舜、禹、汤、文、武、周公、孔、孟几个大圣人外，即无真仁大儒，多半似是而非""孟子以后道统不续，《大学》无传""儒家自孟子之后无真儒"的基本认识，重新阐释儒学经典，以正儒学之道，就成为其一生的重要任务。从《师道全书》中可以看到，他身体力行地做到了这一点。

值得指出的是，在段正元的躬行实践中，运用儒道理论，对当时中国社会的文化教育、思想学术进行了分析，对理解中国的现代学术思想史，不无裨益。他说：

近数十年来，自命识时务者，主张变法，兴办学堂。虽有读经一科，然对于经义莫名其妙。如此办学仍不能造就真正人才。青年血气未定，根基不立，易染不良习气。若不亟谋改正，恐非国家之福。人皆以为我迂腐，迄今，则不惟《大学》之道不讲，并《大学》之书亦废而不读。近年来，一切模仿外国，惟恐不肖。结果未图国家富强反增国家内乱，不幸被我言中。此时，信仰旧文化者，归咎于新派之冒失；而主张新文化者，则归咎于人民程度太低。并谓伦常礼教未能排除干净，为改造之一大障碍。旧人物虽看出新派不能救国救民，而自己因未得有《大学》真传，对旧的办法并无把握。于是，消极退让或袖手旁观，具有良心者空自感叹。醉心利禄者捡些新名词表示谙练，以周旋于新派之中或可找出一条做官发财之捷径。而新人物多不读旧书，更不知有《大学》心法修齐治平一贯之道。故对于旧文化可以救民之说不予相信，而自己之主张其恶果已然暴露，也不愿认过。不得不凭藉潮流，巧过文饰。遇有机会，索性哄闹一番，以图侥幸。于是，错上加错。致使国无净土，民不聊生。推其原因，皆因儒道失传，文化晦塞。而误解经义，改篡经文之理学夫子当有难以推卸的责任。(《归元自在》)

段正元的分析可谓一针见血，指出了当时中国文化学术之流弊，把原因归之于"儒道失传"，因此在历史的理路中对"误解经义，改篡经文"的理学夫子进行了批判。

在中国哲学史研究中，有一种观点认为，中国哲学发展的高峰是朱熹的理学，这就是说，朱熹的理学对中国哲学贡献颇大。以所谓知性及认识论的哲学原理推定理学的"格物致知"，此说或可成立。然而，段正元对理学的分析批判表明，因程朱失落了儒学之道，理学高峰论则为不确之论。很明显，理学高峰论是以西方哲学为坐标推定中国哲学所产生的结论，是"新派人物"（如胡适等人）推行西化式方法的必然结果。正如段正元所批判的那样，理学夫子的"格物致知"是形下之器的方法，是一种"穷技之道"，非大道所为。段正元的这些思想，应引起我们的重视。所以，对理学夫子的功过是非予以重新评价，推定中国文化衰退的历史理路，以再现中国文化之道，是当代哲学反思的重要任务。

五、段正元的大同思想

段正元儒学思想的目标是实现大同社会。所以，他以道统传人为己任，以"道德学社"为形式，以儒学之道为方法论，为实现大同社会的理想而奋斗。在动乱不居的民国时期能如此践行儒道，难能可贵矣！

段正元的大同理论，是根据孔子"大道之行也，天下为公"的思想所发。他说："据孔子在礼运大同里预言，'选贤与能，讲信修睦。故人不独亲其亲，不独子其子。使老有所终，壮有所用，幼有所长，鳏寡孤独废疾者，皆有所养。男有分，女有归。货恶其弃于地也，不必藏于己。力恶其不出于身也，不必为己。是故谋闭而不兴，盗窃乱贼而不作'云云。活现一幅敦厚和平贤亲乐利之大同境界。"孔子的大同思想，是儒学的社会价值论承诺。段正元认为，大同理想的实现，应行《大学》治国平天下的亲民之功。他说："中华治国平天下至善之道在亲民。亲民,民之本也。本立而道生,生出内圣外王治世,自然国泰民安。""《大学》一书,万教纲领、修身齐家、治国、平天下之实行实德,圣圣相传心法。孟子以后,大学亲民之心法失传,亲民之道不立。后儒不知心法,不知亲民为何物。故立教随波逐流,治民无一定宗旨,改亲民为新民。后世学者以讹传讹,至今不但不知行亲民之道,并未闻亲民之教,以新民开民智,民受新民之毒,国家受新民之害,民一日新一日,国家一日乱一日。甚至西学东来,用夷变夏。而以新民立教,故民受新民影响,种种无法无天行为酿成国家人民之乱,皆受新民教之害。"(《大德必得》《政治大同》)显然,行大学亲民之功,内圣而外王,是实现大同社会的基本方法。段正元把《大学》作为实现大同社会的方法,以《大学》贯之"政统",从而使道统、学统和政统一以贯之。对于《大学》一书的认识,孙中山先生也给予极高的评价,认为《大学》一书是"中国政治哲学,谓其为最有系统之学,无论国外任何政治哲学家都未见到,都未说出,为中国独有之宝贝"[1]。陈立夫先生认为:"《大学》一书……其三纲领,其八条目,于人生之目的以及达致此目的之步骤与方法,条理分明,阐述无遗。"[2] 可见,段正元的大同思想以《大学》一以贯之的思想理路,应引起当代哲学、政治学及社会学研究的重视。我认为,以人类的终极关怀为目标,推定《大学》与治国平天下的逻辑关系,建立人类大同政治的理论架构,是段正元儒学思想的贡献之一。

关于大同社会,古希腊哲学家柏拉图曾有与中国内圣外王之道相似的认识。他认为,除非帝王成为哲学家或者哲学家成为帝王,否则,人类将永无宁日。因此,柏拉图有为帝王师之举。但柏拉图终因未有《大学》亲民之用,而未创"孔子为政三月而鲁国大治,人民歌功颂德"(《大德必得》《政治大同》)之业。因此,"孔子之道一日不实行则天下一日不得太平。既有此神通广大,何以至今无人识得?因孟子之后已失传人。两千余年以来,一般理学家凭一己私见,妄解圣经,如大材被匠人斫而小之,人逐以孔子无用。"(《己卯法语》)

全面地认识人,行亲民之法,从而使人的行为能规范于大同社会。段正元认为:

> 人为天心之心,万物之灵,受道之精华,为道之全体,故能燮理阴

---

[1] 陈立夫:《四书道贯》,中国友谊出版社1991年版,第4页。
[2] 同上。

阳，扭转乾坤，如能中天下而立，真是可以定四海之民。天时人事原是一贯，不可强分也。况天人相与之际，关系至为密切，势有不能强分者。试以人身言之，凡躯从何而来？答为父母所生。然再进而问之，不能言也。吾今略言之：凡躯乃天地自然所生也，大道自然所成也。换言之，即天时、天命、天意、天行之自然结合也。足见天人相与之关系，真有不可强分者。再进而言之：人之心思玲珑，知觉灵巧、意想神奇、智谋机变、种种玄妙，从何而来？还是大道元气所钟毓，天地灵机所寄托，还是无为无所不为之贞主宰，特赋元气于人身中，赋灵机于人心中，使之作一全权代表。人得此元气得此灵机，始能思想百出，变化莫测，办成种种实事。天时人事岂可须臾离乎？（《大德必得》《政治大同》）

人力办事，固可巧夺天工，天道主持，亦足限制人事。若能尽人合天，天人合一，真贞人事，即是天时，真贞天时，即是人事。无甚区别也。（《大德必得》《政治大同》）

由此可见，段正元的大同思想，不是人独立于自然的大同，而是人、自然和社会合一的大同，即所谓"天人合一"的大同。

我们看到，自西方文艺复兴之后产生的唯科学主义价值观，使人从大自然中独立出来。人作为主体，为了自身不断膨胀的欲望，毫无限制地向自然界索取。曾几何时，人类破坏大自然的做法已经给自身带来了生存危机，这在社会学的意义上而言，人类的社会发展和存在方式有一个必然的限定，而人类的理想社会必然也存在一个限定。儒学的大同社会观表明，人类社会的大同是"性与天道"的统一，而绝不是外在的物质性自足。因此，姑且不论段正元实现大同社会的道路与当代社会发展观之异同，就人类内在的道德修养而言，当代人类的行为与道德，可谓谬以千里。所以，人类足以在儒学的大同思想中反思自身。由于段正元的大同思想自成体系，本文仅做如上简论，进一步的研究，笔者将另文再述。

六、简略的哲学反思

上述表明，段正元的儒道之论是对中国文化之道的一种理论建构，为解决中国文化的理论问题提供了不可多得的参照系。然而，正如上文中所指出的那样，在当代的文化氛围中理解段正元的儒学思想，困难极大。因此，对儒学之道从哲学本体论角度进行反思，是必要的基础性工作。

段正元的儒道之论归于道统，而儒学史表明，道统是争论较大的儒学理论核心问题。如上所述，道统的十六字心传出自《尚书》，但是，自魏晋以降，学界开始了所谓的今古文《尚书》之争、伪《尚书》之辨，使道统心传始终成为儒学的疑难问题。至清末民初，尤其自"五四"以来，以考据之学、民主之论对道统进行了否定和批判。对此，我认为，如果把文字考据之学作为存在的本体，那么，即使道统心传是伪《尚书》所伪成为定论，也并不构成否定道统的理由。因为，既然伪《尚书》成书至晚不能晚于魏晋，那么，当时的儒家对儒学进行系统性整合而立道统一说，也就成为可以理解的学术理路。退一步讲，这也是中国文化的崇古之风所必然。如中国学术有如西学那样的学术自由、自立体系的传统，后世儒家也完全可因儒学体系化的需要而立道统一说，如果这样，伪《尚书》所伪的道统之辨，就构不成"伪理论"的问题。反思表明，道统一说的确是后世儒家所立，但其核心概念产生于孔子所继承的三代文化的思想形式之中，只不过后代儒家以此进行了"道统"的理论建构。

在今古文《尚书》之争、伪《尚书》之辨中，否定道统心传的根据是文字上的考辨疏证，因此，以哲学而论，我们的问题是：能否把文字考据之学作为存在的本体？以考辨疏证为本体能否考证出问题的本质性，对此，稍懂一点哲学的人都将持否定的意见。《易》曰："书不尽言，言不尽意。"考据何以为之能尽言尽意乎？所以，在今古文《尚书》之争、伪《尚书》之辨中，只重疏解，而不重视儒学的本质，究其原委，是力图否定儒学在历史和现实社会中的价值。文字上的考辨疏证有一定的作用，应当进行，但绝不是本体论的方法，不能以此术苛求于古人。问题的关键是道统论能否与儒学的思想体系统一。就哲学的自在自为而言，在思想体系自恰性的前提下，任何哲学范畴的创立和应用都是应该的和必需的。因此，问题不在于道统的理论形式是否所伪，而是要证明十六字心传的合理性。笔者认为，十六字心传的合理性并不是宋儒所谓对"道心"和"人心"的推定，其理论核心是孔子所推崇的"允执其中"，孔子运用"允执其中"的方法论使儒学的本体论承诺与逻辑推定、主体论承诺与形式推定及价值论承诺与范畴推定实现了统一，因此"允执其中"才是儒学的核心理论范畴，这一推定不但是对孔子儒学的自在性推定，而且是逻辑理路与历史进路的统一。

参照段正元的儒道之论，反思儒学的历史进路及理论形式，对当代的中国文化研究具有相当的启发性。反思春秋百家所创立的学术思想形式，就中国文化的主体性而言，重理性者莫过于儒学和道学。而以"内圣外王"之道、"治国平天下"为使命的只有孔子所创的儒学。不但要理解儒学这一弘大的思想境界，更应当理解其思想境界所基于的人格修养和道德理性，理解儒家"天下有道则见，无道则隐"的道德情操。问题的关键还在于，儒学的人格修养和道德理性仅仅独属于儒家，还是应该属于整个承担理性传承的所有知识分子。所以，儒学理论并不是儒家的情有独钟。如果儒学的道德理性是一种有普遍意义的真理，那么，就应该成为今天所有知识分子的座右铭。当代知识分子的人文修养，以承载知识理性、究天人之际、通古今之变、治国平天下为己任如梁漱溟、段正元者，曾几何人！难道这些还不足以引起知识界的自惭和深思吗？

笔者认为，关于儒学之道的理论问题，当代的儒学研究应进行哲学本体论的推定，由此将发现段正元儒道之论的现代意义。段正元继承龙元祖的儒学之道，从哲学角度而言，儒学之道体用合一，表现出"中道"的理论架构，所以，用唯心和唯物的两把尺子来量度"中道"的理论形式，都无法正确推定其思想原理。因此，中国哲学是中国文化所独有的思想形式，中国"道"文化的哲学理路，与西方文化的哲学理路具有质的不同，因此不能以西方哲学的思想方法进行推定。中国文化史表明，自三代、周公以降，"道术为天下裂"而出百家，孔子力图以儒学之道化成天下，其结果如段正元所言，自孟子以后，因无道统传人而文化愈落。必然的是存在的，存在的是必然的。因此，应研究"道术将为天下裂"的必然性是什么？儒学衰落的必然性是什么？仅仅是因为没有传人吗？儒学虽流布于天下，由于失落了儒学之道，中国文化是否就应该在现代退出历史舞台？因儒学之道失落，其结果是中国文化退出了历史舞台，如果儒学之道代代相传，在两千余年之后的今天，中国文化将发展为怎样的形式？显然，其中表明的中国文化与历史进程的基本特点不但有别于西方，而且反映出一个社会发展观问题：什么是社会发展的动力？什么是社会发展的标志？是道德乎？人性乎？经济乎？我们对这些问题都应该进行深入的反思，使之步出历史性的误区。毫无疑问，研究段正元的儒学思想，将深化对这些问题的反思。《易》曰："穷则变，变则通，通则久。"当此世纪交续、正值人类文化走向全面反思之际，中国文化的地位愈显重要。中国文化将对人类做出的巨大贡献，不久的将来就会展现在人类社会的实践中，中国学界当以此自勉。

段正元与现代新儒学"道统"观念之比较

鞠 曦

道统是儒学的重要理论形式。儒学是否具有一个能"一以贯之"其思想体系的核心范畴,因此能以"道统"谓之,乃是判定"道统"能否成立的依据。对于道统的理论形式,因儒学学派的不同而有不同的推定,这使道统的"一以贯之"之理出现了歧解,道统因此成为儒学中的基本理论问题。现代新儒学表明,其心性之学的理路并未解决"一以贯之"的道统理论问题。然而,段正元先生的"中道"道统理论形式,与先秦儒学的"允执其中"一以贯之。本文以牟宗三先生的道统理论与段正元的道统理论进行比较,以求深入认识道统的理论问题。

一

孔子对中国思想文化的典籍进行了整理和删定,从而以"六经"的形式创立了儒学学术思想形式。孔子的思想理路是"祖述尧舜,宪章文武",其方法论是"述而不作",孔子对其所建立的儒学思想体系谓以"吾道一以贯之"(《论语·里仁》)。然而,由于孔子的亲传弟子不得要领,不知孔子的"一以贯之"[1]之理,所以,儒学史表明,孔子虽然创立了"一以贯之"的儒学思想体系,后世儒家对"一以贯之"的儒学思想原理却是一个百思不得其解的问题。对于孔子的"吾道一以贯之",自曾子的"忠恕"之解以后,"仁"被后世的儒学家推定为孔子的思想核心,但是,"仁"何以能"一以贯之"孔子的思

---

[1] 《论语·卫灵公》载:"子曰:'赐也,女以予为多学而识之者与?'对曰:'然,非与?'曰:'非也,予一以贯之。'"

想，即"仁"作为儒学思想体系的哲学性原理，却是后世儒学力图使其明确又始终未能明确的问题。所以，自从汉代独尊儒术开始，对"一以贯之"之理的推定，形成了众多的思想流派。儒学的思想进路虽然历经两千余年，然而，对于"一以贯之"的思想原理，到现在也没有形成共识。由于儒学思想体系的困扰，儒学自汉代末期走向了衰落。自此以后，儒学的学理依据就成为儒学学者不断探索的问题，道统理论的提出就是由上述问题形式引发的对儒学思想体系的重构。

我们知道，韩愈首发道统谱系，在宋明儒学中兴之后，由理学提出了系统的道统理论形式。韩愈发端的道统谱系，其目的是与佛陀抗衡，而宋儒对道统理论的推定，是因复兴儒学必须进行的理论建构。宋儒的道统论经过了以下的思想进路：石介以"礼""乐"制度做出的推定；张载以中国文化的系统性做出的推定，并奠定了宋儒的道统论基础。之后，经二程至朱熹形成了道统的集大成之论，并在《宋史》中确立了道统论的历史地位。道统由此成为理学中的基本理论范畴。道统的理论形式有三个特点：其一，认为道统代表了中国文化，道统是由中国古代圣王形成的思想文化形式，中国的古史文化是由道统承续形成的结果；其二，道统的传承自孟子以后中绝；其三，凡是承继道统的儒学家，都要以"一以贯之"的理路贯通儒学的理论形式。

随着西学东渐形成"全盘西化"的思想进路之后，儒学的道统理论为古史辩派所否定，道统理论从此一蹶不振。所以，反思和推定道统必然成为现代新儒学的重要工作。我们看到，现代新儒学的道统理论形式以牟宗三先生的论述最具代表性："中国本有之学的意义以及基本精神则限于'道'一面，亦即'德性之学'。如在科学一面说学统，则在'德性之学'一面自可说道统。"❶他之所以一反韩愈和宋明理学推定的"尧、舜、禹、汤、文、武、周公、孔、孟"历史性承续的道统理论，而把"德性之学"立为道统，是为了把道统的思想体系由"周孔并称"改为"孔孟并称"，认为孔子立"仁教"开始了"德性之学"的道统，进而把"德性之学"的道统理论核心归之于"心性"。这是他以"道德形而上学"为哲学基础推定的道统理论形式。牟宗三先生的道统论因此成为新儒学中的代表形式。

由唐君毅、牟宗三、徐复观、张君劢联名发表的《为中国文化敬告世界

---

❶ 牟宗三：《生命学问》，三民书局1970年版，第61页。

人士宣言》中说："中国古代文化之有一脉相承之统绪……中国历史文化中道统之说，或非中国现代人与西方人所乐闻，但无论乐闻与否，这是中国历史上的事实，此事实乃源于中国文化之一本性。"关于这个中国文化的"一本性"，他们认为"当以心性之学为其本原"，因为"中国心性之学，乃至宋明而后大盛。宋明思想，亦实系先秦以后，中国思想第二最高阶段之发展。但在先秦儒家道家思想中，实已早以其对心性之认识为其思想核心……古文尚书所谓尧舜禹十六字相传之心法，固是晚出的。但后人之所以要伪造此说，宋明儒之所以深信此为中国道统之传之来源所在，这正因为他们相信中国学术文化，当以心性之学为其本原"。"此心性之学，是中国古时所谓义理之学又一方面，即论人之当然的义理之本原所在者。此心性之学，最为世之研究中国之学术文化者，所忽略所误解的。而实则此心性之学，正为中国学术思想之核心，亦是中国思想中之所以有天人合德之说之真正理由所在。"上论表明了现代新儒学道统理论的"心性学转向"。此"心性学转向"的理论特点是"不重传道世系，也不讲'传心'，而是以对'心性'的理解和体证来判断历史上儒者是否见得'道体'"。[1] 这就是说，"心性"是主体之法，"道体"是本在之体，由"心性"所致者，"道体"也。由"心性"之法而达"道体"之果，是道统的一以贯之。因此，"心性"何以能达致"道体"，即"心性"和"道体"的关系就成为新儒学道统论必须给予论证的问题。

"心性之学"的道统论表明了现代新儒学的学术思想理路，其"心性之学"的理论形式仍然是宋明理学系统之内的东西，只不过是把"程朱"视为"别出"，而把"陆王"视为正宗而已。这样一来，就必须反思陆王心学能否与先秦儒学的本体论承诺"一以贯之"，即"心性之学"与儒学元典是否能够"一以贯之"。如果儒学的思想核心是由"心性之学"所统，其本体论承诺和逻辑推定就应该实现"道体"和"心性"的统一。

因此，在先秦儒学的元典理论形式中，是否能用现代新儒学的"心性之学""一以贯之"，就成为推定现代新儒学的道统理论架构是否合理的重要问题。我们知道，牟宗三对儒学元典的推定是："《论》《孟》《中庸》《易传》是孔子成德之教（仁教）中其独特的生命智慧方向之一根而发，此中实见出

---

[1] 余英时：《犹记风吹水上鳞》，三民书局1991年版，第19页。

其师弟相承之生命智慧之存在地相呼应。"❶ 其所谓"之一根"者，亦即陆象山说的："天之所以与我者，即此心也。人皆有是心，心皆据是理，心即理也。"❷ 王阳明则进一步认为："圣人之学，心学也。尧舜禹之相授受曰'人心惟危，道心惟微，惟精惟一，允执厥中'，此心学之原也。"❸ 显然，现代新儒学所宗的陆王心学是把道统的"允执厥中"转化为关于"人心惟危"和"道心惟微"的推定，这就在儒学道统的本体论承诺和逻辑推定的形式上造成本末倒置，即成为对"人心"和"道心"之"心"的研究，从而疏离了"允执厥中"。由于孔子所推崇的是"执中"之法，所以，背离了孔子的"允执其中"，就不能称之为与孔子儒学"一以贯之"，因此也就不能称为由儒学之"道"所统，因此也就难能有道统之谓。

如果"人心惟危，道心惟微，惟精惟一，允执厥中"承诺的是对主体存在问题的推定，即"十六字心传"要解决的问题是怎样使疏离"道"的"人心"于"道"回归，那么，解决问题的"惟精惟一"的方法，"十六字心传"推定的是"允执厥中"，而不是任何其他的方式。由此可知，儒学的理论核心是"中"或"中道"，而不是所谓的"心性之学"。"允执厥中"与儒学元典中的"允执其中"是同一的，"执中"之道贯通了孔子儒学的元典。虽然《论语》中多论"仁"教，但其所论是对应于论说对象而发，其承诺了通过仁教使论说对象回到"执中"的存在方式。"仁"教使人的存在能够"执中"，进而使人实现《周易》《说卦传》推定的"穷理尽性以至于命"的存在价值；显然，"执中"使易道实现了恒中，"穷理尽性以至于命"是易道恒中的必然结果。所以，"中"或"中道"才是儒学之道或者应当成为道统的理论核心。由此可见，陆王的"心即理"与程朱的"性即理"实质上都离开了儒学的"执中"之法；其对于"道"和"人"的推定，显然都已经离开了"执中"之道，从而误于形而下的推定。显然，现代新儒学之误是把"十六字相传之心法"的"心法"形式与"心法"的内容割裂开来。"十六字相传之心法"者，"允执其中"也。现代新儒学把"心法"的形式误为本质，从而疏离了"执中"之道。

所以，牟宗三宗陆王而贬程朱，以"良知坎陷"为方法展开"心性之学"

---

❶ 牟宗三：《心体与性体》（一），正中书局1986年版，第19页。
❷ 陆九渊：《与李宰》，《陆九渊集》卷十一，中华书局1980年版，第149页。
❸ 王阳明：《象山文集序》，《阳明先生集要》（上），中华书局2008年版，第320页。

的逻辑进路，不但与儒学元典的思想体系相悖，而且由于其中承诺和推定的矛盾，使新儒学的现代理路又一次面临不可克服的哲学困难。因为在"心性之学"的理路中，以"道德的形而上性"之"良知坎陷"实现所谓"无执的存有论"和"有执的存有论"的统一、本体与现象的统一，这显然是把"道德"作为逻辑推定的形而上学本体，而这需要对道德给予本体论的证明，即对"依道德的进路对于万物之存在有所说明"[1]，而这显然是不可能的。牟宗三"道德的形而上学"的泛道德主义哲学，不但不能与儒学元典的"天命之谓性，率性之谓道，修道之谓教"的论证模式相媲美，而且更与"执中"之道相背离。尽管牟先生是把康德哲学融于其思想之中，然而以"道德的形而上学"推定人的主体性，并不比康德的道德理性优越，对人的道德实践而言，甚至不如康德的道德哲学更具理性的意义。

所以，现代新儒学的"心性之学"不能承诺孔子儒学的"执中"之道，不具有本体论承诺和逻辑推定的统一，因此，以儒学元典为基础推定中国文化的地位及其对未来的作用，是现代新儒学没有完成的工作。所以，虽然现代新儒学对中国文化的复兴做出了相应的贡献，但它仍然是一个必须被超越，也必然被超越的理论形式。

二

承续宋明理学的现代新儒学，虽各家的理论形式不尽相同，但是，肯定宋明理学在中国文化中的地位是现代新儒学的基本理论特征。然而在现代的儒学思想中，还存在一种与现代新儒学截然不同的理路，这就是段正元的儒学思想。在道统的推定上，段正元一反宋明理学在道统中的地位，把道统理论建立在先秦儒学元典之上，可谓对儒学的思想体系进行了一次正本清源。

对于中国文化的道统，段正元说："中国文化即在'中道'二字，其意义极深。中庸曰：'中也者，天下之大本也。'尧传舜'允执其中'，舜传禹'人心惟危，道心惟微，惟精惟一，允执厥中'。汤、伊、文、周、孔、孟，或见或闻，皆执中之实学，用中之实事，皆有师承授受。故中道之文化，即'师道'之文化。得中道之大圣人，即文化之代表。"（《政治大同·永久和平》）段正

---

[1] 牟宗三：《现象与物自身》，学生书局1984年版，第39页。

元的道统理论,是把《大学》《中庸》作为理论基础,以此推定"一以贯之"之理。他说:"《大学》一书,乃万教之纲领。天所以广大道之传也。首明大道全体,次明入道之功。至能得而天道已尽,所谓先天大道与后天大道,贯而一之也。"(《阴阳正宗略引》)关于《中庸》之道,段正元认为:"大道之发源,中而已矣。人事之全善,庸而已矣。庸者中之用,中者庸之体。体用兼赅,斯为大道中之真宰,人事中之万能。试观天地之大,万物之繁,人事之杂,其所以并存并理而不相乱者,孰为之主宰耶?无他,中宰之也。换言之,即道也……欲知变化之道者,不可不知理之变化,欲知理之变化,非研究中庸之道,践中庸之行,又何能知之。""中庸谓之参赞天地之化育,即是尽性以还天之命也。"(《道德学志》)

显然,因为段正元的道统论与宋儒的道统论不同,从而在本质上与现代新儒学的道统论也不相同。道统理论形式的不同,必然在本质上内在地决定了段正元的儒学思想架构。例如,针对宋儒把《大学》做出的形而下推定,段正元由此认为"孟子以后道统不续,《大学》无传",即由于《大学》之道失传而使道统不续。他说:"程、朱本皆是研究性理者,但其门路走错,未得明师传授真正《大学》心法,不知实践其功,将《大学》一书看作文章,故以文章之法加以改篡和注释,自己不以为非,积非成是,贻误至今。此《大学》之不幸,亦程、朱之不幸。迨后,朱子改本《大学》推行于世,世人只知有朱注《大学》,不知其为谬误之流传。即有知《大学》原本者,亦只知其为讲性理之文字,而不知其为圣门传授心法,与实地用功之课程,未予重视,是以《大学》之道失传。故而不能成就一个真能修身、齐家、治国、平天下之人才。"(《归元自在》)段正元认为:《大学》"自尧、舜、禹、汤、文、武、周公而后,是书已历数千余年,因其中有秘密传授之处,少有知焉。自来知内圣之学者无几,故致外王之道者无多。况圣而不可知之谓神。得其道者更觉绝无仅有。孔子之时,大道尚未宏开,是书虽著,不过浑言其理,不得多传。故子贡曰:'夫子之文章可得而闻也,夫子之言性与天道,不可得而闻也。'至复命之学,亦不得而闻,子思、孟子之时亦然"。(《阴阳正宗略引》)这些论述表明,《大学》之所以是道统的理论基础,是因为其是"复命之学"。由于宋儒对《大学》做了错误的判释,因此弗知"复命"之理。

同样,由于牟宗三不能正确推定《大学》在儒学中的重要地位,他的儒学思想成为"心性之学"和空泛的"道德的形而上学",显然,这将使儒学失去躬行实践的意义。牟宗三对《大学》的推定是:"我们看《大学》该当采取什么态度呢?《大学》只是把实践的纲领给你列出来,但是要如何实践,实践的那个领导原则是哪个方向,《大学》里面不清楚。因为《大学》本身不明确,那么到底要如何来实践呢?这个道德实践后面的基本原则到底是什么呢?这个地方我们当该以《论语》《孟子》《中庸》《易传》来做标准,用它们来规范《大学》。我们不能反过来以《大学》为标准来决定《论语》《孟子》《中庸》《易传》。至于《大学》本身的原意究竟是什么,这是个很麻烦的问题……因为《大学》本身不明确,所以我们讲儒家的时候并不太着重《大学》。"❶

比较之下,段正元推重《大学》在儒学中的地位——把道统的理论基础与《大学》之道统一起来,从而使段正元的儒学思想形成了一以贯之的理论体系。他说:"大学之道,须从明明德下手。先明明德,然后方能合道。盖德,实者也;道,空者也。后天之道,先实而后空;非若先天之道,先空而后实也。孟子谓'尽其心者,知其性',亦与此同。定、静、安、虑、得,明明德之命功。然必先之以知止。知止者,止于至善也。"(《师道全书》)

段正元又进一步阐释说:

> 大学之道,虽博大精深,其造学初功,即从"明明德"着手。"明明德"三字,是由先天做到后天,由后天返还先天的功夫……浅言之,譬如天平,"明明德"即天平之两端,德即天平之中心,明明与平平相似。一明再明则彻底澄清。故果明明也必德。德者得也,一平再平,则至当恰好。如果平平也,必中。中者,即如平之天针对地针,完称物平施之分量。此孔门之心法也。如孔子云:"参乎,吾道一以贯之。"一贯之心传,亦即尧舜允执厥中之学,即是明明德之实功。先天之性与天道,本不易明,果能由明明德的功夫循序渐进,亦不难穷其底蕴。换言之,明明德又即穷理的功夫。盖道本空空洞洞,原是虚的;德由躬行实践而得,成为实的。凡人之言行合道即是德。德如天之北辰,而人道中亦有北辰。北辰即是机钮。在天为天之机,在人为人身中之机钮。德又即仁。故孟子曰:"仁也者人也,合而言之道也。"人能与仁相合,则身中之北辰即能与天上北辰相扣,如磁石引铁,物类朋从。能与天上北辰相合,所谓天人一

---

❶ 牟宗三:《中国哲学十九讲》,上海古籍出版社1997年版,第80页。

贯，道得于人，即明明德之把握。故明明德之学又无人不宜。人能完明明之量即是在德。故大德者，得位、得禄、得名、得寿。道不负人可知也。
(《师道全书》)

段正元的儒学思想表明，他把道统的理论形式与儒学的元典以"中道"范畴统一，尤其对《大学》在道统及儒学的核心地位进行了明确的推定，从而使孟子之后失落的儒学之道返本归源。显然，段正元的儒学思想与现代新儒学的"返本开新"大不相同，从儒学元典中推定儒学的基本思想，反对曲解经义而贻误后人，是段正元儒学思想的重要特点之一。段正元对道统论的推定表明，由于其道统理论与先秦儒学的元典思想具有内在的统一性，所以，以对"中道"理论的阐释凸显出儒学的现代意义，是段正元儒学思想的贡献之一。

现代新儒学的思想来源是宋明理学，即现代新儒学是以程朱或陆王的学术理路推动儒学在当代的复兴。虽然牟宗三一脉贬程朱而崇陆王，但把宋明理学作为先秦儒学的新发展、因此宋明理学与先秦儒学一脉相承这一点是没有疑义的。然而以陆王心学为核心的现代新儒学的道统理论，由于不能真正地贯通先秦儒学，其不但不能在本质上推定道统自在的统绪之理，而且也不可能理解孔子"一以贯之"的思想原理。而段正元的儒学思想表明了维护先秦儒学的正统性，而把汉宋之后的儒学推定为儒学的异化形式。他认为后世儒学背离了先秦儒学的基本思想，因此认为理学夫子是"理学中的圣人，道学中的罪人"。段正元以先秦儒学的"中道"为核心而"一以贯之"，由此承继了中国文化的道统性，成为中国现代儒学思想史中一位不容忽视的大儒。

三

对道统的理论形式进行哲学性推定，这是儒学研究的内容之一。对段正元的"中道"道统理论和现代新儒学"心性之学"的道统理论进行比较之后，应当认为，只有前者能与孔子儒学的"允执其中""一以贯之"。段正元儒学思想的核心是"中道"，因此能"一以贯之"孔子的"允执其中"；显然，不能以"中道""一以贯之"于儒学，在理论形式上必然背离"允执其中"的思想理路。因为道统自孟子以后中绝的推定具有凸显先秦儒学核心思想的意义，所以，段正元的"中国文化即在'中道'二字，其意义极深"的论述，就成为现代儒学思想中的重要理论形式。毫无疑问，段正元的这一思想，对中国文化在当代的复兴具有承前启后的历史和现实意义。

笔者认为,道统理论形式的承诺和推定表明,问题并不在于是谁得到了道统的真传,从而以此推定薪火圣圣相传的承续之统,而在于在对中国文化的体认中,是否能够真正把握"一以贯之"的哲学性推定。这个"一以贯之"的哲学性推定,段正元认为是"中道",以此推定了"中道"的道统理论,从而与儒学元典的"允执其中"统一,显然,这是对先秦儒学的贯通。所以,通过对段正元道统理论的反思,在哲学承诺和推定的历史与逻辑的统一性中发现"中道"理论形式的合理性,从而使道统成为儒学中具有承诺和推定的统一性的理论范畴。

儒学家之所以以道统统一儒学,是力图在逻辑上"一以贯之"地推定儒学理论形式。以当代的思想理路推定道统的"一以贯之"之理,是所谓哲学本体论承诺与逻辑推定、主体论承诺与形式推定及价值论承诺与范畴推定的统一性问题。所以,无论是先秦儒学的"执中"之道,还是宋明理学"性理之辩"、当代新儒学的"心性之学",或是段正元的"中道"理论,在现代都面临其哲学承诺与推定的统一性反思。

反思儒学"一以贯之"的思想体系,是当代哲学研究的重要内容。然而,由于中国没有西方那种外化的哲学原理,中国文化在历史上没有形成也不可能形成哲学的外化性形式。所以,反思西方哲学那种外化的哲学原理,从而把内化的中国哲学思想外化为哲学的形式,就成为当代中国文化研究,尤其是儒学研究所面临的迫切任务。

(原载《国学论衡》第三辑,兰州大学出版社2004年版)

论段正元的亲民之道

鞠　曦

在儒学研究中，最大的困境莫过于对儒学之道的判释。以道统论推定儒学之道的统一，表明了儒学之道的基本理论问题。正确地解决这一问题，需要从道统的本体论承诺与逻辑推定的统一性中进行反思，以对儒学哲学的历史演化进行一以贯之地逻辑证明，从而把儒学的理论形式统一于道统的理路之中。在这方面，段正元的儒道之论有划时代的贡献。他对道统的继承，是把道统心传、允执厥中之法建立在《大学》《中庸》的基础之上。由于其厘定了道统的理路，儒学的哲学本体论问题即道统的哲学问题在形式上得到化解。正如历史所表明的那样，段正元认为，在这一问题步入误区的是理学夫子，理学夫子不但把《大学》之道视为"文章之学"，而且最重要的是由于不明先秦儒学之道，把《大学》的"亲民之道"篡改为"新民"之学，因此造成了儒学在历史上的失落。本文初步讨论这一问题，期望学界能对与此相关的问题做出进一步地研究。

一、"亲民之道"与"新民"之学

儒学的产生和发展所表明的本体论承诺和逻辑推定是儒学的基础理论研究，毫无疑问，这一研究最重要的方法是在先秦典籍中发现其理论架构，使之在这种属于历史性和本体性的研究中推定儒学的思想原理。虽然同样基于历史的基础性研究，却形成外延和内涵极不相同的两种形式：一种是依靠最新考古学的发现作为证据以证明新的论点；另一种是对现存的古代典籍进行文本性的阐释。由于考古学产生的证据并不能不依靠思辨就成为论据，所以，考古产生的论据不可能不被考古学的主体论承诺和形式推定所限定。希望在现存的古代典籍中有所发现,则需要主体论与本体论统一的思维方式,以使其逻辑推定和被发现的问题在形式上统一。显然,段正元对儒学之道的判释达到了这一理性高度。段正元在肯定中国文化的道统性之后,一反理学夫子的道统论,把道统的理论形式建立在《大学》之道和《中庸》方法论的基础之上。为了正本清源,对理学夫子的理论误区进行批判,就成为段正元判释儒学之道的工作之一。

段正元认为,理学夫子在对先秦儒学的判释中,所产生的主要误区之一是把《大学》的"亲民之道"判释为"新民"之学。段正元说:

> 中华治国平天下至善之道在亲民。亲民,民之本也。本立而道生,生出内圣外王治世,自然国泰民安。尧舜禹汤文武之世,其民十人行路九人讴歌。至圣三月治鲁,民情亦然,果然收《大学》亲民之效果,享亲民之幸福。《大学》一书,万教纲领、修身齐家、治国、平天下之实行实德,圣圣相传心法。孟子以后,大学亲民之心法失传,亲民之道不立。后儒不知心法,不知亲民为何物。故立教随波逐流,治民无一定宗旨,改亲民为新民。后世学者以讹传讹,至今不但不知行亲民之道,并未闻亲民之教,以新民开民智,民受新民之毒,国家受新民之害,民一日新一日,国家一日乱一日。甚至西学东来,用夷变夏。而以新民立教,故民受新民影响,种种无法无天行为酿成国家人民之乱,皆受新民教之害。今民间日无饱食,夜不安寝;自相残杀,民不聊生。皆新民害之。故太上云:"以智治国,国之贼也。"故强与强争,愈争愈烈。不知足,不知辱,非至杀身亡家不止。老子云:"强者死之徒。"诚哉是言。今之新民学者,不言修身齐家,倡言爱国爱民,兴利除弊,出风头,聚党羽,入此派斥彼派,入彼派斥此派,如有大势力者又卑污苟贱,钻营取巧,毫无廉耻!言爱国者,国不知爱,弊不知除,肥饱私囊,至死不悔!真亲民之教,即是修齐治平之道德,成真作圣之根本,大同世界之始祖。但非聪明圣智达天德者孰能知之。即贤如程朱,尚将亲民改为新民,皆因大道未行之故也。诸子百家均讲理学文章而不知亲民之道也。今大道得行,知时务者为俊杰。行亲民之道,自然亲亲而仁民,仁民而爱物,国家不劳而治,天下不期而太平。我今断言:亲民行,大同世界成。新民作到最好之处,亦不过是善人之政治。作得不好则误国殃民。何谓善人政治?孔子云:"善人为邦百年,亦可以胜残去杀,苟有用我者,期月而已可也。"善人政治,如清之

顺治、康熙实行宣讲十六条。至乾隆时，人民心悦诚服。可知善人为邦百年只能胜残去杀。孔子为政三月而鲁国大治，人民歌功颂德。夜不闭户，路不拾遗，何速乃尔。真行《大学》亲民之道也。（《政治大同·大德必得》）

段正元在上论中指出了儒学和道学"无为而治"的相通之处，认为《大学》之道的根本是"亲民"，"中华治国平天下至善之道在亲民。亲民，民之本也。本立而道生，生出内圣外王治世，自然国泰民安"。民本主义思想是儒学和道学的基础之一，这在孔子和老子的论述中有高度概括。"行亲民之道，自然亲亲而仁民，仁民而爱物，国家不劳而治，天下不期而太平。"实现这种无为而治的思想，其基础是"行亲民之道"，显然，这对现代社会的民主政治有极大的启发。段正元所论证的民本主义思想的重要性在于：对一个社会而言，最重要的是使民众亲亲相善；因为这是形成"内圣外王"道德社会的基础，"亲亲而仁民，仁民而爱物"就能"不劳而治""国泰民安"。把这些思想与现代社会的民主思想进行比较，应当认为，有为的现代法律保障的西方式民主和无为的亲民之道保障的儒家民主，表现出本质上不同的哲学和文化进路。从人类存在的自在性而言，"亲民"的儒家民主思想理路显现出中国文化的重要性，因此，儒家的民主思想理路将对人类文化的进步做出重要的贡献。

正因为"亲民"之道的重要作用，段正元因此批判了"理学夫子"把《大学》的"亲民之道"改为"新民"之学的问题。他说："在亲民——亲民云者，即民吾同胞、物吾同与，天下犹如一家，中国犹如一人之实行，仍是明明德分内事也。释迦佛发愿度尽众生，孔子有志大同，亦是此意。朱子改亲民为新民，一字之差，万里之失。凡古今中外，一切假仁义之英雄，以及所有空谈家、理想家，若侥幸得志，无一不用的是新民政策，结果俱是害国殃民。正所谓'以智治国国之贼'也。中国清末以来之维新，及现世界竞造杀人利器，乃其显然者。孔子为政三月，若必百度更新，如何能赶办得到。然三月而鲁国大治者，则缘孔子是由真良心中所发动，人人所同情，感而遂通之老安、友信、少怀的亲民政治，故立之斯立，道之斯行，绥之斯来，动之斯和。"（《师尊特讲·大学首章》）"后儒不明大道，不识大道来源。故其讲大学，于道法性命，及先后天关系，分解不清。无怪乎其乱加改篡也。"（《师尊特讲·大学首章》）可见，因"理学夫子"不明道统而用"新民"之学造成的理性误区以及形成社会历史中的各种问题，说明了《大学》之道的重要性。

理学夫子对《大学》的认识，朱熹的《四书集注·大学章句》中有相当的论述。朱熹开篇就以程子之论作为论证的基础，他说："子程子曰：大学，孔氏之遗书而初学入德之门也。于今可见古人为学次第者，独赖此篇之存，而论孟次之。学者必由是而学焉，则庶乎其不差矣。"这就表明，程子把《大学》一书作为"初学入德之门""为学次第"的教材，朱熹是赞同的。朱熹在《大学章句序》中认为："《大学》之书，古之大学所以教人之法也……及周之衰，贤圣之君不作，学校之政不修，教化凌夷，风俗颓败。时则有若孔子之圣，而不得君师之位以行其政教，于是独取先王之法，诵而传之，以诏后世……而曾氏之传独得其宗，于是作为传义，以发其意。及孟子没，而其传泯焉，则其书虽存，而知者鲜矣……于是河南程氏两夫子出，而有以接乎孟氏之传，实始尊信此篇而表章之。既又为之次其简编，发其归趣，然后古者大学教人之法、圣经贤传之指粲然复明于世。虽以熹之不敏，亦幸私淑而与有闻焉。"正是由于朱熹承继了二程之说，其在对《大学》开篇的"大学之道，在明明德，在亲民，在止于致善"所做的注释中说："程子曰：亲，当作新。大学者，大人之学也。明，明之也。明德者，人之所得乎天，而虚灵不昧，以其众理而应万事者也。但为气禀所拘，人欲所蔽，则有时而昏。然其本体之明，则有未尝息者。故学者当因其所发而遂明之，以复其初也。新者，革其旧之谓也。言既自明其明德，又当推以及人，使之亦有以去其旧染之污也。止者，必至于是而不迁之意。至善，则事理当然之极也。言明明德新民，皆当止于至善之地而不迁盖必其有以尽夫天理之极，而无一毫人欲之私也。此三者，大学之纲领也。"朱子还说，"'苟日新'一句是为学入头处。而今为学，且要理会'苟'字。苟能日新如此，则下面两句工夫方能接续做去。而今学者只管要日新，却不去'苟'字上面著工夫。'苟日新'，苟者，诚也。'苟日新'须是真个日新，方可'日日新，又日新'。旧来看《大学》日新处，以为重在后两句，今看得重在前一句。'苟'字多训'诚'字"。又说，"'苟日新'，新是对旧染之污而言。'日日新，又日新'，只是要常常如此，无间断也'。"（《朱子语类·大学三·传二章释新民》）我们看到，在程朱之后，学界对《大学》的研究，几乎都受其"新民说"的影响，对其进行了类似的形而下判释。把程朱的上论与段正元对《大学》之道的判释进行比较研究，显然，程朱对《大学》之释，是为形而下之作，而段正元对《大学》之道的判释，是以《大学》之道对道统做出的形而上推定。显然，段正元的推定，对于走出程朱所造成的中国文化误区、复兴中国文化，具有划时代的意义。

儒学的本体论承诺和逻辑推定表明，问题并不仅仅表现为对《大学》判释的形上或形下性，而是判释本身能否与《大学》之道统一。这就要分析《大学》要解决的是什么问题。《淮南子》载："昔者，黄帝治天下，而力牧、太山稽辅之，以治日月之行律，治阴阳之气；节四时之度，正律历之数；别男女，异雌雄，明上下，等贵贱；使强不掩弱，众不暴寡，人民保命而不夭，岁时熟而不凶；百官正而无私，上下调而无尤；法令明而不暗，辅佐公而不阿；田者不侵畔，渔者不争隈；道不拾遗，市不豫贾；城郭不关，邑无盗贼，鄙旅之人，相让以财；狗彘吐菽粟于路而无忿争之心。于是日月精明，星辰不失其行，风雨时节，五谷登熟，虎狼不妄噬，鸷鸟不妄搏，凤凰翔于庭，麒麟游于郊，青龙进驾，飞黄伏皂，诸北儋耳之国，莫不献其贡职。"(《淮南子·览冥训》)但是"逮至夏桀之时，主暗晦而不明，道澜漫而不修，弃捐五帝之恩刑，推蹶三王之法典。是以至德灭而不扬，帝道掩而不兴。举事戾仓天，发号逆四时。春秋缩其和，天地除其德。仁君处位而不安，大夫隐道而不言。群臣准上意而怀当，疏骨肉而自容。邪人参耦比周而阴谋，居君臣父子之间而竞载。骄主而像其意，乱人以成其事。是故君臣乖而不亲，骨肉疏而不附。植社槁而濅裂，容台振而掩覆……故自三代以后者，天下未尝得安其情性，而乐其习俗，保其侑命，天而不夭于人虐也"(《淮南子·览冥训》)。所以，基于历史的成败得失，孔子推崇"三王之法典"而"述而不作"，以"克己复礼"为己任，使社会重现"先王之道"是他的理想。所以，在孔子的理路中就没有"新"的必要性，因此不可能以"新民"为理性基础而成《大学》之道。所以，段正元说："宋儒只知圣人之事而不知圣人之心，只知其理而不知其道。"(《道一》)"无怪理学辈出，不能救宋室之衰亡"(《无为心法》)，故而不能成就一个真能修身、齐家、治国、平天下之人才。演至近代，学术愈陋，治术亦因之愈卑(《归元自在》)。"推其原因，皆因儒道失传，文化晦塞。而误解经义，改篡经文之理学夫子当有难以推卸的责任。"(《归元自在》)段正元认为，儒道失传，自孟子之后就已经开始。理学夫子由于"不知圣人之心，只知其理而不知其道"，所以，理学夫子不但不能上承道统，而且由于其学理的形而下性质，被后人推为儒学的正宗并效而仿之，使人们只知理学文章，而不知儒学之道。千百年来，对中国文化造成的失落，理学夫子难辞其咎。我们知道，理学夫子的思想不仅对宋、明、清近千年的中国文化有相当的影响，而且影响了近现代中国文化的思想理路。有相当一部分当代学者就是把理学作为中国文化的主流形式而自觉地继承并"接着讲"的,因此,理学对近现代中国学术的影响是显而易见的。段正元对理学的批判不同于明末清初的一些思想家,两者之间有其本质性不同。明末清初的一些思想家对理学的批判是基于某些具体问题所发,而段正元对理学的批判是在本质上的否定,是在指出理学夫子理论误区的基础上否定了理学在中国文化中的正统地位,以此厘正了中国文化的道统性。显然,段正元的这一工作是历史性工程,为中国文化及哲学谱写了新的篇章,对研究解决中国文化能否复兴以及怎样复兴的本质性问题具有重大的理论和实践意义,应当引起我们的重视。

二、段正元论《大学》

研究段正元对《大学》"亲民之道"的判释,必然涉及《大学》一书的本质性。对于《大学》的本质性认识,是程朱所说的"孔氏之遗书而初学入德之门也""古之大学所以教人之法""为学次第"的教材,还是段正元所论的"天所以广大,道之传也;首明大道全体,次明入道之功;至能得而天道已尽,所谓先天大道与后天大道,贯而一之也""自是古今之变化,有经书一以贯之;经书之博大,有《大学》一以贯之;大学之次第,明明德一以贯之"的"万教之纲领"(《道德学志·道德大纲》),显然,这是一个正本清源的问题。笔者认为,推定这一问题,只有在《大学》的本体论承诺和逻辑推定的统一性中,历史和逻辑地分析段正元的思想理路,才能得出正确的结果。

首先,段正元认为:"所谓大学云者,大人之学也。孟子云:有大人者,正己而物正者也。《易》曰:夫大人者,与天地合其德;与日月合其明;与四时合其序;与鬼神合其吉凶。非从前所谓成丁之大人,亦非在官之大人也。大人者,凡事踏实认真,以道为己任。行事不失德,出言不悖礼。独居不愧影,独寝不愧衾。克后天之己,复先天之礼。如是斯可以入大学之门矣。"(《民国七年汉口讲学辑要》)关于《大学》之道的作用,段正元认为:

> 大学之道,如汪洋大海中之火轮,洪波巨浪,皆可行渡。万教之道,犹如小艇,不适大海。吾自得师传后,研究各教,择善而从,不善而改,即主张万教归一之说,亦即万教归道也。教不归道,天下终不得太平。因各教心法早已失传,真旨而又不明,所学者糟粕耳,故无明明德之实功,

率性而行，德犹未明，安有亲民之乐境？大同太平之景，何能实现？故，必需综合各教之道一炉而治之，方不至挂一漏万。夫而后可以致广大而尽精微，极高明而道中庸。则言学之大，孰大于是？言道之真，孰真于是？有如是之学，用如是之道，方能转今之黑暗世界，而为光明净土。今之醉心学者，不知温古可以知新，乃谓今器械之精巧，电传之神妙，诩其学问之大，创古未有。要知形而下者为器，不过一物质之文明，大道之发皇，未可窥道之全豹也。虽有平权自由共和之学说，固属大学之道，试问不先明明德，实行大学之道，乌能平权、自由、共和耶？盖以德为天下之至贵，可以动天，可以服人，可以受命。尧所以协和万邦，黎民于变时雍者，由其克明峻德也。舜所以受尧之天下者，由其玄德升闻也。故大德者必得其位、必得其禄、必得其名、必得其寿是也。(《民国七年汉口讲学辑要》)

正是基于对《大学》之道的体认，所以，段正元的一生多次论述《大学》一书在中国文化中的重要性。他认为：

《大学》一书，吾人自幼固莫不习闻而熟读之矣。然，叩以大学果系何学？学何以称之为大？能一一揭明发挥者，自孟子而后未之见也。吾何出此语哉？盖以《大学》一书，为道法之精粹，万教之纲领。一切道之博大真人，佛之三世诸佛，儒之美大圣神，莫不依此修行证得。故名之曰大学……读书要求善解。读得多不如悟得多；悟得多不如行得多。大学本是实行之道，非可以语言讲说者。然，吾今又讲说者，因孟子以后道脉不续，大学无传。一般后学，各自争鸣。儒之道不明，流而为诸子百家；佛之道不明，发而为教部宗部；道之道不明，散而为三千六百旁门。各执己见，相互攻击。迄今大学之真道愈晦。故吾于不可言语者而详说之，欲起明珠于海底，拾真金于沙砾，如鼓不打不响，钟不扣不鸣。而今天地元气散漫无归，毫无正气，如再隐而不发，必至人道灭绝，近于禽兽。(《民国七年汉口讲学辑要》)

这是段正元基于对中国社会及文化问题的体认，对《大学》基本性质和作用进行的阐述。段正元认为，正是由于《大学》之道的失传，从而带来中国历史和社会的基本问题，因此他以对《大学》一书的判释厘清了理学之误，为复兴中国文化，从根本上解决社会及文化中的问题提供了理论参照系。

其次，在对《大学》的本质性界定之后，段正元对《大学》做了深刻阐述："《大学》一书，内蕴深闳，非聪明圣智达天德之人难以了解。吾人不敢以聪明圣智达天德自诩，然处此讲学时代，对如此重要之《大学》更须加以研究。""就字面上看，有谓成人之学为大学。此等讲法似乎有理；若在道上讲，其所谓大学者决非年龄之关系。""盖大学者大道之学也，大道必由学而致，以其为致大道之学谓之大学。故其首句曰'大学之道'至'近道矣'不过五十八字，而其中含三教之真源，万教之旨归，并大同、进化、归化等世运皆寓焉。所以，孔子闻后即得大道，而知自身之天命，故系出'明明德于天下'一节，以开明成己、成人、成物、成天下之次第。即自明其责任之所在。但孔子之责任，已分属于吾人，吾人欲完成此责任，必先实践此功夫。析言之，既有定、静、安、虑、得诸步骤，复有格物、致知、诚意、正心、修身、齐家、治国、平天下诸条目。约言之，无非'明明德'三字而已。""人皆禀一元之理气而生，此一元之理，在天曰道，在人曰德。人与大学之道相背者，盖不知明德之所以明耳。"

因此，段正元认为：

> 大学之道，须从明明德下手。先明明德，然后方能合道。盖德，实者也；道，空者也。后天之道，先实而后空；非若先天之道，先空而后实也。孟子谓"尽其心者，知其性"，亦与此同。定、静、安、虑、得，明明德之命功。然必先之知止。知止者，止于至善也。《书》曰"安汝止"，又曰"钦厥止"，《诗》曰"夙夜基命宥密"，皆是。至善，人身中之中也。能止于中，而后有定；有定则稳帖，不动不摇，有定矣。而后能静，静则万缘皆了，万事皆空。了与空者，了后天而还先天；空后天而实先天也。此了即真了，不了之了；此空即真空，不空之空。如是者即安。安则乐在其中矣。无边乐景皆从中现。本来无思无虑，而一觉之明，自见天地非大，吾身非小。无物不与，无处不在。万物皆备于我。而我与道合而为一，乃所谓得也。但此得乃就法上言，仅能了命，不能了性。必须性命双修而后方可性命双了。格物、致知、诚意、正心、修身、齐家、治国、平天下，乃内圣外王推行之次第。盖必格去物欲，而后良知不为所蔽，凡意尽息，而后本心乃能发见；己身克修，而后足以起家庭之观感，积家成国，积国成天下，齐、治、平均为一例事。而绾其枢纽者，则在修身，内圣于此成，外王于此始，故曰"壹是皆以修身为本"。乃可以完明明德之

量，斯谓之大德。大德者必受命，受道命以行道也。行大德之道也。大德之道行，则大同之事毕矣。乃可以完明明德于天下之量。明明德于天下之量完，而后吾人之责任乃可谓完成。自此则入于进化世，为亲民者之事，递至于归化，胥止至善，而后大学之道始完。大学之道，岂易言得哉。大学一书，岂易解释哉。然学大学之道者，又不可因难而退也。试读其末节曰："物有本末，事有终始，知所先后，则近道矣。"盖恐人之有始无终，特明示人以先终后始也。凡事必有终乃克有成。（《道德学志·道德大纲》）

从上论中能够明确理解段正元的儒学思想理路。他首推"明明德"之重要，因为"先明明德，然后方能合道。盖德，实者也；道，空者也。后天之道，先实而后空；非若先天之道，先空而后实也。"显然，这与《老子》的"道德"之论有相通之处，其在方法论上证明了"道"与"德"的统一关系，使"道"的先天性和后天性通过"明明德"而统一，由此证明了儒学"明明德"与道学"上德不德"的统一。这就一反汉宋后儒对道家的排斥，在本体论推定的基础上，把儒学和道学以道统的理论形式进行了整合，这是段正元儒学思想的重要贡献。

段正元认为《大学》的宗旨是实践性的"大人之学"，《大学》开首的"在明明德，在亲民，在止于至善"是"大人之学"的总纲领。所以，他特别重视对"在明明德，在亲民，在止于至善"的方法论推定，对此多有阐发。

《大学》一书，开首"在明明德，在亲民，在止于至善"三句，是先天之道，性分中的事。所以躬行实践，完性功之量也。"知止"一节，是后天之法，命功上的事，所以保凡躯了凡命。此章书系孔子问礼于老聃，老子举以告之者。由先天说到后天，由后天说到先天，包罗万象，涵盖一切。大学之道，虽博大精深，其造学初功即"明明德"三字，包孕无穷的道理。浅言之，譬如天平之两端为明明德，即天平之中心，明明即平平。至当恰好，则平平也，必中。中者，天针对地针，完称物平施之分量。此孔门之心法也。如孔子云："参乎，吾道一以贯之。"一贯之心传，亦即尧舜允执厥中之学，即是明明德之实功。

先天之性与天道，本不易明，果能由明明德的功夫循序渐进，亦不难穷其底蕴。换言之，明明德又即穷理的功夫。盖道本空空洞洞，原是虚的；德由躬行实践而得，成为实的。凡人之言行合道即是德。德如天之北辰，而人道中亦有北辰。北辰即是机钮。在天为天之机，在人为人身中之机钮。德又即仁。故孟子曰："仁也者人也，合而言之道也。"人能与仁相合，则身中之北辰即能与天上北辰相扣，如磁石引铁，物类朋从。能与天上北辰相合，所谓天人一贯，道得于人，即明明德之把握。故明明德之学又无人不宜。人能完明明之量即是在德。故大德者，得位、得禄、得名、得寿。道不负人可知也。

在亲民，是纯化的功夫。由明明德又进一层，所谓成人之学。儒家所谓"亲亲而仁民，仁民而爱物"。佛家所谓"物我同体，普度众生"。

在止于至善，是先天完善的功夫，尽美尽善矣。如孔子之从心所欲不逾矩，释迦之头头是道。

明明德既云穷理，亲民诠为尽性，止至善即为至命；学至于此，先天之性功已了，后天之命功未了。故犹须了命。知止一节即是了命的功夫，所谓穷理尽性以至于命是也。止知而后有定乃收心为之法，将人心收定，放于至善之地，故孟子云："学问之道无他，求其放心而已。"又如老子之抱一守中。

定而后能静，即是无人相无我相，恍兮惚兮，万缘皆了，万象皆空。静而后能安，安即乐在其中也。安而后能虑，此虑字是不思而得之虑，即佛家所谓明心见性，性包天地；道家所谓开真慧；儒家所谓至诚前知，至诚如神。虑而后能得，即是佛家之见了如来；道家之一得永得；儒家之无入而不自得。此时，道即是我，我即是道，语大莫载，语小莫破。无所不知，无所不能也。

"物有本末"，本在先天言，末在后天言。"事有终始"，以俗情而论，凡人做事，要有始有终，惟修持人须先立定终。终也者，的也，本也。因的而成本，即是万殊一本之本；我之始亦成为末事矣。本既立，任有千磨百折，一往为之，则事无不成。"知所先后"，是言人贵先明道，明先天性功之道。而后"止定静安虑得"后天命功之法。盖不明乎善，不诚乎身，能明道乃能躬行实践，而日日近道，则左右逢源，无处非道矣。（《道德学志·道德大纲》）

上述表明，段正元对先秦儒、道之学的研究和体认可谓博大精深。结合段正元的这些论点，把先秦儒学和道学的有关论述进行比较，就可以发现，道学在方法论和目的论上是与儒学统一的。例如对"亲民"的圣人之道，老子认为:"故贵以身为天下,若可寄天下;爱以身为天下,若可托天下。"(《道德经·第十三章》)又说,"善行,无辙迹;善言,无瑕谪;善数,不用筹策;善闭,无关楗而不可开;善结,无绳约而不可解。是以圣人常善救人,故无弃人;常善救物,故无弃物。是谓袭明。故善人者不善人之师,不善人者善人之资。不贵其师,不爱其资,虽智大迷。是谓要妙。"(《道德经·第二十七章》)可见,"是以圣人常善救人,故无弃人",这显然是"亲民"的结果。作为圣人,能够内圣而外王,是因为他能够"圣人无常心,以百姓心为心;善者吾善之,不善者吾亦善之,德善;信者吾信之,不信者吾亦信之,德信。圣人在天下,歙歙为天下浑其心,百姓皆注其耳目,圣人皆孩之。"(《道德经·第四十九章》)关于修齐治平,老子认为:"善建者不拔,善抱者不脱,子孙以祭祀不辍。修之于身,其德乃真;修之于家,其德乃余;修之于乡,其德乃长;修之于邦,其德乃丰;修之于天下,其德乃普。故以身观身,以家观家,以乡观乡,以邦观邦,以天下观天下。吾何以知天下之然哉?以此。"(《道德经·第五十四章》)这里表明的老子治国爱民的价值论承诺,与孔子是一致的,只不过孔子的思想是"亲民"的基础,而老子的思想是"圣人"的方法。这就是说,孔子的立论是"下学",老子的立论是"上达"。

老子反对"新民"之理是显而易见的:"古之善为道者,非以明民,将以愚之。民之难治,以其智多。故以智治国,国之贼;不以智治国,国之福。知此两者亦稽式。常知稽式,是谓玄德。玄德深矣,远矣,与物反矣。然后乃至大顺。"(《道德经·第六十五章》)又说:"以正治国,以奇用兵,以无事取天下。吾何以知其然哉?以此:天下多忌讳而民弥贫;民多利器,国家滋昏;人多伎巧,奇物滋起;法令滋彰,盗贼多有。故圣人云:我无为而民自化,我好静而民正,我无事而民自富,我无欲而民自朴。"(《道德经·第五十七章》)"是以圣人方而不割,廉而不刿,直而不肆,光而不耀。"(《道德经·第五十七章》)实行圣人之道就能"治大国若烹小鲜。以道莅天下,其鬼不神。非其鬼不神,其神不伤人。非其神不伤人,圣人亦不伤人,夫两不相伤,故德交归焉。"(《道德经·第六十章》)所以,孔子儒学和老子道学价值承诺的统一,使段正元的儒道之论一反始于韩愈力排佛老的儒学价值观,再现了儒学和道学的统一。段正元以《大学》之道及《中庸》方法论为基础,对儒学和道学进行整合,建构儒学的思想体系,这在先秦之后的中国文化史中是一个创举,对中国文化的复兴和人类的进步将产生历史性影响。

三、《大学》之道的现代意义

段正元对《大学》一书所做的判释说明，《大学》一书在中国传统文化中的地位应从"孔氏之遗书而初学入德之门也"的理学推定上升到"所谓《大学》云者，大人之学也"的道统高度来认识。这样一来，把中国文化的"道统"从"心传"性质返回到以《大学》为基本形式的方法论中，使始于韩愈、成于朱熹的"道统"不再是理学夫子的清谈，也不再是"疑古思潮"认定的伪问题，道统从而成为承诺了哲学本体论、认识论及方法论统一的理论范畴。

《大学》一书，载于汉代的《礼经》之中，后来被儒学认定为经典文献而独立成书。对于《大学》的基本作用，程朱"孔氏之遗书而初学入德之门也"的推定，实际上是由两汉以来形成的历史定论。由于《大学》只能用于启蒙教育，是"初学入德"的教材，所以《大学》中的思想两千年来没有发挥应有的作用，这是段正元认为自孟子以后道统失传的基本原因。这一重大的理论误区虽然理学夫子难辞其咎，但是在段正元的道统论出现之前，却没有人论证这一问题，所以应当引起我们的反思。

理学夫子推崇的"四书五经"及所创"道学"被后宋及明、清作为官学之后，致使开科取士、表面文章大兴。明亡之后，一些思想家对"道学"开始了批判反思，但是，所做的批判都是经世致用性的，而不是有如段正元从本体的层面上以"执中之道"进行的正本清源。因此，段正元所论不仅是对汉宋后儒的理论流弊之所发，而且是对中国文化的理性进行了形式上的推定。

我们知道，道统为韩愈所发之后，理学夫子自觉地承继儒学道统，把道统渲染得尽善尽美，然而能够在先秦文献中找到的证据，实在是非常之少。他们的证据主要是《书经·大禹谟》中的十六字真言和《论语》"允执其中"的思想及孟子关于文化续的意蕴。所以，理学夫子的道统论不但论据不足，而且由于近现代"疑古思潮"的出现，把《书经·大禹谟》视为伪书之后，理学夫子的道统论就因此失去了最强有力的支持而出现危机。正是由于这一原因，现代新儒学的道统论进行了"心性"学的理论转向。余英时认为新儒家"不重传道世系，也不讲'传心'，而是以对'心性'的理解和体证来判断历史上儒者是否见得'道体'"❶，较为客观地说明了现代新儒学道统的基本理路。然而，依照段正元的理路，不厘清自汉宋以来造成的改篡经文、曲解《大学》的问题，何以能正确地"见得'道体'"？所以，正如历史表明的那样，新儒学"心性"论的道统观必然走向没落。因此，段正元对《大学》之道的推定，无疑是在理论和实践中对道统理路的梳理。所以，经过段正元对《大学》的重新阐发，使儒学的修齐治平、经世致用不再仅仅是一个形而下的推定，而具有了形而上的主体实践性。所以，《大学》的"亲民之道"使儒学的修齐治平、经世致用的理想能够在实践中得以实现。

  道德问题一直是西方文化及哲学中关注的主要问题。在西方哲学中，为道德寻求本体论的依据，以纯粹的先天原则自律纯粹的道德，从而对感性经验所造成的他律进行自律，是康德力图完成的工作。从道德哲学的角度而言，康德哲学的道德论是西方哲学的最高成就。康德说："意志的自律是一切道德规律以及与这些规律相符合的义务的唯一原则；任意的一切他律不但不是基于任何责任，反而却是与责任原则和意志道德性相反的。道德的这条唯一原则于意志独立于一切规律的质料（即所欲望的对象）和同时通过一个准则所必须具有的单纯的普遍立法形式规定任意。"❷ 康德之所以用道德的自律解决道德的本体论问题，是因为他看到以往的道德理论是以他律作为基础，这使道德成为经验的形式。显然，道德的自律是以理性作为前提。虽然理性主义源自古希腊的哲学传统，最终由亚里士多德完成了理性的形式化，但是，由于本体论承诺和形式推定的相悖，使理性主义不能一以贯之。所以，在暴露出规律的自律问题、理性的自在与自为等问题之后，道德必然与宗教相亲合，显然，这是西方理性主义的一大缺憾。康德要求人的理性活动应"以道德的最高原则为基础"。❸ 康德认为，道德与经验形式不同，道德是先验的理性原则，而经验是后验的，经验是主体的认识。显然，经验认识的他律与本体的自律是一个非统一的逻辑推定，所以道德应该服从本体的自律而不考虑经验形式，这才是道德上最高的善。但是，由于先验的道德与经验的物质需要相对立，使康德的道德哲学只能是不能实现的理想。然而，康德的道德哲学却表明了其求真的理路与

---

 ❶ 余英时：《犹记风吹水上鳞》，三民书局1991年版，第70页。
 ❷ 湖北大学哲学研究所《德国哲学》编委会：《德国哲学论文集》（第16辑），北京大学出版社1997年版，第129页。
 ❸ [德]康德：《道德形而上学原理》，苗力田，译，上海人民出版社1986年版，第109页。

理性之善。

　　在西方道德哲学的上述困境中，我们看到，段正元以《大学》的"亲民之道"作为道德的理论基础，给出了道德实践的理性形式。毫无疑问，《大学》之道的具体运用，将改变当代物欲横流、道德愈下的状态，对推动人类文化及社会的进步将产生重要的作用。

　　段正元的儒道之论对中国文化的研究带来了历史性突破，使中国文化在历史上遗留的许多问题在相当程度上得到化解。尽管还存在一些基本问题——例如对中国文化中内化的哲学思维进行形式化的外化、建构中国的哲学体系等问题，段学的出现使解决这些问题有了明确的目标。因此，如果说由于失落了本体论的儒学，到现代越显其"山重水复疑无路"的困境，那么，段正元的儒道之论将使儒学步入"柳暗花明又一村"的坦途。段正元的儒学思想，使我们看到了复兴中国文化的曙光。

段正元内道外儒之学理意蕴
——兼论儒家之道

鞠 曦

通晓儒学之历史与逻辑及学理意蕴之究竟,是今天儒学复兴之前提。民国时期之一代大儒段正元之思想与实践,对于儒学之何去何从,具有正本清源之意义。

段正元早年于峨眉山、青城山修道,内道外儒而尽性至命,故得儒学真传,明《大学》之旨,之后秉师命下山,以儒道匡扶天下,所创办之道德学社,遍及大江南北,影响深远。段正元以其艰苦之社会实践表明其学理修养与道德关怀,标示出极为重要之内道外儒之思想意义。是故,对内道外儒之思想进行深度挖掘,将对儒学之本质及儒家应采取的文化策略与行为方式具有全新理解,将对当代儒学实践具有重要启示。段正元以纯粹民间形式("不拿国家一分钱,不用国家一寸地")创办道德学社,以民间结社并尽可能在社会普及以教化社会,唯内道外儒方为可能。道德学社产生于终结传统文化之特殊历史时期,而终结亦正于当下延续,故对内道外儒及道德学社的形式、作用与历史意义进行推定,无论对于理解儒学还是儒学应以怎样的方式化成天下,都有极为重要之意义。

一、儒道理路与学术进路

人类具有自然属性与社会属性并为理性所趋从,然而,由于理性之由学术而分判,因此产生了不同理性并使人们之社会存在归属,从而使人们之思想与生存方式具有不同之分野。为了考量理性之"真善美",故产生了"哲学"这一学科,哲学以对"真善美"的反思承诺了对理性之正确追寻。然而,由哲学思考之不同及所形成的不同派系则表明,理性的"真善美"决定于"哲学"之"真善美",而哲学自身的"真善美"则应当使哲学"内化"于"真善美"之中。故就中国传统文化而言,虽有儒、释、道之分,然而哲学内化于"真善美"者,乃儒道中和之《易》也,故自汉而来之"儒道相绌"乃大谬也。而以西方之追寻"真善美"而无可之哲学为坐标去推定儒道哲学何以然者,则谬之甚也,然此乃当代学界所循之路也,而此路产生于现代视中学为"落后""非科学""封建"而为之以批判否定。究其根,西学为体也。此虽为西化之浮浅所致,却有中国思想学术之历史误区而为始作俑者。

两汉经学以降,魏晋玄学即误于《老》学,嵇康《难自然好学论》曰:"六经以抑引为主,人性以从欲为欢,抑引则违其愿,从欲则得自然,然则自然之得,不由抑引之六经,全性之本,不须犯情之礼律。"早在魏晋时期,这段玄学议论不但表明对"六经"之所误——经过汉儒篡改之后的所谓"六经",然玄学诸子显然不知所误,王弼解《易》表明了其《易》理谬结,而嵇康之"抑引之论",不但表明汉儒于六经之误,而且表明误于所谓玄学之祖——老庄之道。是故,魏晋之视"六经"为名教而视老庄为自然,均为"取去"之根本性错误。玄学诸子其不知"内道"者乃反自然之动,即以内时空之自为而逆外时空之自在,内时空之为者,主体法自然而所以然,自运内时空而中和外时空之自然,此为主在内化而时空自运之修道窍要,为法自然之道,乃自运与自然、自为与自在、有为与无为之时空中和统一也。道之所在,以时空自运实现"我命在我而不在天"也。故玄学之所谓"全性"者,只是追求外时空之自由而已,无知于主在内化而时空自运却道以"全性之本",岂不谬哉!是故,玄学诸子无知于老庄之修道窍要也!就"六经"之本《易》而言,玄学诸子显然不得"数往者顺,知来者逆"之损益之道,故有抑引之论,全性之误。显然,其所谓"从欲"恰为近现代西化、"民主""自由"之理念,所以,重新理解老庄之道、六经之本,方谓中学之正途。

是故,中国近现代之西化进路,"民主""自由"与"科学"乃其思想大旗,然其根乃学界对传统文化之误读而病肓"取去之邪"。民国时期之今古文之争与西化进路,表明了这一问题。而上述"抑引之论"所发魏晋之"名教与自然"之争,则为千古之后以反"名教""吃人的礼教"的"西化""自由""民主"提供了错误的"取去之邪"思想理路。

如鲁迅说:

> 我翻开历史一查,这历史没有年代,歪歪斜斜的每页上都写着"仁义道德"几个字。我横竖睡不着,仔细看了半夜,才从字缝里看出来,满本都写着两个字是"吃人"。❶

傅斯年说:

> 更有那些该死的论理家,偏讲那些治家格言,齐家要旨。请问成天齐家去,还能做什么事?况且家是齐的(得)来的吗?又有人说,这是名教,不可侵犯。还有人说,什么"名教罪人",不可不小心的。其实名教本是罪人,哪有不名教的罪人,名教本是杀人的,哪有不杀人的名教。❷

甚至新儒家所宗之熊十力,亦认为:

> 若云社会制度或结构,中国人之家庭组织却是属于制度或结构者……其实,家庭为万恶之源,衰微之本,此事稍有头脑者皆能知之,能言之,而且无量言说也说不尽。❸

可见,把"名教""吃人的礼教"视为中国文化,不但表明"五四"精英之误——"礼教"乃自汉儒独尊之"体制设计"而经宋儒广为异化,此与儒道无关,由此也表明后儒之被体制化及"五四"精英之思想浮浅。

举凡一种学科,都有其自身的学理与进路。然而,儒道之学与其他学科不同,儒道之学不但关乎理性,而且以理性直达生命存在,故儒道之学不是纸面文章,而是先行而后言,所言即所行,其以学行表明"穷理尽性以至于命",而后方可以立言而教化社会,否则必与儒道相悖。儒道为《易》所包容,其"穷理尽性以至于命",理性命一以贯之。就不同的儒道修习者而言,有"上达而下学"与"下学而上达"之别。上者,形而上之道也;下者,形而下之器也。是故,上达而下学者,修道至命而穷理尽性者也。下学而上达者,穷理尽性而至命者也。故上达与下学皆贯道器,穷尽至命也。然而,历史上后儒穷其一生而不能上达形而上者,必为下学所误也,或几变所学仍窠之于下学,故终不能达道以至于命。如朱熹者,虽下学成名以《大学》及"四书",却误于

---

❶ 鲁迅:《鲁迅全集》(第一卷),人民出版社1982年版,第281页。
❷ 《傅孟真先生集》(第一册),台湾大学出版社1952年版,第5页。
❸ 熊十力:"十力书简",见深圳大学国学研究所:《中国文化与中国哲学》,生活·读书·新知三联书店1987年版,第5页。

《易》，故弗能"穷理尽性以至于命"，虽参以佛老却终不得"至命"之道，故其于儒、道皆误。众所周知，为现代新儒学所宗之王阳明，其罹难龙场而悟道，后以心性论名世，然其亦误于《易》而终不得儒道，故以为宗主者如熊十力等现代新儒家，亦误于儒道。

考王阳明之学，有"三变"之说，黄宗羲说：

> 先生之说，始泛滥于辞章，继而遍读考亭之书，循序格物，顾物理吾心终判为二，无所得入。于是出入于佛老者久之。及至居夷处困，动心忍性，因念圣人处此更有何道？忽悟格物致知之旨，圣人之道，吾性自足，不假外求。其学三变始得其门。❶

王阳明的学生王畿亦说：

> 先师之学，凡三变而始入于悟，再变，而所得始化于纯。其少秉英毅凌遇，超侠不羁。尝泛滥于词章，驰骋于孙、吴，其志在经世，亦才有所纵也。及为晦翁格物穷理之学，几至于殒。时苦其烦且难，自叹以为若于圣学无缘，乃始究心于佛老之学……及至居夷处困，动忍之余，恍然神悟。❷

王阳明《朱子晚年定论序》云：

> 守仁早岁业举，溺于词章之习，既乃稍知从事正学，而苦于众说之纷挠疲苶，茫无可入。因求诸老释，欣然有会于心，以为圣人之学在此矣。然于孔子之教间相出入，而措之日用，往往缺漏无归。依违往返，且信且疑。其后谪官龙场，居夷处困。动心忍性之余，恍若有悟。体验探求，再更寒暑。证诸五经四子，沛然若决江河而放诸海也。❸

显然，由"词章之习"而"茫无可入"表明其纸面文章之虚设，故"欣然老释"而缺漏于孔子，当居夷处困而发明"心性"之学，更非儒道之一贯也，不过歧出而已。因此，钱穆曾有中肯之评述：

> 陆王之学为理学中之别出，而阳明则可谓乃别出儒中之最是登峰造极

---

❶ 黄宗羲：《明儒学案·姚江学案》，中华书局1985年版，第181页。
❷ 王守仁原著，施邦曜辑评：《阳明先生集要》（上），中华书局2008年版，第3页。
❸ 同上书，第11页。

者。因别出之儒，多喜凭一本或两本书，或凭一句或两句话作为宗主，或学的。如二程常以大学、西铭开示学者；象山则专据孟子，又特提先得乎其大者一语；而阳明则专拈孟子良知二字，后来又会通于大学而提出致良知三字，作为学者之入门，同时亦是学者之止境，彻始彻终知此二字。后来王门大致全如此，所谓终久大之易间工夫，已走到无可再易再间，故可谓之是登峰造极。然既已登峰造极，同时也即是前面无路。❶

正因"前面无路"，以陆王为宗之现代新儒家认为"心性之学乃中国文化之神髓所在"。❷ 显然，"心性之学"谬于《易》而悖以"道"也，故其学行必与"修辞立其诚，所以居业也"（《易·乾·象》）相背离。如新儒家之宗主熊十力大谈心性良知，然却不修工夫。对此，余英时评价说：

> 熊十力虽句句话不离"冥悟证会""良知""心性"，但他从不重视向来理学家所说的修养工夫……熊十力对儒家经典的态度则已远非"六经注我"四字所能形容；他简直是兴到乱说，好像是一个不学的妄人一样。❸

可见，"兴到乱说"与儒道之"修辞立其诚"如何能相提并论？因此所谓其儒业更无从论起了。对于熊十力之学养，甚至其高足徐复观亦有深刻洞见与批评：

> 连日偶翻阅熊十力先生的《乾坤衍》，其立言猖狂纵姿，凡与其思想不合之文献，皆斥其为伪，皆骂其为奸。其所认为真者仅《礼运大同篇》及《周官》与《公羊何注》之三世义及乾坤两象辞，认定此为孔子五十岁之后之作。彼虽提倡民主，而其性格实非常独裁……我不了解他何以疯狂至此。❹

关于熊十力"性格实非常独裁"，其有言为证："余尝衡论古今述作，得失之判，确乎其严。宰平戏谓曰：'老熊眼在天上。'余亦戏曰：'我有法眼，

---

❶ 钱穆：《中国学术通义》，学生书局1976年版，第302页。
❷ 张君劢，唐君毅，牟宗三，徐复观：《中国文化与世界——我们对中国学术研究及中国文化与世界文化之共同认识》，1958年发表。
❸ 余英时：《现代儒学论》，上海人民出版社2010年版，第159页。
❹ 徐复观：《无惭尺布裹头归——徐复观最后日记》，允晨出版社1987年版，第59页。

一切如量。'"❶ 余英时评曰:"林宰平所用'眼在天上'四字不是'戏语',熊十力'我有法眼'四字也不是'戏语',而是自信。"❷ "所以我想称新儒家的心态为'良知的傲慢'。"❸ 由上可知,儒学之所以花果飘零,现代新儒家难辞其咎也。问题表明,现代新儒家之学弗能融化西学,学术言过其行,即标榜心性之学,却不行修养工夫,其虽称道儒学,却不能贯通六经。是故,现代新儒家即使较之于汉宋后儒,相差亦不可以道里记。

陈寅恪曾对中国的学术思想之进路,以史学家之洞察给出了推定:

> 窃疑中国自今日以后……其真能于思想上自成系统,有所创获者,必须一方面吸收输入外来之学说,一方面不忘本民族之地位。此二种相反而适相成之态度,乃道教之真精神,新儒家之旧途径,而二千年吾民族与他民族思想接触史之所诏示者也。❹

陈寅恪之上论,可谓颇有见的。应当认为,"道教之真精神,新儒家之旧途径"不但是对中国文化精髓之概括,而且是对中国文化之历史进路与逻辑理路之极为深刻之发见。

二、修内道而行外儒

自先秦孔子立儒学始,即从道不从君。由汉儒始"借君行道",然历史表明,"借君行道"不但儒道不可行,而且变为君假以儒,从而导致伪儒乱真,终以孔子罪天下——打倒孔家店——使儒学退出历史舞台。问题表明,"借君行道"只是一个理想,而在这一理想下掩盖着儒生依君求生的性命安顿问题,亦即只有依靠君主才能生存从而被体制所化。体制化产生的异化是双重性的,即儒学与儒家之以假乱真,这是自孔子开创儒学以来,儒学不能化成天下且反遭"罪天下"之根本原因。

历史上,有些儒家已发见依君生存之弊,从而把解决生存问题作为修身之起点,如弃儒行医,不为良相,要为名医。然上工医国,治国平天下始终是儒

---

❶ 《十力语要初续》,乐天出版社1973年版,第18页。
❷ 余英时:《现代儒学论》,上海人民出版社2010年版,第176页。
❸ 同上书,第178~189页。
❹ 陈寅恪:《金明馆丛稿二编》,上海古籍出版社1980年版,第352页。

家的理想，故何以保持儒家之气节而特立独行，解决生命安顿问题是修身之首要问题。儒道理论与实践均表明，内道外儒之修为方是儒家安身立命之正途。

历史表明，儒道文化于民国时期所成就之一代大儒段正元，其内道外儒之思想与实践正可谓"道教之真精神，新儒家之旧途径"。段正元早年于峨眉、青城山修道，"至于命"而"穷理尽性"，其先修内道再以儒行，故无私无畏而一心传播儒道，救治天下。而汉宋后儒则表明，因其非内道外儒，穷其一生而能尽性知命者寡，终为名利所牵而儒行必伪，此乃后儒之通病也。段正元克服重重困难，不为私利，以儒践道，教化众生，挽狂澜于西化，成浊世一清流，于乱世产生相当影响，有此成就，乃段正元内道外儒修为之结果。段正元之一生表明，非内道外儒而不可承载化成天下之重任，儒行必基于内道，无内道则儒必伪，这为中国文化史、儒学思想史所证明。战国以降，汉宋后儒皆伪，故段正元曰："孟子以后无真儒、朱熹等理学夫子乃理学中的圣人，道学中的罪人，此乃不易之论也。"此论可谓一针见血，既指出了汉后儒学之伪及所造成的文化问题，更为当代儒学进路指出了学理方向。

儒道表明，先修内道而参之穷理尽性，乃明心见性之捷径，然非中人以上而后可，故儒道乃上人之学、君子之学、大人之学。

因为段正元之内道外儒，故其儒道思想与行道方式与新儒家等学院派判若天壤。段正元认为：

> 圣人垂训，教人修之于己，推以及人，以复还本来之性。吾人从事修持，即当遵古圣之训，视听言动，遵道而行。如目有视，视必思明；耳有听，听必思聪；口有言，言必及义；身有动，动之以礼。果能心思无邪，虑善以动，随时省察，完全以不离道为准则，道行在是矣。然道有大小之分，邪正之别，若不体察明悉，则又往往陷有非礼之礼，非义之义。故既知有道，尤当明道。然所谓明者，非必索引钩深，旁求演通。盖耳目所不及，心思所未周，虽圣人亦有所不知不能。固不必尽求明澈，只在日用伦常，随地随事，行之于己，得之于心，足为后世法者，如是斯谓之明道。既知且明，苟不行之，与不知不明者等。故明道之后，又当推行于世，使天下之人，皆知有道，皆明其道……行道重任，关乎天下后世。旁门外道，固不足论，最可忧者，稍得道之一端，一知半解，似是而非，固执己见，以为除我以外，别无法门，张名树帜，大张其说，自以为充类至尽，继往开来，卒之不独无益于人，无补于世，反致淆乱人心，充塞仁义。即

如朱文公，本欲发明圣贤之道，纯以人情物理立说，竟将圣人性与天道，愈埋没而不彰，贻误至今，人犹有借理学之迂拘，以诋毁孔子者。宋儒之为世诟病，岂偶然哉。故行道一事，有毫厘千里之别，若见理不明，虑事未周，发于其事，害于其政，实难辞阶厉之责。❶

上论表明，段正元对后儒尤其对朱子的批评十分深刻，毁孔子之道者，非外人也，乃儒门中之伪儒也。儒道所重者行，"视听言动，遵道而行""日用伦常，随地随事，行之于己，得之于心，足为后世法者。"而儒道"最可忧者，稍得道之一端，一知半解，似是而非，固执己见，以为除我以外，别无法门，张名树帜，大张其说，自以为充类至尽，继往开来，卒之不独无益于人，无补于世，反致淆乱人心，充塞仁义。"此可谓不易之论，推而行之，"行之于己，得之于心，足为后世法者"，乃学术研究之准则也。关于"淆乱人心，充塞仁义"，而谭嗣同《仁学》所论，可佐证之："二千年来之政，秦政也，皆大盗也；二千年来之学，荀学也，皆乡愿也；惟大盗利用乡愿，惟乡愿利用大盗。"历史表明，非内道不可以儒行，所行必伪。故段正元对后儒之批判，乃儒学思想史中非常重要之问题，值得中国思想界重视，加以反思，正本清源，以走出后儒造成之儒学思想误区。

由于段正元之内道外儒，故其儒行"一不要国家之名位，二不要公家之钱财。至我之师位，是我自造、自立之人格，自办之乾坤"❷。《易》曰："君子安其身而后动，易其心而后语，定其交而后求"（《易传·系辞下》），安其身必以形而上，至于命也，内道也，而后动者，外儒也。安其身则可易其心，外儒之基也。身不安而动者，必趋于形下之利。是故，因其内道外儒，段正元才能保持民间性和独立性，才能以"阐扬孔子大道，实行人道贞义，提倡世界大同，希望天下太平"为其思想纲领与行为准则。

三、儒家之道之反思

自"西学东渐"到"全盘西化"，西方文化以形而下之趋利性，使传统文化尤其是居传统文化主流地位的儒道之学退出了历史舞台，取而代之以西方文

---

❶ 鞠曦：《段正元语要》，吉林文史出版社2003年版，第685~686页。
❷ 同上。

化这一并不成熟、具有种种弊病、仅仅于形而下物理性取胜的文化理路及进路,而百余年来的西化进路表明,西方文化之根深蒂固的形而下痼疾已经给和正在给中国带来深重之文化危机。而段正元的儒道之学及道德学社则表明,正是段正元以内道外儒之修为,以儒道之明认为西方文化之种种问题唯有儒学之道可化解之,故针对当时之社会问题,以道德学社为教化之道应对之。应当认为,这种发自民间的并仅具有民间效应的儒学教化,对于当地之民风与社会稳定、家庭和睦起到了很好的作用,显然这是下行路线之成效。与此同时,段正元亦以上行路线,为王侯师,虽有相当影响,但终不能撼动王侯之主流意志,故其上行路线收效甚微。问题表明,儒学乃君子、大人之学,非君子而弗学,非大人而弗用,非大人之用故其不能"飞龙在天",天下何能化成?正因于此,段正元在行教六十余年后退隐,此亦说明儒道下行路线之有限性而非上行路线而后可。

段正元于退隐之时,曾对当时世界局势与社会问题洞察入微,即使今天读来,亦切中时弊,发人深省。

> 现在世界之乱,原因极其复杂。大要由于思想不同,学说歧异。盖以不同之思想,歧异之学说,为发言论,演成事实,决不能齐一人心,同上轨道。分门别户,各不相容,入主出奴,互相倾轧。而其各自所宣传者,皆曰为人民求解放,为社会策安全。孰不持之有故,言之成理,所以行与愿违,适得其反。为人而反以害人,为天下反以害天下者,实因无贞人为之主持,行之不得其道,往往心善而事不善。故孔子曰为政在人。取人以身,修身以道,修道以仁。尘世之上,事无好歹,理无是非。尽善尽美之事,人事不善,终成极恶极丑。极恶极丑之事,人事尽善,即成尽善尽美,故事在人为。我平生宗旨,众恶之必察焉,择善而从,不善而改。只要不背我救国民救天下之人道主义,任何主义,皆可融会贯通之。所谓治万教于一炉,归万殊于一本也。甚愿海内外之贞英雄豪杰,平心静气而深思之。果能以吾言为是,确定主义,自然达到人人平等、个个自由之目的。[1]

马克思主义有关"社会存在决定人们的意识""人是社会关系的总和"等

---

[1] 鞠曦:《段正元语要》,吉林文史出版社2003年版,第685~686页。

推定，显然对儒学之道具有反思意义。儒学有君子小人之别，而小人所行所思，均为社会存在与社会关系所决定，故《易》曰："小人不耻不仁，不畏不义，不见利不劝，不威不惩。小惩而大诫，此小人之福也。"（《易传·系辞下》）故小人受制于社会而君子弗为也。君子之言行，乃天道自然与社会关系之中和，中和之道乃君子之德，故非为社会所能制约也。从哲学论之，君子之德即道德自律性。然而，道德自律或他律是西方哲学经久不决之问题。显然，在西方哲学中，具道德哲学而思想深刻者乃康德哲学。康德高扬了道德的主体性、自主性，认为在道德的理性边界上，人有能力道德自律，否则人的理性将失去主体性支持而走入荒诞。正是在这个意义上，康德对基督教进行了批判。康德道德哲学的深刻意义在于，如果人失去了道德自律性，人之所以成其为人的根本性将缺失，人的理性将失去边界而人将非人。可见，这一判断于现实之深刻性在于：一个缺失了道德价值的社会，如何保证道德自律？而当代中国社会则深陷此问题之中。

　　道德自律虽然是个重要问题，但在西方哲学中即使康德哲学也没有给出本体论依据，故道德成为一个主体信仰并以此自律。由于其乃纯粹之主体性而无本体论根据及其制约，故道德有很强的随意性，常常被赋予附加性解释，并且其最大的实践功能，仅限于伦理。可见，西方弗能解决道德自律问题，因为形而下之时空限定使主体的任何行为——包括道德行为——皆被时空限定，从而主体为了适应时空，不得不采用非道德之行为方式。而只有"形而上者谓之道"之内时空修为，其以内时空之无所不适而超越外时空之限定，从而以内道外儒使道德自律成为必然。

　　由内道外儒与道德自律相关联，儒学复兴已成为解决当代人类面临之问题的抉择，然而，由于人类自以为是之惰性与自欺欺人之政治性，非山穷水尽而后可，故段正元终以退休而结束传道授业，慨叹天下之厄运也。段正元的行道实践表明，对于当代中国这一后极权社会体制而言，民间之下行路线绝不足以匡扶天下。"君子之德风"与商品经济大潮相悖，"小人之德草"与"商品经济社会"相呼应，故儒道弗行也，小人当道而君子隐也。故儒家当"潜龙勿用"而学聚辨行，"或跃在渊"而时待大人。社会由小人成能，陷深渊而不思自拔，故"君子之所为，众人固不识也"。段正元之退隐给我们的启示在于，儒学之道非上行而不能化成天下，非大人而不能行儒道，而儒道者，非内道修为而不可得，非进德修业而不可知，固当"潜龙勿用"、以待时行。故《易》

曰："君子藏器于身，待时而动，何不利之有？动而不括，是以出而有获，语成器而动者也。"（《易传·系辞下》）

段正元之所行外儒，虽影响很大，学社林立，受教者众，然民间性终为下行路线，不为体制所融，故难能化成体制，社会文化主流仍为体制之"西化"，儒化终不可行而天下仍不可治。故段正元于行道六十余年后，以"辑让求贤"而"或跃在渊"，曰："吾今七十有六，自问良心，治国平天下之事虽未办到，人事已尽到万万分，理应将万缘放下，万事罢休，希望天下之真英雄、大豪杰、贤能圣者，早日出现。"故段正元感叹："为使世界大同，天下太平，各处立社讲道，心血费尽，所有《大同贞谛》《大同元音》《政治大同》《大同正路》等书，今即达不到目的，自当退位。"❶ 段正元求贤而不得，终以《遗训》退隐而"潜龙勿用"："吾所学先天大学、修齐治平一贯之道，今已止于至善，人格完全，人事尽净，礼应退隐……并盼世之贤能圣者早出救世，使世界大同，天下太平。"❷ 所谓"贤能圣者"，即《易》所谓"大人"也，不得大人，儒道弗能"飞龙在天"，故终不能行也。时至今日，职是故也。

段正元之儒业表明，其于"潜龙勿用"修道始，中经"见龙在田""进德修业""修辞立其诚"而"知至至之""知终终之"，终以"或跃在渊"而归以"潜龙勿用"。《易》曰："九四曰：'或跃在渊，无咎。'何谓也？子曰：'上下无常，非为邪也。进退无恒，非离群也。君子进德修业，欲及时也。故无咎。'"（《易·乾·文言》）段正元以其内道外儒，始于"潜龙勿用"而终以"潜龙勿用"，无以实现"飞龙在天"化成天下之宏愿，其与《易》道可谓符合若接。《乾》卦表明，"元亨利贞"之始，"潜龙勿用"也。而"或跃在渊"者，时待"大人"以成"飞龙在天"，当此之时，方"亨利贞"而天下化成也。是故儒道非大人而弗可用也，用则必伪。何以谓大人方可以儒道化成天下？《易》曰："夫大人者，与天地合其德，与日月合其明，与四时合其序，与鬼神合其吉凶。先天而天弗违，后天而奉天时。天且弗违，而况于人乎，况于鬼神乎。"（《易·乾·文言》）是故，"飞龙在天"者，"乃位乎天德"，即"上治"而"大人造也"（《易·乾·文言》）。此乃儒之道也，举凡有志于儒者，不可不知也。是故，有志于儒者，当今之时，应"潜龙勿用""潜之为言也，隐

---

❶ 鞠曦：《段正元语要》，吉林文史出版社2003年版，第708页。
❷ 同上书，第711页。

· 107 ·

而未见，行而未成，是以君子弗用也。君子学以聚之，问以辩之，宽以居之，仁以行之。"(《易·乾·文言》)"或跃在渊"而时待大人，儒道方可行也，天下由此可以化成也。

儒道之学于中国历史所展现之逻辑表明，"三代以前，君相师儒合一。如尧之于舜，舜之于禹，汤之于伊尹，武王之于姜尚，此其明证也。迨至春秋之时，道不在君相而在师儒，孔子集群圣之大成，继往开来，为人道立极，此孔子所以师表万世也。无如帝降而王，王降而霸，一代不及一代，一朝不如一朝。及至秦汉以后，礼崩乐坏，纲纪废弛，明师不世出而君不君、臣不臣、父不父、子不子之怪象，相继不绝。由此酿成黑暗世界二千余年，人民痛苦达于极点"[1]。问题表明，非儒道之学、大同之理、中和之道弗能返本开新而化成天下。然而，由于当代社会深陷自以为是、以非为是、自欺欺人之西化潮流，而走出西化之潮流尚需时日。《易》曰："匪我求童蒙，童蒙求我，志应也。"(《易·蒙·彖》)是故，儒道基于当代社会，自当"潜龙勿用"，以待"志应"也。

---

[1] 鞠曦：《段正元语要》，吉林文史出版社2003年版，第735页。

段正元道德思想精义

韩 星

在中国现代史上,段正元是至今鲜为人知的一代真儒,名副其实的"现代中国的孔夫子"。然而,就笔者所见的今人编的中国现代史、中国现代思想文化史上都没有段正元的一席之地。

段正元(1864~1940),原名德新,道号正元,取天元正午、道集大成之意,成名后人称段夫子。四川威远县望集乡堰沟坝(现镇西镇红林村)村人。少时仅读《论语》半部,曾从事农工渔贩等劳作,深知民情世风。十五岁师从龙元祖学道,随师入峨眉山和青城山闭关修炼,得龙元祖先天后天、内圣外王、修治齐平、体用合一之真传。学成下山,寻师访友,与道、佛诘辩,历尽艰辛,曾著成《阴阳正宗》十二卷。民国元年在四川成都办人伦道德研究会,讲四书五经,发儒学真义,自述所讲乃天性中流出,在当时产生了相当的影响,后编成《大成礼拜杂志》《圣道发凡》《外王刍谈录》等。民国五年,北京道德学社成立,陆军总长王士珍为社长,段正元被聘为社师。弟子多为军政要人及留日回国者,段自称实现了其布衣教王侯之志愿。随后弟子编其演讲及文稿成《道德学志》《大同元音》等书。后来,南京、汉口、杭州、上海、奉天、荥阳、随县、张家口、太原、孝义、徐州、保定、天津等地也纷纷成立道德学社分社,段正元在各地讲学传道,在民间形成一股复兴中国传统文化的热潮,在战乱中成为保一方平安、挽世道人心的正面力量。

段正元所传道德为实行实道实德,他自己性命双修,修齐圆满,怀抱大道,欲求知音完成治平,即实现中国统一,万邦协和,世界大同。为此,他曾先后与萧耀南、卢永祥、吴佩孚、何键、何应钦、蒋介石等多次会晤,欲说服他们行道德仁义以平治天下,但无功而返,未能实现其师儒君相、德政合一之宏愿,只好隐以待时。1940年逝世于北京。

道德为段正元一生实践实行的中心、学说思想的主干。这一点仅从其所办的"人伦道德会""道德学社"以及记录学社活动的《道德学志》就可以明显地看出。他的许多论著、讲演记录稿都冠以"道德"二字，如《道德约言》《道德和平》《元圆德道》等，在他的文稿中也随处可见"道德"二字。他的命印上亦刻着"道高龙虎伏，德重鬼神钦"。这还只是表面现象。其实，段正元所自许的"造学问"，就是对人们已经耳熟能详的"道德"进行了创造性的阐述和发挥，并以之为中心，对中国传统思想文化的精髓把握甚严，开掘甚深；对19世纪末、20世纪上半叶中西古今文化冲突、交融见解独特，思路远大，对中国乃至世界文明未来的发展前景做了超越千古的预言和期冀。要全面、系统地研究、认识段正元的学术思想，首先必须弄清他的道德精义及其他相关问题。应该强调的是，这里段正元所说的道德，不是今天人们常说的道德品质、道德修养之类，也不是西方伦理学中的道德，也不是《老子》中的哲学范畴。段正元所说的道德是在他得世外高人的师传口授，在长期人生经历、修身养性的实践中对其玄理奥义有了深刻、超人的理解、体悟，最终于明心见性的基础上，使道、儒、佛三教精华在儒学的基础上重新凝结、升华出来的。当有弟子问：今天人们谈论道德的很多，有所谓宗教道德、教育道德、哲学道德等，都持之有故，言之成理，这难道不是道德吗？段正元认为："彼之所谓道德，非吾之所谓道德也。彼之道德由后天而言也。有对待，而未能一贯者也。名之为道德，而实不明道德之全体大用者也。自有其名，道德之真益乱矣。"(《政治大同》)他认为道德是自有人类以来普遍而可以包容一切的概念。

> 儒释道之教，皆不出"道德"二字之范围。不但此三教不出此范围，即万教亦不能出此二字之范围，即如耶稣之讲博爱，亦根源于"道德"二字。何也？当其发博爱之初心，即为道。将博爱之心，推行于外，即为德。又如穆罕默德，讲认真敬事，发认真之心，即为道。以认真之心，推而敬事，即为德。其他种种，可以类推。由此观之，道德者，为万教之根源。万教者，为道德之寄宿。其礼同，而其用一也。(《道德学志》)

因此，他关于道德的认识和体悟尽管不是今天一般的纯学术研究所能涵盖和解决的，但是，为了让人们能够理解，我还只能以学术研究的方式来对其略做阐述，以正视听，以就大方。

一、道、德及其关系

道、德作为思想范畴，有着古老渊源、悠久历史，经过数千年的演变，其涵义多变、多样，纷纷纭纭，一时难以说清。几乎每一时代的哲学家、思想家、学者，乃至军事家、政治家、医者等，在其论著中，开头必先从原道、原德开始，然后方谈到具体问题。那么，段正元对道、德及其关系做了哪些论述呢？段正元论道、德的文字很多，兹尽量搜列如下。

关于"道"的：

- 道是主宰。(《道德和平序》)
- 无上至尊，无可名称，强名曰道。(《自在元音》)
- 本无名也，不能状其形、其容、其威、其武。大哉妙哉，无物可比其宝贵也，无名可称其能力也。莫之为而为者，自然而然之贵也、能也，无以名之，强名之曰道也。(《自在元音》)
- 是道也，所以生天地人物也，天地之所以恒久不已，人物之所以名遂其生，皆道主持之。(《道德学志》民国七年)
- 不可思议者，道也。道生天地人物。天有日月星辰，风云雷雨，地有山川河海，习潜动植，人有眼耳口鼻，五官百骸。凡一切形形色色，无不各尽其妙，各备其能，而不知其所以然。(《日行记录》甲子三月十九日)
- 道本天之至理，浑浑沦沦，一无极也。无极而太极，阴阳所由判焉，天地所由辟焉。阴阳判而天地辟，此万事万物之所由生也。夫道之不测，奚以加焉，究其极，一理而已矣。(《道德学志》民国七年)

关于"德"的：

- 德者得也，得上天所降之衷也，即是天地之元气，人身之贞良心也。(《政治大同》)
- 浑浑沦沦，圆陀陀，光灼灼，无对待，故曰不可说。不可说，无从说起无从言起，非大非小，非新非旧，非有非无，非实非虚，非真非假……千圣万圣之中，美满至善者，正名曰德也。(《自在元音》)
- 道本空空洞洞，原是虚的；德由躬行实践而得，成为实的。凡人之言行合道即是德。德如天之北辰，而人道中亦有北辰。(《师道全书》卷五)

- 德者得也。凡道之所在，为我之所得者也。存之于内，有益于身心性命者是德，施之于外，有益于世道人心者亦是德。(《元圆德道》)
- 德者得也，即是礼仪。道得于身，万物皆备，即与万物一体。得则为内圣，行则为外王。(《正元法语》)

关于"道德"的：

- 道德者，万世不易之原则。(《道德和平序》)
- 夫道德也者，非有来处也，先天地而生，后天地而不老，万物之父母。(《自在元音》)
- 道德，一名为上帝，二名为天爷，三名为良心。(《大同元音》)
- 在先天言，道德乃天地之元气，为生天、生地、生人、生万物之根本。在后天言，道德乃人生之福气，为穷通、夭寿、富贵、贫贱之源头……凡人之身心性命，以及家国天下，万事万物，无一不在道德包孕之中。(《政治大同》)
- 动妙无名，正其名而实行实用者，强名之曰道德。(《政治大同》)
- 道德为生天地万物之贞宰。(《道德和平》)
- 道德者，无为有为中之无所不为也。先天言，曰无为；在后天言，曰有为；统先后天言，曰无为而有为。(《日行记录》癸亥十二月二十三日)

关于"道""德""道德"之间关系的：

- 道为阴，德为阳，阴阳合一。道德也者，先言道，后言德。(《自在元音》)
- 道德在先天，道为阴，德为阳；在后天，德为阴，道为阳。(《大同元音》)
- 道德者，道为体而德为用。道则语大莫能载，语小莫能破，为天地之主宰，人神之大路，得天心者为备。德本授受一贯之资，允执厥中之所，故曰"苟不至德，至道不凝"。(《外王刍谈录》)
- 人皆禀一元之理气而生，此一元之理，在天曰道，在人曰德。(《师道全书》卷五)
- 道不是讲的，要以先天合后天，后天反先天，言行动静，尽合乎道，才算是德。(《正元法语》)
- 道与德不可须臾离。(《政治大同》)

- 虚而成实者,道应德也;由实而返虚者,德还道也。(《政治大同》)
- 道无小大。而曰有小大者,量德以为言者也。德大故大,德小故小,德无故无……德无矣,道奚由焉。(《道德和平》)
- 何谓中庸之道。中为至道,庸为至德。至德不为,至道无为。(《日行记录》甲子五月十一日)

由以上文字综合分析可知:

第一,段正元对"道"的描述,显然是对《老子》之"道"的进一步阐发。《老子》的"道"是微妙玄通的,它浑然一体,"大制不割",又恍惚幽冥,扑朔迷离,它先天地生,为万物母,却功成不居,无形无名,老子对此也只得强字、强名。这些特性段正元都有续承,但他也有新的发挥。这就是"道是主宰",道"至上至尊",道有"能力",除了生天地人外还要"主持之"。这就使老子无为之道向孔子有为之道,即"道"向"德"转化;"道"与"德"结合,在生长天地万物的同时,还将以至尊君临并主宰天地万物,使天地万物循道而行。循道而行就是循理而行,他还认为天地万物从道生出过程中所循之至理,就是先天之道向后天之道的转化。在这个意义上说,后天之道就是理。这比宋明理学家笼统地以理代道要具体、明晰多了。

关于先天后天,是段正元学说思想中的一对重要范畴,这里需略做说明。先天之学是宋初邵雍受华山道士陈抟所传下的先天图的影响,融合《易传》和老子思想,认为天地之前存在一种阴阳未分的东西,即是"一"或"太极"或"道"。这里的"道"是"先天之道",即作为天地万物本始的"道"。另外,他还依据《周易》的思想,认为太极(道)生两仪(阴阳),阴阳相交滋生万物,即是天地生万物的缘由,所以又称天地运变的法则为"道",即天地之道或"后天之道"。张载完全否定了邵雍的先天之学,不承认在具体的有形的天地之先还存在一种虚无的东西。到南宋时,叶适在《习学记言》中说:"自古圣人,中天地而立,因天地而教,道可言,未有于天地之先而言道者。"这就否认了先天之道的存在。所以,先天之学在宋代以后的思想史上未得以延展。段正元由龙元祖师得先天后天之真传,认为:"无极动曰太初,太初动曰太微,太微动曰太一,太一动曰太空,太空动曰太极。太极生阴阳,阴阳分天地,天地生人物。人物在其中,道察天地中,天地列乎外,道包天地外。天者,道之体也;地者,道之复也;人者,道之用也。"(《外王刍谈录·大道不可须臾离》)这样,以太极为界,分先天后天,道就贯通先天后天;同时道在天地人物之中，也在天地之外。因此，"先天无为，妙用甚大；后天有为，功能有限"（《日行记录》癸亥九月十四日）。人作为万物之灵长，要修道，就要"以先天合后天，后天返先天，言行动静，尽合乎道"（《正元法语》）。他还认为，"先天大道，不修而成；修而成者，后天之道也。"（《日行记录》甲子五月初五日）

第二，段正元所说的"德"，与"道"差不多处于同样的地位。它也是浑浑沦沦、难以言说的，是圆满光亮的，似乎是"道"的另一面；然而性质显然与"道"不同，它没有生长功能，是天地万物及人得之于"道"所表现出来的美满至善的特性。因为道有先天后天，德亦是如此。先天之德，就是《老子》的"上德"，或《易传》中的"大德"。《老子》云："上德不德，是以有德"；相应地，后天之德就是《老子》的"下德"，即"下德不失德，是以无德""上德无为而无以为，下德为之而有以为"。段正元学说思想的主根置于原始儒学，所以他更重视"后天之德"，即人之贞良心、合道的言行、躬行实践、身心性命、世道人心、内圣外王等。这些都是儒家所强调的人伦道德。但是，与现今学人多将孔子的"德"归结为人伦道德不同，段正元发掘原始儒学的真义，更重视"后天之德"的先天本性以及以德凝道，由后天返先天，以求"得"到真贞大道大德。

第三，正是在以上对"道""德"范畴的重新诠释、发掘古义的基础上，段正元赋予"道德"一词以全新的意义，认为道德是先天地而生，后天地而不老，是生成天地万物的真宰，贯通先天后天，包孕万物万事无为而无不为（有为）。他特别强调道德对人的意义，道德不但生成了人，且是人穷通、夭寿、富贵、贫贱的源头，是人的良心；道德不是空谈，是实行实用的。这就警示世人，道德不仅是人的社会性要求，而且首先是人的先天本性，亦即本质属性。作为社会伦理道德的规范、准则等，是必须建立在这样的"道德"基础之上的。否则，或流于形式，或流于伪善，或违背人性，适得其反。人是否明了这样的"道德"，并实行实践之，将决定着人生的命运。

第四，段正元把这样的道德首先分道分德言之，又合为一个整体论之。在这一个整体性的"道德"范畴中，"道"与"德"又各有特性，发挥各自不同的功能。这样，他的道德在先天意义上可用无极图——〇来表示。它无形无象，无色无声，无臭无味，无寒无热，无大无小，无前无后，无左无右，无始无终，无边无际，无情无思，无善无恶，恍恍惚惚，杳杳蒙蒙，混混沌沌，至虚至空。然而它又不是没有，而是无所不在，无所不备，无所不含，无所不包，无所不能，无所不至，它已孕育着后天的天地万物——有。这即先天道德，道阴德阳，孕育其中。在后天意义上的道德可用太极图——☯来表示，其中"道"由阴转阳，"德"由阳转阴。在"道"与"德"的关系上，"道"与"德"始终不分离，然而二者有阴阳之别，这是最根本的。由此派生的便是道体德用，道虚德实，道生德蓄，道自然德人为，道无为而德有为等。"道"与"德"本无先后，而人言之往往先言"道"，后言"德"，所以道德有逻辑上的先后，并指示人们以后天返先天，以至德凝至道，以达真贞道德境界。

因此我们可以说，段正元致力于挖掘道儒两家关于道德的古义、真义，又创造性地融为一体，成为其学说思想的出发点和核心。他的道德具有本源性、本体性，又重视实行实践，能够落到实处。

综上可以看出，段正元所言的道德是体用兼赅、阴阳共存、虚实相生、若分若合、不即不离、两分不二的统一体。作为统一体看，道德不可割裂，不能有所偏向或遗其中之一；但在统一体内部，"道"与"德"又是"两分"的，"道"作为范畴在某些规范性上与"德"不同；还是"不二"的，即"道"与"德"作为一组对子又是十分紧密地结合在一起，不能任意分开处理。

二、真假道德与实行道德

段正元所说的道德是真道德，而不是假道德。何谓真假道德？这得先从内外道德谈起。段正元认为人在后天能行善，即是有良心在，这是内道德，亦即先天道德，在修养强调的是内在自律。人在外所顾及的是廉耻，但顾廉耻固然不错，若顾廉耻而不顾良心，就是外道德，亦即后天道德，在修养上强调的是外在他律。既有良心，又顾廉耻，道德内外一体当然是最好了。这是圣人以道德平治的理想。反之，内无良心，外无廉耻，百事可为，即是小人行为。他认为，尧、舜、禹、汤、文、武、周公、孔、孟知天下无道之时，世人不能秉受内道德，万不得已而用后天之外道德，本意是警劝世人，使人民享一时的安乐；而世上的奸雄小人用愚民政策，假借外道德，沽名钓誉，笼络人心，满口仁义道德，一肚子奸诈阴谋。因此，虐害天下苍生的便是这无"内"的"外"道德。然而后人不知深思，把世界大乱的根源归于古圣人，以为是道德乱天下，这是不对的。他深刻地分析与尖锐地抨击了两千多年来孔孟真道德失传、专制帝王及后世鄙儒、功名之士以假道德涂毒人民的状况，读来振聋发聩，促人警醒：

> 自周公、孔孟真道德失传，至今数千年，读圣人之文章，袭圣人之礼乐，假借文辞，以科名取士，牢笼天下人民。虽纸上空谈，亦可以得名誉，得富贵；亦可以施政治，虐庶民，使民不敢不道德，自身先不道德。以法律专横，残害国家，使民无可逃也。森然并厉，上出为上谕，下奉为圣旨。如有欺官蔑法，笞杖徒流，其所行道德，皆在外之又外也。民间受假道德痛苦，不忍言也。有人民言行是道德，在位者毫无道德，是非颠倒，民即冤死，下情不能上达，暴君污吏，宵小权奸，反为道德之代表。朝野上下，君臣人民，皆假外道德，欺欺骗骗，天下焉得不乱也，人民焉得不受痛苦也。（《自在元音》）

这里所批评的显然是遗失道德贞义以后，大道既隐，上上下下以仁义道德的虚名行不仁不义、无法无天、凶狠残暴的事实。类似的思想在《大同元音》中也有表述，认为"秦汉以来，道德丧失，世无真主（指道德），以强权为主"。

那么，段正元所说的真道德是什么呢？他说："我今言道德，非劝人为善之小道德，非纸上空谈，只图说得好听之虚道德；非术数家矜奇立异谈天之道德；非理学所讲之迂酸腐败道德，有其实方无其实事。故我言之道德，真是治世安民的仁心仁政，救国救天下的良药。"（《大同元音》）可见，段正元所讲的道德实在是治国平天下的大道大德。这样的大道大德就是"真道德"。

真道德首先是天地人化生的元气、父母："真道德者，为天地万物之父母，是故曰：'大德曰生'，清气为天也，浊气为地也，散气化生万物也。天地万物完善也，大德之精华而生人也。"（《大同元音》）

这就凸显了真道德是天地万物本源的意义。

其次，真道德既然生天地万物和人，就能管束之，故真道德又是真主宰。段正元以照相机、留音机（即收录机）做比喻，认为天地道德会把人的所行所言记录下来，然后因其善恶给予报应。道德时刻在监视人的言行动静，道德在天为元气，在人为福气。这个真主宰主持天地万物及人，独一无二，是真专制。"此真主宰在身则自修，在家则家齐，在国则国治，在天下则天下平。"（《大同元音》）

再次，真道德是人的良心福田（《大同元音》），人有一分真道德，就有千万分福命（《正元法语》）；有良心福田，自然爱家国，以天下为己任，上行下效，风行草偃，天下自然大治，走向大同、极乐（《大同元音》）。

最后，真道德还包含我们常说的一些品德修养，如自谦、常知足、有信用，还有知过则改，知善必为，等等。

段正元所讲的道德最重要的就是实行，这也是贯穿他整个学说思想的一条主线。他说："讲道德，要实行道德。"（《正元法语》）"道德不是空谈作文章，乃是开诚布公教人身体力行，救世安民之实行实德实事。"（《道德约言》）这一点段正元在讲演中反复强调，其警世之心可谓良苦矣！正如他的弟子所说，师尊（弟子对段正元的敬称）"所讲道德，非理想空谈，非宣扬文章，非矜奇立异。必期征诸实用，一人可行，一时可行，天下万世可推而准……道德重实行，不实行，虽讲奚益！"（《道德和平·序》）仔细征诸段正元，他的"行"不是我们今天常说的实践。实践是我们从西方引进的一个哲学范畴，指社会实践，即"人类能动地改造自然和社会的全部活动，主要包括生产斗争、阶级斗争、科学实验等"。[1] 这种只重视社会宏观的"斗争"性实践观，曾对中国造成了巨大的破坏，也使中国人发生了普遍的道德丧失和迷误。中国传统文化中的"行"往往是与"知"一块儿进行探讨的，主要偏重于个人的行动。尽管传统上对知行有各种不同的观点，但其所说的"行"正与今天的"实践"形成对峙，并各有趋向极端的倾向。段正元的"行"注重内外兼修，性命双修，是由内向外、以修齐治平来贯穿的、由个人实修实行达天下万众实行实践的一以贯之的大道大行、大德大行。例如他既重视"命功"（身的修行），更重视"性功"（在社会中立功立德）；他既重视日常做事，更重视行礼仪、威仪（关于这一点，段正元对传统思想做了重大的创造性发挥，可以说是其实行道德的关键。传统儒者一直强调"行"，但一直没有走出内心，走出个人，没有找到实行礼仪威仪这个桥梁。为此，段正元从观念上探讨，发现后儒知之而不能行，主要是因为其所知乃"虚理"，故而他又提出"实礼"的概念，认为后儒之不能行，主要是为"虚理"所蔽，若能提倡"实礼"，即能导向实礼实行）；他重视个人的修持（修心养性），但反对静坐孤修，注重在社会人事中与同道同修同行，以实现修齐治平。段正元在谈到性命双修应以性功为主时说：

> 命功是一了身之法，尚非成身之道：身不成，不能了。成身之道，即是性功。何为性功？功苦勤劳。修道之人，道为己任，尽力而行，不畏难苟安，不趋利避害，或由成己以成人，或先度人以自度，人我无间即是性功。性功者，性与天道之功也。先有后天之功苦勤劳，而后有先天之性与

---

[1] 《辞海·哲学分册》，上海辞书出版社1980年版，第61页。

天道……故君子之道，以躬行实践为贵。躬行者，亲身行去，不偏不倚；实践者，实地做到，无有欠缺。内外如一，始终如一，即是天人合一。虽曰性功，命功之法，自在其中矣。(《功行日记》癸亥九月十八日)

民国八年（1919），美国传教士何乐意到南京道德学社参观后，非常钦佩，旋赴北京拜访段正元。在何乐意问询"贵社讲道德，何为贵"时，他回答：

重在实行。凡中外古今之圣贤仙佛，无不是实行实德，行有余力，则以学文。因我中华自秦汉以后，以虚文科名为重，不问实行，道德遂流为迂腐。形上之道晦而隐，反不如欧美人注重实验，发明形下之器，足以称霸于一时。不过物质愈发达，社会愈黑暗，吾为此惧。吾发愿以身作则，立社讲学，就正高明以期实行真道德于世，造成文明大同世界。(《远人问道录》)

三、中华传统道德文化

段正元所揭示与阐扬的道德就是中华传统道德。他十分明确地对中华传统道德给予很高的评价，认为中华传统道德文化是人类至高无上的优秀文化。在《政治大同》中，他以近代世界各民族多元文化的视野来审视中华传统道德文化，认为"道德"乃中华文明源远流长的优秀传统，富于"道德思想"乃唐虞三代以来优秀遗民的民性民情。他指出："中国有一个正统的思想，自尧、舜、禹、汤、文、武、周公至孔子而绝。我的思想，就是要继承这个正统的道德思想，并发扬光大之。"他认为，中华传统道德是"致广大而尽精微，极高明而道中庸"，无用不周，无美不备的优秀文化。"故道德二字，实为世界开化最早的中华文化之代名词"。这一概括可谓抓住了中华文化的本质特征和核心内容。今天，文化概念的歧义、文化内容的泛化、文化本质的游离，造成到处讲文化，却丧失文化的本义和正义，使文化差不多成了垃圾筐，什么东西都往里装。其实，各种各样的"文化现象"若不与道德关涉，不受道德统摄，就可能成为人类精神生态危机的表征，这是人类文明的危机乃至倒退，应该引起世人警觉。

段正元认为中华传统道德是实现世界大同的必由之路，救治中国，解决国际社会问题的最好途径是在普天之下推行中国的传统道德。他以真贞良心审察当时社会,认为中国当时"破坏有余,建设不足,人民痛苦已极",不是兵甲不坚、治制不完、科学不备所致,而是中国人遗弃中国的正统道德思想,而"为他方贩来之凶恶思潮所迷惑所欺夺",弄得"不可收拾",并以鸦片战争以来中国在经济、政治、军事等方面的种种努力收效甚微,甚至适得其反来证明,认为"法律严密,兵力强盛,经济充裕,皆非治乱之具"(《道德约言》)。欧洲国家国富兵强,不也依然是富者极富,穷者极穷,贫富视如仇敌吗?为此,他分析了中西文明的不同性质、不同作用,认为"现世界文化可分东西两大流派。中国乃东方文化之代表"。中西文化的区别,"仅就思想言之,西人富于科学思想,故能发明形下之器,增进人类物质文明。华人富于道学思想(即道德文化),故能阐明形上之道,增进人类精神文明……物质文明增进,可以助长人类肉体的幸福;道德文明的增进,可以助长人类精神之幸福,并可善用物质完美肉体与灵魂的幸福。若物质的文明愈发达,而无道德文明范围之,则社会上一方面愈文明,他方面愈黑暗……若道德文明愈发达,再利用物质文明以推展之,则地球上立成大同世界,极乐世界。"可见,他是在对中西文明的比较中来探讨中西文明结合,共同走向人类大同的途径的。他坚信:"大同世界必以中国固有道德文化善推行之方能达到""试看将来大道一开,平天下不以武力,不以强权,不以经济压制,专在实行道德。"只有"中外皆实行道德,无种族,无国界,无教派,无竞争,相亲相爱,以道德为主,国家有真主,天下太平矣。"(《政治大同》)这便是实现人类大同的必由之路。

如何以中华传统道德推行世界,实现人类大同?段正元认为应从以下三事实施,方能奏效。

其一,综核名实。即"发一令,必谋一令之效。没一官,必举一官之实。用一人,必尽一人之才。作一事,必如一事之分。全国士农工商,各安其业。文武上下,各尽其职。自然无事不办,无政不行,无国不治。"(《政治大同》)

其二,表彰先圣。他认为,中华文化源远流长,乃上古圣人的创造,古之圣人,是中国文化之根本、民族之宗祖。"欲水木之绵长,必须培植本源,以畅其生发。欲民族之兴起,必须表彰先圣,此必然之理也。"(《政治大同》)因此,他极力反对近代以来国人否定传统文化、打倒孔孟、数典忘祖的做法。

其三,尊重师道。他指出,国家道德风化之盛衰关键在于教育之兴替,而教育之兴替关键在于是否尊重师道。段正元对师的要求很高,要有真道德

（忠、孝、仁、爱、信、义、和、平），有真智能（格致、诚正、修齐、治平），"师严而后道尊""师道立而善人多"，这样方能长治久安（《政治大同》）。在《道德和平》一文中，他还列了一节"教育根本首在尊师重道""欲世界大同，要先立师道"。他把尊师重道提高到世界治乱的高度，"世界之治乱表面关于国家之政治法律，里面实关于师儒之学说。"这里师儒之学说自然是指中国的道德文化。

四、道德与其他

（一）道德与时局

段正元对中华传统道德有深刻领悟，并躬行实践，这在当时欧风美雨横扫神州大地、否定传统文化甚为剧烈的时代，无疑有逆"历史潮流"而动的大智大勇，故而也引发了他对现实的批评，对道德与时局的思考。他把中华传统道德在近代的毁坏，一方面归之于孔孟之后两千年来后儒空谈性命，以科举文章为功业，使道德仁义成为虚理，大道隐而不彰，世人以道德为迂腐，失去崇敬、信仰之心；另一方面，也是由于"西学东来，以强权为公理，讲自由、尚平权，舍本求末，纲常伦纪，由此败坏。人人廉耻丧尽，犹不知愧。真是用夷变夏，无耻之耻，无耻也"（《大同元音》）。这样，就造成了现时的中国人，因中华真学失传，见西学风靡，便改政治，立宪法，讲强兵，图富国，立学堂，事事从新，唯恐不周，以为新学神奇，民力强，国力富，废纲常伦纪，以道德仁义为腐败，四书五经为无用，将尧、舜、禹、汤、文、武、周公、孔、孟目为罪人，只知排旧，不知温故知新（《大同元音》）在段正元看来，道德只有内外之分，无新旧大小之说，"今之分新旧者，是未知真道德也"（《自在元音》）。

他分析中国辛亥革命以后时局混乱、军阀混战、人民生灵涂炭的原因并不在政治、法律上，乃无道德所致也。如民国十二年，曹氏贿选成功，立法机关，名誉扫地；袁氏称帝，行政机关，秽德彰闻（《政治大同》）。这些强权、法律、奸谋、机巧都用尽了，却不能解救时局；而国家之乱日甚一日，民不聊生，欲想专制不能，共和不得，举世惶惶，举手无措。事实证明，非道德不能平治天下（《大同元音》）。

段正元立足真道德，以挽回世道，救正人心之良心良知，批评当时社会的方方面面，如批评"教师范者，己不足为师范，而教他人为师范，何师之有；

重法治者，行法之人不守法；讲公理者，行公理之人无公理；讲自由者，自身自由，反侵占他人，使不自由；讲平权者，己在下而欲上平权，己在上而又不与下平权；讲共和者，大权在握，则武断横行；讲自治者，不能治一身一家，反言要治县、府、省、国、天下。"（《自在元音》）这些都是昧于真道德的结果。因此，他大声疾呼："而今非道德不能治国平天下，道德即是当今之急务。"（《日行记录》癸亥七月二十一日）一旦"大同一定，时局可解"，人人便能享道德共和之幸福。（《大同元音》）

（二）道德与人伦

段正元说人伦是儒家之定分，"儒者以伦为上达之梯，入德之门"。欲求世界大同，"明伦而已"，所以对人伦非常重视。他说，"人伦者，人为体而伦为用。人心知觉为性，运动为灵，君子博学、审问、慎思、明辨之功，始于此伦。以三纲为模范，五伦为标准，圣贤下学上达，成真作圣之基始于此。"人必先人伦而后道德，这是由天地生化之程序所决定的。人伦与道德合则为一，"一者，中也。中也，天下之大本也。"只有这个大本确立，才能"拨乱世而反之正，进野蛮于文明，由升平而大同。"人伦与道德分而言之，"人伦者，不啻道德之发华；道德者，不啻人伦之根蒂。由人伦以至于道德，归根复命也；由道德以至于人伦，一本万殊也。"所以，道德与人伦的关系就是一而二，二而一；分而化，化而合；合而一，一而神。人伦道德作为一个整体，是上下古今之常理，中外远近之常经，无人可外，亦无人不可企及也。若能尽人伦道德，即可升堂入室而至于大成，希贤希圣而希天，最后达大同之境。（《外王刍谈录》）

（三）道德与政治

段正元指出，中华文明最古，出大圣人最多，以道德治天下为我中华独有的特色。尧、舜、禹、汤、文、武政德合体，君师一致也。"周公以后，道权不归君相，而归师儒。司政权者，不定有德；有德行者，难以司政权。政德分离，天下从此乱多而治少。"（《道善》）

他批评当时倡共和体制的政治家，不尊崇道德，舍本逐末，虚伪成风，弃己之精英，拾他人之糟粕，结果此争彼夺，徒苦吾民（《政治大同》）。他们不但不行道德，即闻道德亦神昏气浊，国家焉得不乱，党争从何而息？（《大同元音》）中国政坛像戏台一样，红脸白脸黑脸，你方唱罢我登场，演出一幕又一幕悲喜剧。而一般人一提道德政治，又都摇头或轻蔑，以为是幻想、迂腐之论。段正元指出："今言道德政治，人以为迂腐，推其故，即坏于理学文章空谈，言而不行。"(《道德约言》)因此，人们以为道德不过如此，形势似乎是非维新不可；不知真道德，不但不是迂腐，是日新又新，盛德大业，即是由真道德而成(《大同元音》)，"由真道德出发之政治是为仁政"(《道德和平》)。

因此，段正元力倡德政合一，师儒君相。他说，"以道德治天下，即为政以德。师儒有德，无政不能行；君相有政，无德亦不能行；必要政德合一之人才能行。"(《大同元音》)他认为德政之关系是体用之关系："政以德为体，德以政为用，体与用不可须臾离也，是谓为政以德者也。"段正元终其一生，学道办道，尽心竭力，辛苦勤劳，游说当政；教授弟子，广种善缘，可谓鞠躬尽瘁；然因天时未至，未遇合作实行者，德政合一的宏愿未了。此为他个人的遗憾，更是中国的遗憾。

（四）道德与法律

关于道德与法律，段正元有精辟的论述和仔细的分析。在中国思想史上儒法斗争由来已久，至"文革"又认为是贯穿整个历史的一根主线，实是人为的虚线，是对儒法关系的教条化理解。其实，儒法在战国至秦汉是有斗争又有交融的，这就是礼与法、德与刑、王道与霸道的异质同构或对立统一。

段正元论道德与法律，便是审察其性质，追溯其源流，发现二者有同有异，且相互关系密切，不可偏废。他认为其异点有：

- 法律之范围狭，道德之范围广。
- 法律之发生系人为的，道德之发生系天赋的。
- 法律之施行出于强制，道德之施行出于自然。
- 法律之表现多消极，道德之表现多积极。
- 法律具有国界性，道德推行，有大同主义，具有世界性。

其同点有：

- 法律与道德均为无形的科学。
- 法律与道德均以使人各全本性为目的。
- 法律与道德适合平等之原则。
- 法律与道德均能支配人类之行为。
- 法律与道德均能维持人类之生活。

- 法律与道德均能保持社会之公共秩序及善良风俗。

最后，就其相互关系而言：
- 道德得以弥补法律之缺陷，道德所不及者，法律以济其穷。
- 有道德以保障法律，人类无幸免之心。有法律以扶翼道德，人类无虚伪之习。
- 人固服从法律，有道德心者，服从之意愈坚。人类固尊崇道德，有法律心者，尊崇之意愈切。
- 法律既服从以后，则整躬者必率物，能守法自能成德。道德既尊崇以后，则居仁者必由义，不失德自不遗法。

总之，法律与道德实如辅车相依，而不可须臾离也。（《政治大同》）

他还比较了道德与法律的不同功用，要使人们辩证地认识长期以来形成的道德是软性的、没有强制性的、管束松的，法律是硬性的、有强制性的、管束严的看法。他认为："治法之严，莫严于道德。仰不愧于天，俯不怍于人。闭居不愧于屋漏，戒慎乎其所不睹，恐惧乎其所不闻。曾子曰：'十目所视，十手所指'，其严乎？法治之宽，莫宽于法律。证据确凿，然后定罪，律无明条，不为犯罪。故曰法律治行为，矫枉于已然之后，不亦宽乎？法律尚可容奸，惟道德不敢自欺。"（《大成礼拜杂志》）这些观点发古人所未发，见今人所未见，为精辟之议论、独特之见解，今天仍有现实意义。

（五）道德与革命

近代以来，中国人听得最多的是"革命"二字，含义多变的也是这个词。

段正元终生致力于复兴中华传统道德文化，以应时之需，实现世界大同。这往往被人误解为保守。实际上，段正元并不是一个不知革新、固守传统的守旧派、保守主义者。只不过他所采取的学术立场更为宏阔、远大、超越，同时也就具有更深刻的革命性。在《政治大同》中，他提出"有秩序，有主义，有建设之革命思想乃真正道德思想之发皇"，把"革命思想"归于"道德思想"之中，赞成对"社会风气腐败黑暗，影响人民正常之生活"和"致人民辗转死亡于天灾人祸，穷凶极恶"的不良政治进行改革，并以《易经》"穷通变久"为理论依据，对中华五千年文明自伏羲起的"革命"经验做了总结："天地初开，人禽相混，鸿蒙既判，人与禽分，但虽成人类，而情欲无度，仍不脱獉狉野习。伏羲忧之，特恃人道主义，创制人伦，是伏羲之知革命也。及唐虞之世，中天运启，文物已盛，尧舜实行天下为公，选贤与能，平章百姓，协和万邦，立万世太平之模范，是尧舜之知革命也……"他的革命与近代革命家的含义实不同，是"有秩序，有主义，有建设之大革命"，是恻隐之心、羞恶之心、是非之心之大发皇，而不是破坏、混乱和战争。他认为"革命"就是要"顺天应人""革其逆天道、拂人情之道德的残败行为，而恢复兴起上合天道、下顺人情之仁爱行为"（《政治大同》）。这实在令听惯了"革命"的中国人大惊失色，大开眼界。但仔细考察，或许这才是中国最古又最新、名副其实的"革命"。从这个角度看，段正元也未尝不是一个真正的"革命者"。

在《圆道》中，他现身说法，回顾自己六十五年的"革命事迹"，其中经历的重大"革命"有五次：第一次脱离家庭专制、不读书的革命；第二次脱士农工商各界，舍身大道的革命；第三、第四次革佛家、道家之命；第五次舍小家办大道的革命。他自述其革命宗旨："我之革命宗旨，在济人救世。真贞革命，即是一大慈船，可以普度众生。"这里的"真贞"，段正元解释说，"贞者何？革命之秘要贞言也。贞乃先天之真，真为后天之贞。一落后天，有真即有假为对待，故真犹未多丝毫之不贞。惟先天之贞，则一贞永贞，绝无丝毫之不真。"

（六）道德与自由

段正元认为道德虽从世人看有自我约束之意，甚至还论述过"道德之严"与"法治之宽"，但实质上是人得大道，具有大德，无往而不自由，类似于后儒说的"天地境界"，何尝不自由？即使在现实生活中，因人有道德行为，不犯国法，岂不自由？（《大成礼拜杂志》）他还批评"五四"新文化运动反对旧礼教，提倡个性解放、婚姻自由，实际上造成男女"忽而合，忽而离，无所谓礼义，无所谓廉耻"。结果导致男女关系之混乱，这非自由真义，所以他提倡"男子要有君子德，女子要有淑女德"（《政治大同》），有德男女才能有真正自由美好的关系。事实上，段正元所讲的自由更多包含的是道德含义，不是像西方把自由与法律作为对峙的概念看：一则主张自由当置于法律之中，不可于法律之外；二则个人自由当以尊重他人自由为前提。这两种见解在段正元看来虽有见地，仍有失偏颇，故他经深思熟虑，阐述自由新义：第一，欲得真正自由，不要全靠法律。讲礼让，一旦成风，天下人人真可自由自在；第二，欲得真正自由，要反求诸己，不以他人为界。这就是所谓忠恕之道，将心比心，躬自厚而薄责于人，己所不欲，勿施于人。实际上，这里的"新义"并不

"新"，无非是中国旧有道德学说而已。段正元认为"礼让忠恕之道，实乃天下之大道。一个可由，人人可由。一方可由，万方可由。一时可由，万世可由。"（《政治大同》）这才是真正的道德、真正的自由。

段正元的自由还包含身心性命在得大道、行大德时的全面自由。他说："吾亦爱自由，但官骸不自由，意念不自由，性命不自由，焉能贞自由。"（《功行日记》甲子五月初七日）这真是孔子所说的"随心所欲不逾矩"的全人格、全道德的自由境界。

（七）道德与平等

平等含义，古今中外，各不相同。中国古代农民革命提出的"均贫富，等贵贱"，实乃反抗社会经济、政治不平等的一种直观要求，往往流为平均主义，截长续短，损有余以补不足。这是对"损不足以奉有余"的极端化反驳。近代以来西方倡言"平等"，乃注重"法律面前人人平等"，并借以追求财产和人身的平等权利。近代中国人最重者乃政治权利之平等，社会地位之平等。段正元以今之势，反古之道，对平等有自己的看法："人在世间，富贵贫贱，各有命定，焉能平等……只要尽人安命……真正平等也。"（《功行日记》癸亥十一月二十四日）"天下事无平等，惟道是平等。平中有等，正以等其平也。"（《功行日记》甲子三月二十四日）"今人爱平等，吾亦爱平等，但学习不平等，智识不平等，道德不平等，焉能贞平等。"（《功行日记》甲子五月初七日）统观以上言论，大概有以下四点：其一，人生世间，天赋个性、智愚贤不肖，各不相同，各不平等，这是本性上的不平等；其二，人生在世，富贵贫贱，夭寿穷通，遭际各异，命运不同，这是天命上的不平等；其三，就天下之事和人言，眼见的全是不平等，然在"道"面前，又是完全平等的；其四，人世上的不平等与"道"的平等是相对相成的，平中有等，正是以等来促其平的实现罢了。这些看法是符合实际，又征诸大道的，也是很辩证的，对世人很启迪，可促使空喊平等者沉思其义，把握其实。这就是说，道德与平等是有密切关系的，以人心爱平等，以道心求平等，方能得真贞平等。

以这些观点来讨论男女平等这个人世中最初始、最关键、最切要的问题，在《政治大同》中段正元认为"真正男女平等，需要符合道德标准后，方能真正平等"，并批评"五四"以来所讲的男女平等："现在女子所讲的平等，多是拿男子的虚荣、出风头、放荡而言，以为女子亦能如此去做即是平等。"这样就造成男女关系混乱，男女不顾廉耻，不讲道德而堕落。事实上，男女在天然上是有许多差异的,这不是个人的意志能够随便改变的。因此,段正元主张"男女正位",并把男女功夫用在各自的修身中,以男子为夫为父、女子为妻为母作为社会上其他关系的出发点,行教、正纲、明伦,建立和谐、自然、健康、良善的社会关系。

(八)道德与人才

在道德与人才的关系上,段正元主张"德本才末"。他说:"治世需才,乱世尤需才。才也者,所以拨乱世而反之治也。然才必由德出始足以治世,否则,适足以乱世。盖才者,末也。德者,本也。"(《阴阳正宗略引》)中国人聪明智慧,人才济济,然德才兼备者往往寥若晨星。故而,段正元在办道讲学中非常注重道德人才。他所谓的道德人才,是"平日在家庭能孝友者,在外能和睦四邻者,言行动静,悉准乎道德仁义,有济人利物之功,有悲天悯人之志,其小者亦要知礼义廉耻,忠孝节义,五伦无大愧,行为知天道,守国法办公益,忠厚老成,克勤克俭,爱身修身,诸恶不作众善奉行之人"(《道德约言》)。要解决时局,平治天下,协和万邦,统一全球,必赖此道德人才。

身处民国时代,段正元期望当局能"依据道德,选举贤才,无论在朝在野,勿拘资格,勿误于乡愿。举大国同道德人才,即是民国真正代表。无党羽,无私见,凭良心议事,同心同德,不议而成,果议尽美尽善……"(《大同元音》)然而,由于天时未至,段正元德政合一、选贤与能、平治天下、实现大同的理想未能有机会实施。道德人才的观点对中国古代的人才观是一次提升和总结,道德人才高于我们平时说的贤能之士,是德才兼备的,更是德本才末的。以德统才,人便能尽其才,才便不会走入邪路,这是今人须要明白的。

(九)道德与财富

在道德与财富的关系上,段正元发挥《大学》中的"德本财末"的思想说:"要知道德为富贵源头。"(《黄中通理》)"德者,本也。财者,末也。根固而枝茂,源深则流长。苟为无本,纵得点横财,亦不长久。"(《道德学志》)他自己的亲身实践是尊师教,出门不带银钱,以自己的德行赢得人们的尊重,结果饥有人送食,寒有人送衣,办道德事业都是由弟子捐献。所以他常常说"大德生财",但他并不贪占钱财,而是一切做公用,自己富贵如云,两袖清风。他还特别以《大学》中的"仁者以财发身,不仁者以身发财"两句教育人们。"以财发身"的人把财产看作身外之物,所以能仗义疏财以修养自身的德行;

而"以身发财"的人爱财如命,不惜以生命为代价去敛钱发财,或贪赃枉法,或铤而走险,或贪婪吝啬。两种选择,两种结果。

段正元深知儒家义利之辩,但他并不反对名利,而是认为"名利"二字,妄求不得(《道德约言》)。不妄求,即自然而得者可也。在他看来,富贵名利,虽为人所喜好乐求,然以道德观之,乃有天缘天命。"人有小九九,天有大算盘。人有机谋,天有巧报。"(《道德约言》)

人乃天生,故人当知天知命,不要用心机谋,欺人欺天,以免报应。这是警世之良言。因此,他要人们看破富贵名利,"富贵之于人,本不啻电光石火,转瞬过去,有何足贵?我们所贵要在一言一行,于我身心性命有益。"(《道德约言》)与身心性命有益的,舍道德别无。

(十)道德与文章

段正元十分反感脱离道德的文章功名之士,曾在多处批评他们,甚至把孔孟大道的失传归之于文章空谈。周公制礼作乐,发为文章,传诸后世,礼制与文章是一体的。孔孟以后"大道失传,后人惟奉文章为金科玉律;汉儒经解,究文章之表面,过于覆实;宋儒理学,究文章之表面,过于虚拘,然去圣之世未远,犹享其余绪。"(《外王刍谈录》)"当今文章之士遍天下,实行实德,仁且智者,吾则未之见也。"(《功行日记》甲子三月十八日)这些文章功名之士,"只知揣摩圣人之文章,窃取功名,但求说得好听,不管能行不能行,故数千年,将真正修齐治平之道一并看假,以为圣人之道即在文辞。"(《道德约言》)大道为文章晦的结果,是大道不明。大道不明,后学书生所学非所用,老成者,迂酸腐败到极点,聪明者,奸谋狡诈莫测。进而造成全社会的道德败坏,贪官污吏遍地,地痞流氓横行。正气伏,邪气升,胡作非为,不以为耻,反以为荣,天下混乱,自然无从入手治平。

段正元指出,古来圣贤,必先有实行实德,行有余力,然后学文。其文含天地日月之精华,故能永垂不朽。后世读经者,只读其文章,并不知古大贤是如何实行。所以,学问之道,并不在书看得多、记得多,关键在是否实行实德。(《正元法语》)现代知识分子摆脱了古代功名之士的科举狭路,以自己的学术立足社会,本无可厚非。然许多知识者以学术文化为人世间唯一高尚之事业,闭门造车,或空思幻想,或埋头故纸堆,以一己之见发为文章即足,不管内容是否道德,是否能行。甚至有人想,我只管说出来、写出来,至于能不能行、行得通否,那是别人的事。这实在是不负责任的,是道德文章相背离的结果。

（十一）道德与性命

《大学》云："天命之谓性，率性之谓道。"道德和性命实不可分，在天曰道德，在人曰性命。段正元甚至把道德性命看成一事，他说："道德之大尽虚空，道德之细入微尘，无往而不为道德也。切而言之，谓曰性命；通而言之，谓曰道德。人苟自知其性命，道德何难知哉！乃自道德不明，遂至性命亦不自知。"（《政治大同》）这就是说，广大虚空，细微无穷的道德，就近而言就是人之性命，由性命以后天返先天，即可知道德之广大精微；反过来，若道德不明，人们只循环于后天气数之天，因缘之流中，也不可能知一己之性命。正是在这个意义上，段正元讲《大学》阐发其精义云："《大学》一书，'明明德'一节，穷理尽性，先天之学也。'知止'一节，炼凡身，了凡命，后天之学也。从穷理尽性以至于命，本末交修，还我本来面目，性命合而为一，完全先天中之后天，大学之事毕矣。"（《阴阳正宗略引》）这就是说，要以性命合天道，对人来说，必须性命双修，以性功为主，命功为辅，性命合一，即道德合一，即能大成。具体地说，所谓修性就是克去贪嗔痴爱，开真智慧，不起恶念，不做恶事，完成个人之美德，完成全人类之美德。修命则祛疾病，勤劳作，耐劳苦，丰衣足食。人知有性命，便知天地万物，皆是一体；便知生有自来，死有处去；便知富贵功名，钱财产业，都是身外假物，荣枯得失，皆由天定；便知天网恢恢，疏而不漏，善恶之报，如影随形。谁复肯做损人利己之事，存损人利己之心？谁复运动钻营，唯利是图，挑拨是非，居间取巧？谁复盘踞要津，结党营私，自重罪戾？谁复荡检逾闲，伤风乱纪？谁复率兽食人，自残同类？有资本者，绝不肯垄断利益，吸取苦人的血汗以自肥；习劳动者，绝不肯逸惰苟安，藉端例外要挟。人与人之间，绝无横暴欺侮，使贪使诈之事，国之与国，族之与族，绝无彼此嫉视设险相待之事。故圣人以天下为一家，中国为一人，非意之也。人人由讲信修睦、尚辞让、去争夺、士君子的资格，进而造到口无择言、身无择行、从容中道的程度，便成极乐世界、公理之极致、道德之极致。不言公理，而自然公理，不言道德。（《道德和平》）

五、修道立德，实现大同

由以上可知，道德对人生与社会极其重要，段正元在论及道德与身心性命、家、国、天下之关系说："凡个人之身心性命，以及家国天下，万事万物，无一不在道德包孕之中。道德水准高的国家，必呈日月光华，国泰民安之景象。反之，刀兵水火，夭扎疾疫之灾必随之而起。以个人言，厚德所以载福，和气乃能致祥，反之，刻薄成家，理无久享。要知有道者兴，无道者灭，有德者昌，无德者亡，乃天道人事之常经。"(《政治大同》)正因为道德对人生、社会有如此重大之意义，所以段正元十分重视修道立德，并实现人类由物质文明向道德文明的演进，达到大同极乐之境。

段正元是站在人与社会实为一体的角度，论述个人的修道立德与社会的大同归化也是一体的。人为天地之心，万物之灵。世界因人而成，社会因人而有。但人从整体看，有黄、白、黑、红、棕的肤色不同，有种族、民族之不同。即使同一种族，还有智愚贤不肖之别；同一智愚贤不肖，还有穷通夭寿好丑之不齐。芸芸众生，熙熙攘攘，庸庸碌碌，皆逃不出生老病死苦。在他看来，唯有修道立德，才能脱人生之苦海而不生不灭、长生不死。具体谈到修道，学问是很大的，段正元所谈甚多。他反对道教、佛教的静坐孤修，离世独立，割断红尘，不管世事，认为这是自私之修，无功无德，不能得真道德、大正果。他说："修大道，不在静坐孤修中，不在吃斋念经中，不在著书立说中。"(《自在元音》)他作"修道须知十则"，详细提出了修道立德的基本要求。所以，段正元的修道是以儒为归宿，吸收佛、道命功秘传，改造融铸，发明修道的不二法门。如他作《黄中通理》一书，阐明黄中通理，向弟子传授黄中大法。所谓黄中通理，是段正元命功修炼达虚玄之境的发现，他结合古圣先贤的遗言遗行，加以总结而成。天地初生，先由一昼开天，生出五老。黄中即是头一老。一点在中，然后四面之气混合成一，而变为五行。四大借黄中而成天地，化生五行，各有其主，东南西北中，黄赤白黑青亦渐渐化出，然后一切有形有色亦化出，人在后天，被此五行缠缚、牵连，不得而出。唯有黄中在中，不被牵缠，可以出去，不然终身陷于五行之中，生克制化之内，被五行所用，任你修仙修佛，如何苦修苦练，也逃不出去。有了黄中，五行不相克而相生。段正元认为老子就是黄中一点真精化出。因此，我们学道就要找着黄中，不但成道，成真作圣，代天行道，能够修齐治平，还能扭转乾坤。真正道德仁义一贯功夫，就是这个法门。

段正元反对出世入山林的只做命上功夫的修道，认为这只是为自己一身，成者罕有。他认为真正修道是不入山林，而在人世间替大道办事，这样不仅能全自己一身，而且可成全天下，万国九州一体同修，人人同归一道。这是以儒融佛道的修持之道。至于如何大德而得，他提出以大德行礼仪、威仪。行礼仪、威仪即是行道之说。对此，他有详尽精辟的发挥："礼仪威仪无分，有礼仪然后有威仪，无礼仪不足以言威仪……道德二字，可谓为礼仪。"（《正元法语》）礼仪、威仪之说，使修道之德不至流于空泛，而具备了实际内容，这与他道德即实行实德，贵在躬行实践的主张有异曲同工之妙。

段正元还认为，要修得大道，须有大智慧，要有仁、智、勇三达德，这样修道立德方是圆满。他说："吾尝言人无好智慧，不可言修；无有智仁勇，不可言道。"（《功行日记》癸亥十二月十九日）

六、人能弘道

段正元不辞辛劳，刻苦勤行，尽人事以待天时，其一生功行可以用四字概括——"人能弘道"。所谓人能弘道，就是说天生圣人，为人中之俊杰，能自己作主，以道为任，代天行道，挽回世道，救正人心，是谓人能弘道。（《道德约言》）

人何以能弘道？因为天生万物人为贵，正如段正元所言："天地人三才，人为贵。人何贵？人为天地之心，万物之灵，能代表天地弘道。"（《大同元音》）在万物中，只有人经过修持，得道之全体，获得完善自由。在这个意义上，可以说人为道体。而飞潜动植物之身，未能得道之全体，所以也就不能完善自由。

人如何弘道？段正元自述自己讲道德、倡学说，都是纯从人事做起，不入于神奇。自古无有邪术邪教可以治世安民的，亦未有凭借神道神秘可以平治天下的。治国平天下，总要由人道平之，因邪术不足为法，神道又太高远虚渺，所以主张治国平天下，不用邪术，不求神道，要归之于人，以人弘道（《功行日记》癸亥七月二十日）。"君子弘道，于身必有内外终始之功，于世必有济人利物之德，全本达用，尽善本量以符道始，而极盛德大业之至也。"（《道善·序》）可见，所谓弘道，就是要在世出世，以大道之心，大德之行，立功立德，功德圆满，便得大道，度己度人，成仙作圣。

段正元是这样说也是这样做的，他奉行的是"能说能做"的原则。为弘扬道德，他清正不仕，其弟子概括为"传道立社不用公家钱，保合太和未犯一邪淫，办救人利物之事不做国家官，修身齐家圆满美满，勤苦自强不息"。他曾自述其志："天地特生之大丈夫，其平居穷时，不沽名钓利，不钻营取巧，贫贱不移其志，不逞己能，仰不愧天，俯不怍人，为万世之楷模。""而今四方之学社，未用公家半文钱，未占民间一锥地，两袖清风，怀抱道德，居易俟命，素位而行，穷则独善其身，达则兼善天下。在尘出尘，在俗出俗，可行则行，可止则止。"(《政治大同》)

段正元曾在《不自欺贞言》第九条说，"我学道办道，原为挽回世道，救正人心，如我对于国家当道者，为国救民救天下，未曾尽心竭力，鞠躬尽瘁，何敢承当师位。"确实，综观其一生，虽因天时不至，宏愿难施；但他言行相符、能说能行，以一介布衣，未忘国忧，尽其所能为国排难、为民解忧、为天下谋。他的一生可以说是人能弘道的一生，并最终功行圆满，道德大成。

(原载《国学论衡》第一辑，敦煌文艺出版社1998年版)

段正元对中国传统道德伦理的现代转换及其意义

韩 星

中国文化在近代遇到前所未有的挑战，发生了前所未有的危机。这一危机是以儒学的危机为内因，以西学西教的传入为外因而展开的。中国文化的近代危机并不是近代才开始的，其实际年限可上溯到明末清初。明末清初西教西学的传入，是中西文化接触的开始。不过，耶稣会之后由于发生了对近代中西文化冲突影响很大的中国礼仪之争，加之清王朝的衰弱，到了雍正年间，耶稣会士被逐，中西文化交流中断。直到1840年西方以战争的形式再度打开国门，把中国一步一步推进了血与火的境地，中国文化就这样开始了痛苦而艰难的蜕变与新生，即所谓近代转型的历程。在这一漫长的历史过程当中，我们的文化观念几乎一直笼罩在民族虚无主义的阴影之中。除了西方中心论从外部贬低和否定中国传统文化的价值外，中国人自身在寻求改革和发展的过程中，也对传统文化失去自信，陷入民族虚无主义和盲目崇拜西方文化的误区。为了探寻中国文化的出路，近代以来，许多志士仁人、思想家、学者奔走呼号，苦思冥想，实验、实践，形成了多元的思想观点和理论体系，多方面多层次地表现了中国人民的聪明智慧和创造精神。这些思想观点由于时代不同而具有不同内涵，但放在中西古今冲突的坐标上可以归纳成以下几类（包括大陆和海外、港台地区）：倾向于"古"的、"中"的：如中体西用论，变器卫道论，以夏变夷论，尊古复古论，东方文化派，中国文化本位论，现代新儒家、儒学复兴论等。倾向于"西"的、"今"的：如马列主义派，民族、科学、大众文化论，综合创新论等。作为中国文化的有机组成部分，传统的道德伦理也遭遇了前所未有的挑战，经历着现代转换。与不同时代多元的文化观相应，传统的道德伦理观念呈现多元并发的现象。今天，在21世纪中国文化走向整合的过程中，我们有必要对20世纪这个诸子百家时代的多元文化潮流进行实事求是的研究，把握思想发展历史的脉络，站在新世纪的制高点，以儒学为主体的传统文化为基础，整合多元的思想文化，在中西古今的交流、融汇中走出中国文化的道路。这里，仅以民间现代新儒家段正元对传统道德伦理的现代诠释为例，来为这一宏伟的事业提供一些鲜为人知的思考。

一、段正元对传统伦理的现代诠释

中国传统文化中的伦理与西方伦理学中的伦理含义也有不同，西方伦理学中的伦理源于希腊语 ethos，意思为品性与气禀以及风俗与习惯。中国传统文化中的伦理指人际关系的原理、原则。"伦"本义为"辈"，《说文》曰："伦，辈也。"后引申为人际关系。"理"本义为治玉，《说文》曰："理，治玉也……玉之未理者为璞。"后引申为对物的整治，进而引申为规律、规则等。其实，传统上一般多用"人伦"这个词，显示了中国文化以人道为主的特征。如孟子曰："人之所以异于禽于兽者几希，庶民去之，君子存之。舜明于庶物，察于人伦，由仁义行，非行仁义也。"（《孟子·离娄下》）传统伦理主要有五，即孟子所说的"五伦"："人之有道也，饱食、暖衣、逸居而无教，则近于禽兽。圣人有忧之，使契为司徒，教以人伦：父子有亲，君臣有义，夫妇有别，长幼有序，朋友有信。"（《孟子·滕文公上》）"五伦"是自尧舜以降中国传统伦理的核心，但是秦汉，尤其是近代以来并没有得到正确的理解，而多被误解和扭曲。由"五伦"进一步发展成的"三纲"更是被人们作为封建的枷锁而批判、毁弃。伦理纲常在中国文化中具有普遍、长久的意义，只是由于历史上统治者对伦理纲常的利用和扭曲，也由于近代以来在民族虚无主义的氛围中，才使得人们对它不能正确地认识和评价。

但是，也有许多学术大家在这个问题上的看法是清醒、冷静和客观的。著名国学大师陈寅恪曾经说："吾中国文化之定义具于《白虎通》三纲六纪之说，其意义为抽象理想最高之境，犹希腊柏拉图所谓 Idea 者……均为抽象理想之通性，而非具体之一人一事。"❶贺麟先生撰有《五伦观念的新探讨》一文，对"五伦""三纲"有精辟的诠解。贺麟先生认为，"五伦"是五种人与

---

❶ 陈寅恪："挽王静安先生"，见《王国维学术经典集》，江西人民出版社1997年版。

人之间关系的意思。"五伦"注重人，但是并没有忽视天（神）和物（自然）。"五伦"又是"五常"的意思，这不是仁、义、礼、智、信"五常德"，而是指"五常伦"，即人与人之间这五种关系乃是人生正常永久的关系，是人不能逃避、不应逃避的关系。"五伦"观念的最基本意义为"三纲说"，"五伦"观念最高、最后的发展也是"三纲说"。"三纲说"成于西汉，它是从孔孟的"五伦说"发展而来的，是五伦观念的核心。"三纲说"比"五伦说""来得深刻而有力量"。五伦观念反映出的是交互之爱，是一种相对关系，进展为"三纲"，则成为绝对之爱，是一种绝对无待的关系。"五伦"的关系是自然的、社会的、相对的，因而也是相对的、游移的、无常的。如此则政治关系、人伦关系、社会基础仍不会稳定，变乱随时可以发生。"三纲说"要求一方绝对遵守其位分，实行单方面的爱，履行单方面的义务，这样即可避免人伦关系陷入相互的循环报复、讨价还价的不稳定关系中。"由五伦到三纲，即是由自然的人世间的道德进展为神圣不可侵犯的有宗教意味的礼教。由一派的学说，进展为规范全国全民族的共同信条。三纲精蕴真义的纯理论基础，可以说只有极少数儒家的思想家、政治家才有所发挥表现，而三纲说在礼教方面的权威，三纲说的躯壳，曾桎梏人心，束缚个性，妨碍进步，达数千年之久。但这也怪不得三纲说本身，因为三纲说是五伦观念的必然发展，曾尽了它历史的使命。现在已不是消极地破坏攻击三纲说的死躯壳的时候，而是积极地把握住三纲说的真义，加以新的解释与发挥，以建设新的行为规范和准则的时期了。"❶ 贺麟先生的诠释确为平情之伦，应该引起今人注意。

段正元站在道德的高度阐发伦理纲常的意蕴，认为纲常乃天地之正气，道德之发显。"夫人之所以能成其为人，迥异于禽兽者，以其有上下尊卑之序，家庭长幼之乐也。苟无纲常，则无道德之可言，更无所谓礼义廉耻矣。"（《道德学志》）把纲常看成道德的体现，而道德则为纲常提供了终极依据。

但是，近代西学输入以来，国人对纲常进行了猛烈的批判，认为"三纲"是专横的体制，会妨碍平等自由。特别是君臣之称，不宜于共和民国，一旦有人讲纲常，人们就会大肆攻击："此迂酸腐败之流，不开通，不识时务者也。"而段正元认为："五伦创制，原是上合天道下顺人情，而又旁通物理。故欲昌明人道，俾人类社会达到真正的文明境界，必自昌明人伦始。""五伦"是人

---

❶ 贺麟：《文化与人生》，商务印书馆 1988 年版，第 60 页。

类社会最基本的五种关系，人类社会只要存在一天，就绝不能排除在这五者之外，任何工作亦断不能抛开这五者之外。也就是说，人类尽管形形色色、千差万别，"五伦"则可以概括无遗。人事虽然是是非非，各种各样，也可以以"五伦"进行判别。因此，完全可以说，以"五伦"维持人类社会，圆满无缺，犹规矩之应用方圆，时措咸宜。"五伦"实是人道之中枢，昌明人伦，正所以昌明人道主义也。对于当时的人们来说，"五伦"是宗法时代的产物，是封建旧思想，不适用于文明进化的现代社会。段正元说："岂知宗法时代、封建时代，不过仅具五伦之雏形，其弊病尚多（如重男轻女，夫权独用），文明进化到天下大同之时，乃见五伦之美备耳（如男有分、女有归、夫妇平等，但任进化至何等程度，断不能男女不配，无夫妇一伦），故可谓人伦之道，无古今，无中外，凡为人类所共由。一方面言之，人类愈进化，人伦愈昌明；又一方面言之，人伦愈昌明，人类愈进化。人类与人伦实有互为因果兼程并进之关系"（《政治大同》），所以《中庸》说："君臣也、父子也、夫妇也、昆弟也、朋友也，此天下之达道也。""达道"的意思，一是言其四通八达，为修身、齐家、治国、平天下的正路，二是言其下学上达，为尽己、尽人、尽物、赞化育、参天地的阶梯。

（一）夫妇之伦

夫妇关系，是人伦确立的第一大事。孟子说："男女居室，人之大伦。"（《孟子·万章上》）人类之所以代代相继，绵延不绝，是因为有夫妇。《礼记·郊特性》云："天地合，而后万物兴焉。夫昏礼，万世之始也。"《易传》云："有天地，然后有万物。有万物，然后有男女。有男女，然后有夫妇。有夫妇，然后有父子。有父子，然后有君臣。有君臣，然后有上下。有上下，然后礼义有所错。"传统上，对夫妇道德的要求是夫义妻听或夫义妻顺或夫义妻柔。要求是双方的，首先是丈夫"义"，具体包括诸如为夫者要尊重妻子，以礼相待；稳固专一地对待妻子，不在外拈花惹草；富贵了不抛弃糟糠之妻，等等。其次是对妻子的要求"三从四德"。"三从"是指："妇人有三从之义，无专用之道。故未嫁从父，既嫁从夫，夫死从子。故父者子之天也，夫者妻之天也。"（《仪礼·丧服·子夏传》）"四德"是古代妇女应有的德行，见于《周礼·天官冢宰》："九嫔掌妇学之法，以教九御，妇德、妇言、妇容、妇功。"所谓"妇德"，诸如"妇听""妇顺""妇贞"等。这其中有着漫长的历史积淀，渗透了男尊女卑的观念，我们今天当然要批判。但也不要走向另一个极端，以西方自由的滥用来代替夫妇应该有的道德伦理规范，这实际上是放任主义，其后果是造成了今天家庭的崩溃、社会风气的败坏。

那么，夫妇关系的重点是什么呢？段正元认为在有别："奚云有别？谓夫妇感情之特别耳。夫别有二义：一训分别，一训特别。只缘关系不同，是故义各有在。例如男女有别，重在分别；夫妇有别，重在特别。惟必各尽其分，乃能各得其宜。混而同之，斯悖矣。"（《恒德》）强调男女有别，主要是为了别嫌远疑；强调夫妇特别，是指夫妇因特别感情维系婚姻关系。婚姻关系的维持和稳定对家庭、社会都至关重要。对一个家庭来说，夫妇关系，合二姓之好，上嗣宗庙，下继后世者。如果夫妇没有特别感情维系其间，离合无常，就会造成廉耻道丧，家庭惨变，孩子失怙，老人痛苦，社会不稳定因素增加。

（二）父子之伦

父子关系为人类以血缘关系为纽带的纵向延续，故强调父慈子孝。"慈"的基本含义是爱。《说文》曰："慈，爱也。从心，兹声。"《礼记·曲礼上》："慈者，笃爱之名。"父母对于儿女的慈爱是顺应人的自然感情的，爱子之情人人共有。但是，要儿女孝敬父母则是逆着人感情的，是比较困难的。所以谚语有云："养子才知父母恩"，即在家庭伦理中，所缺乏的往往不是"慈"，而是子女对父母的"孝"。孝，是中国传统伦理道德的核心，被认为是一切道德的根本，是所有教化的出发点，是"德之本""仁之实""众善之首"。父慈子孝都是亲亲之义的体现，所以父子关系重点是有亲。但是，先秦墨家倡兼爱之说，"世遂有视亲如路人者，而亲亲之义晦。自平等自由之风炽，世遂有父子不相顾者，而亲亲之义益晦。"（《恒德》）如果父母把子女看成负担，儿女置父母于不顾，长此以往，就可能使社会出现混乱，人类渐趋灭亡，大地返回洪荒，这不是很可怕吗！

（三）兄弟之伦

传统上主要是世家大族，一个家庭里兄弟姐妹非常多，一般是按照天命之序，先生者为兄、姐，后生者为弟、妹。这样的亲情关系，人们常常称为"手足之情""同胞之亲"。传统上处理兄弟关系的伦理原则是"兄友弟恭"，即兄长要关心爱护自己的弟妹，而为弟妹者要尊敬顺从兄长。"友"的含义有友好、友善、友爱、关心、爱护，是兄对弟而言的道德要求。而弟对兄而言的道德要求是"悌"。"悌"又作"弟"，其义是恭、顺从等，"悌"就是要敬爱兄长。兄弟关系是传统家庭中最容易发生矛盾的人伦关系，兄弟之间共患难易，共富贵难，往往会为了争权夺利而阋于墙，乃至干戈相间。历代皇廷上兄弟之间为争夺皇位而互相残杀的事情屡见不鲜，所以传统教育从小就注意处理好兄弟之间的关系。北齐颜之推形容兄弟关系为"分形连气之人"，兄弟之间"方其幼也，父母左提右挈，前襟后裾，食则同案，衣则传服，学则连业，游则共方，虽有悖乱之人，不能不相爱也。"（《颜氏家训·兄弟》）

段正元强调兄弟之伦重在"有序"："圣人于兄弟之伦，重在有序者。正以兄弟之间，惟有顺序，而后兄先弟后，存乎天伦，不得以偏爱启争夺之渐。亦兄弟之间，惟有节序，而后兄友弟恭，各尽其分，不致有中弃不中，才弃不才之嫌。即如兄弟和睦，为家之肥，必有序而后和睦之家风可致。兄弟既翕，和乐且耽，必有序而后和乐之气象乃生……即节序不紊，和乐自尔生焉。凡邻里乡党间，入其室，兄弟怡怡者，必其能兄兄弟弟。"（《恒德》）不仅如此，他还把兄弟一伦阔而大之，发挥孔子"四海之内，皆兄弟也"（《论语·颜渊》）的思想，以兄弟之伦为世界大同的起点。他说："四海何以皆兄弟？强不凌弱，众不暴寡，智不诈愚，勇不苦怯，一言以蔽之，有序焉耳矣。有序维何？换语释之，礼让焉耳矣。能以礼让，世界大同矣，又安有兄弟阋墙之变相哉？耶稣亦谓人人皆为上帝爱子，即人人应当亲敬如兄弟，充斯义也，固不特骨肉参商，同根相煎者，适以悖天伦之序，而为礼法所不容。即弱肉强食，争夺相寻者，亦以干天地之纪，而为帝天所不容者也，君子所以凛有序之训，因之宜兄弟而教国人也。"（《恒德》）这就是说，以兄弟有序的原则处理不同教派、党派、民族、国家的关系，就不会有阋墙之变、争夺不休、弱肉强食的事情发生，人类就可以实现天下一家的大同理想。

（四）君臣之伦

君臣关系是古代社会伦理主要的人伦关系，儒家为此提出了"君惠臣忠"的基本原则，先秦儒家在这一问题上是持相对的观念，与秦汉以后在实际政治中所逐渐演变的"君叫臣死，不敢不死"的现象有根本的不同。孔子讲"君君臣臣"是强调为君要有为君之道，为臣也要有为臣之道，孟子也说："欲为君尽君道，欲为臣尽臣道"（《孟子·离娄上》）。所谓"君道"就是作为君主必须履行的职责和义务，也就是"君德"，诸如要求君主做到"君仁""君正""君义""爱民惠民""与民同乐""博施济众""君使臣以礼"、选贤任能、宽宏大量、天下为公等。所谓"臣道"主要就是"忠"。"忠"是臣对君的基本原则，但也是有条件的。这就是"君使臣以礼，臣事君以忠"（《论语·八佾》），即"臣事君以忠"是以"君使臣以礼"为前提的。"忠"就是"勿欺也，而犯之"（《论语·宪问》），这是子路问孔子怎样侍奉君主时孔子的回答，是说"不要隐瞒欺骗，而可以直言冒犯"。孔子甚至认为，如果君主不听谏言，坚持错误，就可以抛弃他，另投明君。孟子的思想更为激进："君之视臣如手足；则臣视君如腹心；君之视臣如犬马，则臣视君如国人；君之视臣如土芥，则臣视君如寇雠。"（《孟子·离娄下》）"君有过则谏，反复之而不听，则去。""君有大过则谏，反复之而不听，则易位。"（《孟子·万章下》）"贼仁者谓之贼，贼义者谓之残，残贼之人谓之一夫。闻诛一夫纣矣，未闻弑君也。"（《孟子·梁惠王下》）可见，在先秦儒家那里，君臣关系不仅是相互的，而且臣还有着积极的能动精神。忠也不是一味地顺从，荀子说："从命而利君谓之顺，从命而不利君谓之谄；逆命而利君谓之忠，逆命而不利君谓之篡；不恤君之荣辱，不恤国之臧否，偷合苟容以持禄养交而已耳，谓之国贼。"（《荀子·臣道》）这说得很明确：忠不一定是顺。

段正元认为"君臣"二字包含甚广。"君者，主也。臣者，从也。天地间无论何事，离不了主从的关系，即离不了君臣的关系。国家、社会、个人均离不开主从关系。庄子曰：'君臣之义，无所逃于天地之间。'由此可知，君，并非皇帝之专称。臣，非奴隶之性质。乃一社会、一国家、一团体间，作事兴工建功立业相互之团结也。不过有主有从而已。固不得以一提到君臣二字便是有皇帝思想，为帝国主义也。"（《政治大同》）他强调君臣关系的基本原则是"义"，什么是"义"？"义者，宜也。即彼此团结作事，必令一人可行，推之万人有益；一方可行，推之万方有益。一时可行，推之万世无流弊。乃为义，乃为宜。"（《政治大同》）因此，义就成为君臣应该共同遵循的政治道德原则，广义的君臣即社会各行各业领导与被领导者应该遵循的基本原则。

（五）朋友之伦

朋友关系也是一种社会关系。在中国古代，"朋"是指同类，所谓"物以类聚，人以群分"。"友"是指与自己有着共同的志向、共同的爱好、感情深厚的人。有人类社会即有交际往来，就有朋友之伦。古人对交友有着非常多的见解，诸如"道不同不相为谋""择良友而交之""君子之交淡如水""交友贵在交心"，交友要"故旧不遗"，等等。交友最基本的道德原则大概就是诚信了，所以子夏说："与朋友交，言而有信"（《论语·学而》）。交友有信也是曾

子"吾日三省吾身"的内容之一："与朋友交而不信乎？"(《论语·学而》)

段正元反复强调的也正是这个"信"字。他认为"中国古大圣人，于朋友一伦，以信为主，确立亘古不易之常经。"(《政治大同》)"圣人于朋友之伦，重在有信者，一以立交友之极则，一以验群分之臧否也。盖信之实际，毕竟在平日不在临时，在精神不在形式"(《恒德》)，强调"信"的普遍性和本质性。他对"信"还有高度的发挥："在先天言，信者，准也，即人生本来真面目。在后天言，信者，准也，即心口言行如一。试观宇宙，如日月往来不准，则明无由生。寒暑往来不准，则岁无由成。造化如此，何况乎人！人若言行不准，欺人终归自欺。岂仅朋友关系无好结果，必事乃皆无成就。"(《政治大同》)

（六）师弟之伦

段正元在传统的五伦基础上还特别阐发了师弟一伦，并特别强调这一伦不是增加一伦，而是发掘其古已失传的本义以适应现代社会的发展提出来的，是统摄前述"五伦"的。他认为师弟一伦实为人伦之主宰。为什么？因为"师弟关系，乃统摄夫妇、父子、昆弟、君臣、朋友五伦而陶铸之，正五伦所赖以明者，是故谓之大伦，不徒第于五伦之次耳。舜之使契为司徒，教以人伦……而《礼运》亦云：'天生时而地生财，人其父生而师教之。'人何以必须师教？凡自有生以后，气禀不齐，本性多为所拘蔽。所谓耳目之官不思，而蔽于物。物交物，则引之而已矣。若使逸居无教，任情欲之迁流，势必至穷欲灭理，知诱物化，日近于禽兽之一途，则一切父慈、子孝、兄友、弟恭、夫义、妇顺、君仁、臣忠、友信之道无由明，其实践且邈不可得，人类社会将浑成一黑暗世界矣，有不焉澌灭者几希。此先觉觉后觉，先知觉后知，群类教化之所由兴，师弟大伦，所以至尊至贵也。"(《恒德》)这也就是说，前面的五伦怎么能够落实，有赖于通过师弟一伦的化育。人生后天，性格、气质各异，本真之性多为后天熏染，如果没有师教，父慈、子孝、兄友、弟恭、夫义、妇顺、君仁、臣忠、友信之道就不能倡明，更不用说实行实践了。正是在这样的意义上，他强调师弟大伦的至尊至贵。他还回顾师道的由来，在上古圣王那里君相师儒是合一的，尧与舜是君臣关系，也是师弟关系。周公以后，道不在君相而在师儒，而儒自孟子以后大道失传，师弟一伦，就若有若无。而秦汉以降，虽然也有所谓师弟，但他们之间所相与切磋琢磨的大都是训诂辞章、概念范畴之类的学术，实为大道之末。等而下之，自科举制度兴起以后，圣贤文章成了干禄之具，学问问学走上名利之途，甚至争名夺利，不一而足。所以，国家离乱，人道黑暗，盖有由也。然而，孔子为万世师表，亘古常昭，师弟大伦，贞义犹存，只是待其人而行。今天到了舟车所至，人力所通，天下环球，融合一体的时代，"已启天下为公之绪，而选贤与能，共和创制，复兆大道之行之端。既是天不爱道，必且笃生弘道之师。师弟大伦，应昌明于今后之世纪矣。"（《恒德》）他认为《中庸》上说的"今天下车同轨，书同文，行同伦"，"同轨"即天下一家，"同文"即万教归于一道，而"同伦"就是天下人人同陶铸于师弟大伦的预言。所以，他对师弟之伦在走向世界大同过程中的积极作用满怀信心。

至于"三纲"，近代以来的思想文化革命主要是反对以"三纲五常"为核心的封建礼教。最近几年，人们逐渐对"仁、义、礼、智、信"五常有了较为开明的认识，挖掘其适应现代社会的积极意义。但是，一谈到"三纲"，很少有人重新进行反思，对"三纲"仍然抱着决绝的批判态度，认为推倒"三纲"毫无疑义，未能就"三纲"的贞义加以重新解释与发挥，以作为建设新世纪的伦理规范和准则的资源。段正元是赞成打倒旧礼教的，认为三纲五伦八德是儒家后学用以教人的策略，但在长期的实行过程中造成了许多流弊，以致今天人们对其口诛笔伐。他说："古之圣人恐人心不古，不得已用理学教人，以为社会人道主义之防，故立三纲，表率一切。是'纲'有领袖群伦之任，整恭率物之则。居纲之位者，必须以身作则，为人模范，使在下者，若网在纲，有条不紊，而纲之义始尽，不然不足以为纲……后人不知真意，误解三纲，而居上位者反借此压迫在下之人，以假乱真，颠倒是非，贼人祸世，害国殃民，遂至酿成邪说诬民，充塞仁义，君要臣死，不敢不死，父要子亡，不得不亡等种种流弊。今日言打破人伦，打倒礼教，固其宜也。"（《圆道》）在《政治大同》中，他还专门就三纲五伦进行了正本清源的解释，也可以说是一种现代转化。

> 语云：君为臣纲，父为子纲，夫为妻纲。今人将此三纲訾为最专制、最黑暗、最不平等之杀人礼教。岂知三纲正义，不但不专制，而实最自由。不但不黑暗，而实最文明。不但非不平等，而实为最大平等。真正人道主义，必由此完成而进化。盖以纲字而言，非谓君可任意杀臣，父可任意杀子，夫可任意压制妻。乃以凡为人君、为人父、为人夫者，必要整躬率物，以身作则，为臣、子、妻之模范，以共保人道之平安也。此等礼教，正将维持人道纲纪之责任归之于上，重视主事人之责任，非重视其权威也。

> 谚云："上梁不正下梁歪。"已从反面道破三纲真义。"而中养不中，

才养不才,贤父兄所以足乐也。"三代以降,真正之礼教凌夷,三纲失坠。为人君父者,往往自己专横放纵,而反责臣子以忠孝;为人夫者,往往自己奸盗邪淫,而反责其妻以贞节;一班伪儒曲士,又从而推波助澜。此篡弑所以相寻,淫僻所以多罪,人道之沉沦,皆由三纲不正起也。若为君者,先尽君道,足以为群僚之表率。为父者,先尽父道,足以为子女之仪型。为夫者,先尽夫道,足以为妻室之仰望。则"纲举目张""上行下效",一切善良政治,美好风俗,由此而生。社会上又安有不自由,不平等,不文明之腐败现象。

说明"三纲"中的"纲",本意首要、主要是对君、父、夫的要求。"纲"是扬起渔网的大绳,网目的张弛全赖纲能否振起。所以,君、父、夫作为纲,就是要在人伦的实践中起模范的作用,负主要的责任,并不许有无理的压迫。这样,才能纲举目张,上行下效,人伦秩序井然,风俗自然美好,政治自然良善,人类文明的理想境界也不过如此罢了。

关于三纲与伦常的关系。段正元说:"三纲既正,则五伦自明,何也?……三纲立,而人人有所观化适从,犹曰五伦不敦者,未之有也。今时欲人实行八德,敦重五伦,必先整顿三纲。以为道德之根本,然后纲举目张,一唱百和,同游于熙熙之天。人道昌明之世,乃谓之真共和,乃谓之真自由,乃谓之大平等。"(《道德学志》)他还指出,将来天下太平,大同世界,除了五伦之中要明师弟大伦外,三纲之中还必须立师道大纲。因为,正三纲、明五伦、尊八德,都赖于师弟大伦。

二、段正元对传统道德伦理进行现代转换的意义

德国著名历史学家、哲学家斯宾格勒在1918年出版的《西方的没落》一书中把人类文化分为八种:埃及文化、巴比伦文化、印度文化、中国文化、古希腊罗马文化、墨西哥的玛雅文化、西亚和北非的伊斯兰教文化、西欧文化。每一种文化最初都以青春的活力蓬勃兴起,在其根生土长的地方成长壮大,发荣繁茂,然后枯萎凋落,完成了它的生命周期。在他看来,这八种文化的前七种都已经死亡或僵化,而西欧文化也在劫难逃,它的衰亡乃是无可奈何的事。英国著名历史学家汤因比研究了人类历史上从古至今几个大的文明系统,提出了文明生态理论,认为文明正如生命体,它有自己发生—发展—衰亡的过

程，并且反复流转着。在人类近六千年的历史进程中，共出现了二十六个文明形态，其中有二十一个得到了发展，但在长期的历史演变中，有的中衰，有的消亡，有的裂变，有的被征服而变异，至今只有八大文明仍然存在。它们是：西方基督教文明、儒家文明、日本文明、伊斯兰文明、印度文明、斯拉夫—东正教文明、拉丁美洲文明、非洲文明。在这八大文明当中，只有中华文明是一脉相承地发展下来的，是没有中断、没有灭亡、没有转移的最具有持久性的文明，并且形成了鲜明的特色。在与池田大作的对话中，汤因比充分肯定中国秦汉以后两千年"所建立的功绩"，赞扬"中华民族一直保持下来的美德"。❶ 那么，中国文化为什么能绵延不绝、一脉相传地发展到今天？中外学者曾经为这个历史之谜写下了大量的论文和专著，有许多卓见。段正元肯定的则是纲常伦纪的历史意义，"四千年文明古国，庞然大地，独号中华者，即此纲常伦纪，完完全全，无稍欠缺也。又以知迭经丧乱国亡，而种不灭，主权易，而教化犹存，凌夷至今，文弱而未被蚕食者，非必罔生之徒所能幸免，正尧、舜、禹、汤、文、武、周公、孔、孟诸大圣人，树此纲常伦纪，顶天立地，流风余韵，有以默系于其间也。"（《恒德》）今天，我们已经进入了21世纪，全球化的浪潮势不可挡，建立人类的普世伦理越来越迫切，除了已经为世人认可的忠恕之道之外，中华民族可以贡献给人类的还应该有纲常伦理。传统的纲常伦理经过近代以来的批判、洗刷之后，必然恢复其本原的面目，成为人类处理基本关系的法则。段正元一生奋斗虽然有志未逮，却对大同理想坚信不疑，并预言大同世界伦常应该有相应的变化："大同世界，仍是人伦昌明之世界，并非另有神奇玄妙不近人情之异端。不过，天下为家的小康时代，伦常之演绎谨而严。天下为公的大同时代，伦常之演绎大而化耳。若夫货恶其弃于地也，不必藏于己。力恶其不出于身也，不必为己。人人俱存一大公无我，一视同仁之高尚思想，则不但伦常中不生悖逆问题，而资本劳动，既无相对立异之情形，自然贫富均安，亦无发生阶级斗争之余地。""人道昌明乃人类永久的平安幸福，终必以大同为归宿。"（《政治大同》）也就是说，即使人类走向大同社会，纲常伦理必然还是要有的，只是可能更开放、更自由，更符合人性、人情，更能体现人道主义精神。

---

❶ 《展望二十一世纪——汤因比与池田大作对话录》，旬春生，等，译，国际文化出版公司1985年版，第287页。

修道之谓教
——段正元论道与教

韩　星

段正元传承儒家的道统——儒道，发扬儒家的教统——儒教，为儒学和中国文化的现代化发展做出了独特的贡献。这里仅就其关于"道"和"教"的思想做一些梳理，以为今天的宗教学研究提供参考。

一、"道"与"教"

在段正元的思想体系中，道德是主干，是实践的根本。关于"道"，段正元在演讲中随处都有阐发，如：

> 道是何物？非物也，无以名之，强名尊称曰道。其道有一中，中之中，两而化之，一而神之。其中、厥中，一阴一阳。阴阳之中生五老，五老之中生天地，天地之中散气生万物。万物已生，而道之精华始生人。故人为天地之心，万物之灵。（《师道全经·报恩心经》）

> 本无名也，不能状其形、其容、其威、其武。大哉妙哉，无物可比其宝贵也，无名可称其能力也。莫之为而为者，自然而然之贵也、能也，无以名之，强名之曰道也。（《自在元音》）

> 是道也，所以生天地人物也，天地之所以恒久不已，人物之所以各遂其生，皆道主持之。是天地人物须臾之顷，未尝脱离乎道焉。（《道德学志》）

这些对"道"的描述，显然是对《老子》之道的进一步阐发。《老子》的"道"是微妙玄通的，它浑然一体，而又恍惚幽冥、扑朔迷离。它先天地生，为万物母，却功成不居，无形无名，老子也只得强名之曰"道"。对"道"的这些特性，段正元都有继承，但他也有新的发明，认为道"无上至尊"，道有"能力"，除了生天地人之外还要"主持之"，这就使老子的无为之道与孔子的有为之道走向结合。他还继承了秦汉以来学者们对"道"的发展，"无极动曰太初，太初动曰太微，太微动曰太一，太一动曰太空，太空动曰太极。太极生阴阳，阴阳分天地，天地生人物。人物在其中，道察天地中，天地列乎外，道包天地外。天者道之体也，地者道之复也，人者道之用也。"（《外王刍谈录》）这样，以太极为界限，分先天后天，"道"就是贯通先天后天，同时道在天地人物之中，也在天地人物之外，是"人人共由之谓道，人人自由之谓道"（《圣道发凡·时务谈》）。

关于"教"，段正元说："天下日进文明，不外学修政治两端。然学无教则不修，政无教则不治。教也者，所以弥补造化生成之缺陷，为人世增最大幸福者也……虽然教有万殊，约而言之，可分为三：格致、生计、武备诸教，所以保护人之身体也；群学、伦理、法政诸教，所以维持人之伦类也；有谓哲学、有谓灵魂、有谓无极，凡神妙不测诸教，所以使人知有不依形而立，不随死而亡者也。此三者，又一以贯之也……自古及今，由中达外，教虽纷繁迭变，乃舍一贯，而教别无所施者。"（《圣道发凡·原教》）也就是说，"教"是人类进入文明以后为了弥补天地造化形成时的缺陷，为人世增加最大的幸福。世界上思想家、哲学家、教育家、宗教家发挥自己的聪明才智，形成诸子百家，各种宗教，而"教"有万殊，不外为人类的身体、人伦、灵魂设立而已，而这三者又有一以贯之之理。此"一"即"道"也，所以"教"有万殊，"道"以贯之，以"道"为"教"，别无所施。"故曰教者，所以教天下之人，皆行其道。"（《圣道发凡·中庸谈》）"知教足以补造化之恨者，恃此道也。"（《圣道发凡·中庸详解》）

二、"道"与"教"的关系

在阐发了"道"与"教"的基本内涵以后，段正元说："宇宙间只有此道。道生一，一生二。是道为天地发源之性，天得一以清，地得一以宁。得者，德也。大德曰生，是德为天地发用之性，生生化化，命即行乎其中，万物皆禀此命以成性，而人独得其全，乃因阴阳气数之不齐，性流为情，发而不皆中节。此教所由兴也。"(《圣道发凡·孔教》)说明为什么会产生各种"教",是因为"道"要借"教"以落实。对于"道"和"教"的关系,他说:

> 教犹植物之花,道犹植物之本。花由本生,教由道发,花不能离本而生,教不能离道而存。花不能与根本比美丑,教不能与道较高下。道本千变万化,圆通无碍。教则单取一线,有一定不移之方针。道者路也,随人共由,缓急迟速无人限制。教则含专制性质,强迫前行,步步加紧(《道德约言》)。

> 教皆道之用,教愈合而道愈完。(《大成礼拜杂志》)

显然,"道"高于"教","道"为本,"教"为末;"道"为体,"教"为用。"道"圆融无碍,"教"则单一直接。他又通过儒、道、佛三教来具体说明"道"与"教"的关系:

> 道家佛家以教教人,成者甚多。儒虽名为教,而至圣所讲是道。八面玲珑,千变万化,无丝毫专制压迫,数千年中,未成几人。不但成人少,并且世人都讲不得儒是什么。因儒教太宏大、太圆通,不易讲也。行教易,行道难。大道不明之时,各大圣人立法垂教,各有所偏。综核之,立法面面俱到者,厥惟至圣,故为万世师表。各教皆由信立,至圣不但教人信,教人还要笃信;然笃信之中,恐有不合道者,适足以害道,所以教人笃信好学,凡事信之于理,不信之于痴,破迷信也。然此非上智人不能。(《道德约言》)

这就在三教比较中凸显了儒教的优长之处。儒教虽名为"教",而孔子所讲实际上是"道",宏大圆通。道教、佛教要人立信,而孔夫子不但教人笃信,还要人好学,以避免迷信。孔夫子教人循循善诱,循序渐进,诱人入道。如钱穆说:"孔子一生重在教,孔子之教重在学。孔子之教人以学,重在学为人之道。"[1] 又说,"孔子之学最重在道。所谓道,即人道,其本则在心。"[2] 可谓相互印证也。段正元批评当时社会上一些人说:

> 现在自恃聪明之徒,自谓好学,自谓破除迷信,反将古圣人真道一笔抹煞,并不知耶稣之信者得救,虽是愚民教,在大道未明之时,实比开明

---

[1] 钱穆:《论语新解》,生活·读书·新知三联书店2003年版,第4~5页。
[2] 同上书,第6页。

教容易行。试观今之诸教，并不研究道是何道，教是何教，囫囵的只顾说好。佛家说不信佛毁谤佛，便堕入地狱，不得复生为人，还是愚民教。惟儒家为开明教，开明教者何，以人道为主，讲实行实德。例如子路问事鬼神，至圣曰："未能事人，焉能事鬼。"又问死，曰："未知生焉知死。"读此章书，则知其教之开明矣。（《道德约言》）

他们打着破除迷信的旗帜，其实所做的是把古圣人的真道一笔抹杀，盲目乱信各种宗教。这些宗教大都不讲"道"，仅传"教"。近代以来国人批判所谓封建礼教，打倒孔家店，导致民族虚无主义，信仰真空，道德没落，遗失了孔子开明之教所体现的真道。

由以上可以看出，在"道"与"教"的关系上，段正元显然认为"道"是"教"的价值之源，"教"是"道"的工具承担。在大道不明时，世界上出现了各种各样的教。各大圣人立法垂教，各有所偏，缺乏价值承担，容易成为愚民教，只是以鬼神来教人向善。只有儒家可以称得上是名副其实的"圆教"（圆而神、圆融、圆通），面面俱到，而且非常开明，尊重人，讲人道而以人合天，天人合一。这是因为儒教是以"道"立"教"，有价值承担，说的是"教"，其实是"道"，头头是道。"道"是本根，"教"是枝叶；"道"是本质，"教"是形式；"道"是源，"教"是流。"教"之兴起是为了传道、明道、弘道、行道。

正因为这样，段正元强调信教须知重道。他说，各教在大道失传后兴盛起来，原本也是益于世道人心的，可是各教后来的信仰者则各怀排他之心，造成了教派之间、教派内部的争执，甚至引发宗教战争和残杀，这样就失去了教祖原先立教的本旨。他揭示万教的原理就是大道，道一而教不同。要协调万教，就要明道，返回大道，这是解决当今多元宗教竞争而导致人类各种灾难的唯一途径。只要人们意识到这一点，以"道"为归宿，则宗教争斗自然也就不存在了。

> 万教虽不同，要莫不各协于教之原理。原理为何？道是也。道者，所以统万教而一之者也。无道则无天地无人物，又何有于教？不过散之则为万殊，合之则仍归一道……故信教而不知有道，则愈执着而愈支离；明道然后信教，则百变不离乎其宗……夫道一而教不同，何也？盖以古今时代之变迁，天下国家之殊域，众习性之不一，上帝乃因时因地而生圣人，

圣人即因时因地因人而立教义。如孔子生于华夏,以人道立教,所以教大同也;佛祖生于天竺,以性道立教,所以教进化也;太上生于中土,以天道立教,所以教归化也;耶稣生于犹太,穆罕生于回部,各以博爱合群立教,以上帝真宰为归……必修道以立教,权变而布施,广大交致,精微互尽,敞相裁成,乃能尽天地人物之性,建中和位育之功,此道之所以散为万教,万教之所以各立其宗焉。(《民国六年丁巳八月初二日记》)

"道"是万教的原理,统万教而为一。各教因时因地因人而立,其教义有差别,都是"道"之一偏。所以,各教如果能够意识到这一点,回归一"道",不但眼前的宗教纷争可以化解,也是人类走向大同的必由之路。

三、儒道与儒教(孔教)

儒道就是儒家之道,其在中国思想史上的理论形式就是"道统"。段正元对儒道的认识是师承龙元祖师,通过明心见性,通过几十年士农工商的亲身体验,通过寻师访友的学习经验,体悟和验证了本原性、本体性而又现实、具体的大道,形成了自己的道统观。

段正元认为"中国自尧、舜、禹、汤、文、武、周公、孔、孟几个大圣人外,即无真仁大儒,多半似是而非""孟子以后道统不续,《大学》无传""儒家自孟子之后无真儒"(《政治大同》),批评汉以后的儒生违背了儒学的真义,或埋头考据,或崇尚空谈,将儒学引入了歧途,背离了儒道。儒道是什么呢?他在日记中记述自己向龙元祖请教何谓孔子之道,龙元祖回答:"孔子是实行的人道。"问:"何为人道?"曰:"大学之道,即是人道的极规。子不明《大学》一书乎?在明明德者智也,在亲民者仁也,在至于至善者勇也。智仁勇三者,天下之达德也。达德者,即下学上达之道。夫妇之愚不肖,可与知与能之人道也。尧、舜、禹、汤、文、武、周公,以此治世安民,开人道之始基,孔子以此继往开来,集人道之大成。"(《永久和平》)在回答道德学社的来访者所问"现在社会上道门甚多,不知贵社师尊所讲的是什么道"和"贵社与其他道会有何不同"时,他的弟子说:"现在社会普通流行者固多,只可谓之法门,不得谓之道。何故?相传道家有三千六百旁门,佛家有八万四千法门,儒家有诸子百家,惟各大圣人得道之全体大用,惟各大圣人所传者皆是道,其余各得其偏，皆是道之法门。"[1] 段正元所教人的不是素隐行怪、书符念咒，更不是参禅打坐、静坐孤修等。他所传授的学问，即明德亲民、止于至善、格物诚正、修齐治平这些儒家的基本道理，以及止、定、静、安、虑、得这些儒家的性命之学。

段正元处于中西古今文化冲突激烈的20世纪上半叶，这是一个主义盛行、万教并出、多元文化纷纭并争的时代。段正元在肯定中国儒道的主体性基础上以儒为主，不辟诸教，兼容并包，万教归儒。1919年，段正元接受美国传教士何乐意拜访。何问："贵社所讲道德，究以何者为宗主？"段正元答道："真正大道，无种族、国界、教派之分……我今所讲道德，与古之大圣人志愿相同，不分种族、国界、教派，并不辟诸教。择其善者而从之，其不善者而改之。以三教合源，万教归一为宗，以集万教大成，开万世太平为主。"（《远人问道录》）这样的大道不但是中国文化的本质，而且也是中国文化立于世界民族之林的法宝。

在儒道的基础上，段正元认为儒道的发用和落实就是孔教或儒教。他认为古代圣王得大道之真旨，然后以"道"为"教"，开万世教统，孔子乃集古来圣教之大成。那么，孔子之"教"到底如何呢？他继续阐发云：

> 孔子之教，本末兼赅，譬之一心，心有所之，百体皆从其命令。无百本，一心固无所依；无一心，则百体皆无所主。犹之无百家，孔教固无以尽致，无孔教则百家皆无以折衷，舍孔子实无所谓教也。

> 孔子之教，先下学而后上达（自来修养家，教虽神出鬼没，犹必下尽人事。人事既尽，而道始有成。何如孔子之教，次第而进，至平至常，即至神至奇寓焉，学者学昧此旨），其事不外利用厚生，而重在正德。

> 孔子之教，如百谷之养人生，一时不可废，万古无或遗。凡一切教育家，因时制宜，不过如良药之救病于暂，若无百谷以滋其味，则元气不复，何由长治而久安？且由处常以及处变，六经虽无今时之事，而有今时之理。理得则事无不成，道无不在。大哉孔子！譬如天地之无不持载，无不覆帱；譬如四时之错行，如日月之代明。先孔子而生者，非孔子无以传；后孔子而生者，非孔子无以法。孔子诚万世之师表也，惟笃信好学善道者默契之。（《圣道发凡·孔教》）

---

[1] 钱穆：《论语新解》，生活·读书·新知三联书店2003年版，第6页。

修道之谓教——段正元论道与教

春秋末年，是礼崩乐坏、诸教并起的时代，"孔子是一个有才干的人，有宗旨的人，有热诚的人，所以众望所归大家希望他成为一个圣人，好施行他的教化来救济天下。在孔子成名以前原已有过许多民众的中心人物，如宋国的子罕、郑国的子产、晋国的叔向、齐国的晏婴、卫国的遽伯玉等。但是他们一生做官，没有余力来教诲弟子。惟有孔子，因为他一生不曾得大志，他收的弟子很多，他的思想有人替他宣传，所以他的人格格外伟大。自孔子殁后，他的弟子再收弟子，蔚成一种极大的势力，号为儒家。"❶ 近代以来西学、西教东渐，孔教遭到了激烈的批判，出现的局面类似于春秋末年，也是礼崩乐坏，诸教并行，学说纷争。这个时候，段正元能够站出来这样深刻阐发孔教及其功能实在不易，难能可贵。

由于人们对孔教的评判，社会上很多人普遍对孔教及其功能产生了怀疑。在这种情况下，当有人问"万教之中，究竟何教可以平治天下耶"，段正元的回答仍然是孔教：

> 观今之世，教宗万端，各是其是，各非其非，入主出奴，誉丹毁素，纷纭众说，几有谁适为从之叹。究之道有道运，行有行时。以吾人判教之眼光，察现下适时之教义，不惟耶回等教偏重博爱合群之说，不可以泛应曲当于今之时。即如太上之道，以天道为主，非不高矣、美矣，然只宜于归化时代，今亦不能行也。佛家之学，重在性道，非不邃矣妙矣，然只适于开化时代，今亦非其可行之时也。即合万教而观之，教教虽皆有至道，然各有所宜之时，亦各有所不宜之地。惟儒讲人道，其教始于日用伦常，由下学而上达，随人随事，随时随地，行之而无不宜焉……是故欲返天道者，必先返性道。欲返性道者，必须先尽人道。人道何以尽？必由教始。教何以始也？即孔子云：有教无类。有教者，天下有儒之教也；无类者，万教大同也。然必先有儒教之行，而后万教斯能大同。何也？儒之道，礼乐刑政，天下一家者也。故礼云：儒为席上之珍以待聘，强学以待问，怀忠信以待举，力行以待取。又云：儒有忠信以为甲胄，礼义以为干橹，戴仁而行，抱义而处，虽有暴政，不更其所。又云：儒有博学而不穷，笃行而不倦，今人与居，古人与稽。今世行之，后世以为楷。谓其自立，皆有

---

❶ 顾颉刚："春秋时的孔子和汉代的孔子"，见《古史辩》（二），上海古籍出版社1982年版，第135页。

如此者。由此观之，谓儒为万教之先声，不亦宜乎！(《圣道发凡·孔教》)

这就是说，孔子能够集万教之大成，使儒为万教之先声，因此孔教儒教并没有过时，仍然有其现代价值，可以平治天下。段正元认为孔教在漫长的中国历史上产生的问题，并不是孔教自身之过，大半要为历代假文章以取功名而不知实行的读书人负责。因此，他特别反感和批评那些以文章骗取功名富贵而不知真正实践孔子大道的读书人。正是孔子而后儒者对儒道实行实践得不够，才造成了近代以来人们对儒者的不信任、对儒教的激烈批评。因此，他特别强调孔教踏实，不尚空谈，注重实行实践，曾不止一次地阐释他的这种观点，指出博大精深的儒家学说都是古代圣人从实践中得来的。他说："圣人之道重在躬行实践……圣人是行有余力则以学文，非空谈理想。"(《道一》)孔教"所讲道德，非理想空谈，非宣扬文章，非矜奇立异。必期征诸实用，一人可行，一时可行，天下万世可推而准。"(《道德和平·序》)1919年秋，美国传教士何乐意拜访，问段正元："贵社讲道德，何为贵？"段正元答曰："重在实行。凡中外古今之圣贤他佛，无不是实行实德，行有余力，则以学文。"(《远人问道录》)这种实践就是孔教下学上达、内外合一、内圣外王、全体大用的孔教"实践"。

结　语

段正元关于"道"与"教"、儒道与儒教的思想，是对儒家传统的本源性、历史性的阐释，抓住了儒家天人一体、体用贯通的思想本质，以兼容并包的心胸，确立儒家主体性，使"道"与"教"、儒道与儒教的关系获得了清晰的思路，对于今天我们还在进行儒学与宗教关系的争论，在当今多元文化纷纭并争前提下处理多元宗教的关系，特别是对当今的儒教复兴有重要启示。

(原载《世界宗教文化》2013年第4期)

道德学社与道德宗教

韩 星

段正元何许人也？现在一般的人把他当成一个道家人物，官方曾经把道德学社定性为反动会道门，学术界相对比较公允的看法是民间宗教，如中国人民大学黄兴涛教授的一位研究生就以《民国时期的"道德学社"研究》作为硕士论文，兰州大学哲学与社会学院也有研究生从哲学层面做过类似的研究。台湾佛光人文社会学院历史研究所范纯武先生也有"民初儒学的宗教化：段正元与道德学社的个案研究"这一项目。

一、段正元与道德学社

段正元到底是什么样的人呢？笔者曾在一篇小文中逆鲁迅先生之义而用之曰："现代中国的孔夫子"[1]，以他为现代中国在民间弘扬儒学的真贞大儒。段正元，原名段德新，道号正元，祖籍福建省长汀县，四川威远县人，生于1864年4月1日。自幼聪颖纯诚，孝敬老人，尊敬师长，少有大志。七岁入私塾读书，过目成诵，背了不少儒家经典。但当时私塾只强调死背硬记，加之老师随时体罚，使学生失去了读书的兴趣。段正元由此不愿入学，不喜读书。可是，当时的社会风尚是不读书就没有出路，况且他出身于一个理学世家，不读书自然难免遭到家庭的谴责。稍长，段正元开始思考人生与社会，有疑问就向祖父请教："人生除读书外，另有学问乎？"

祖父见问，心中暗喜："读书固有寒窗之苦，苦尽甘来，功成名就。"

---

[1] 原载《西安日报》2002年1月21日第8版，甘肃中国传统文化研究会《研究会通讯》2003年第5期转载。

段正元说："入学中举仅为一身之荣耀，说虚名则可，何功之有？"

祖父说："尔言固然有理，世俗人皆然。尔究竟有何志向？但道其详。"

段正元说："孙儿以为，济世安民有功于天下方为真功，有德于万民，青史流芳方为真名。"❶

可见其志向之远大！后来，祖父、父亲相继去世，他与兄弟分家，与老母为伴，弃书，种地，曾从事农工渔贩等劳动，"多能鄙事"，深知民间之疾苦。十四岁时，思想大变，认为自己农工商贾虽能精通，不过衣食而已，开始思考怎么能够与世有大功德。十五岁时，母大病，外出寻医。半路上遇见龙元祖，请回家为母治病，后母痊愈，段遂欲拜龙元祖为师学医。但龙元祖惜传医术，反劝段正元学道，曰："医乃大道之绪余，果明大道，识阴阳之妙用，握造化之枢纽，化育参赞，则医不待学而自精矣。否则为庸医，可以医肉身，而不能医性灵；可以医个人之病，而不能医全国全世界天下万世人之病。学之何贵之有？以尔之根器，欲学医其志岂不太小，不如学道。"❷ 这话深合夙志，段便拜龙元祖为师。龙元祖赐道号"正元"，传授他大学格致诚正、修齐治平的实学，并说："孔子的学说，乃是真正可以实行的人道主义，大学之道便是人道主义的极则，可惜过去学者，只懂孔子的文章，不是拿来猎取功名，便是学得迂腐板滞，把真正可以救人救世推行致用的宝贵学说，当作理想空谈，深可叹息。"于是，段即随龙元祖入青城山、峨眉山学道。经过了潜心精研和努力，在青城山轩辕台，龙元祖授十九岁段正元以先天专门大学之道，止、定、静、安、虑、得后天养身之法以及天地、阴阳、吉凶、消长，历代治乱兴衰、祸福存亡、得失成败，各种道法并行之妙用。在八月十五日秋月朗明之时，段正元一觉顿开，明心见性。

什么是明心见性？后来他在《元圆德道》中这样解释：

是自性光明，晶莹澈耀，大遍三千大世界，细入微尘。凡往古今来，上天下地，所有万事万物，万理万法，无一不在照鉴之中，而无丝毫障翳。其中清净妙乐，无量无边，真正不可言说……故明心见性之境象，必自己见过者始明白，否则任如何说，终难证实。

我们一般常在佛教中见到"明心见性"，以为这是外来的东西，其实这是

---

❶ 段平：《一代真儒段正元》，未出版，第7页。
❷ 同上书，第12页。

人们身心修炼达到天人合一时的境界，并非神秘不解。当然，达到这个境界并非易事，必须有慧根，并经过艰苦修炼，才有可能。

二十一岁时家乡大旱，段正元遵龙元祖之命，又得老母同意，舍尽家财，赈济邻里，从此家道中落，生活备尝艰辛。二十二至三十二岁时，他开始遵师教，外出寻师访友，证明明心见性时所见的虚实。在这段漫长的岁月中，他半年在家躬耕养母，教育子女；半年外出寻师访友，跋山涉水，栉风沐浴，艰苦备尝，正合了孟子所说的"天将降大任于斯人也，必先苦其心志，劳其筋骨，饿其体肤，空乏其身，行拂乱其所为，所以动心忍性，增益其所不能"。

三十三岁至四十五岁时，他在民间讲道，同时写成《阴阳正宗》一书。但因无钱出版，后来整理成一册保留了部分内容的《阴阳正宗略引》，原书佚失。四十六岁时，他身怀一块银圆第一次进京，访到元人杨献廷。时杨由日本留学回国，在民政部供职。杨敬仰段正元的学识与人品，于是拜其为师，从此成为段正元传道授学、办道德学社的得力助手。1911 年，段正元看到清政府气数将尽，革命风云渐起，一时难以施展抱负，便与杨献庭一起返回四川。1912 年春，他在成都创办了人伦道德会，以提倡伦理、扶持人道为宗旨。会中供奉孔子牌位，每周六由段公开讲解四书五经以及"三纲""五伦""八德"。所讲内容皆由天性中发出，有问必答，百讲不穷。其时正值全国批儒反孔潮流活跃，曾有受到新思潮影响的学者到会中与段正元论辩。段正元对他们进行了驳斥后，依然办会如初。人伦道德会刚成立时，仅有会员十余人，后听众越来越多，由此段的演讲竟延续了一百二十三周。其演讲记录后被编辑成《大成礼拜杂志》《圣道发凡》《外王刍谈录》等。

1914 年复，段正元携杨献庭等弟子再次赴京。1915 年冬，河南籍国会议员陈景南（字尧初）拜段为师，这是一位对他后来的讲学传道事业大有帮助的弟子。在陈景南之后，又有数位当时的军界、政界要人执弟子礼，包括当时的陆军总长王士珍、内务总长孙洪伊、步兵统领江宇澄、警察总长吴炳湘等。在此期间，段正元及弟子在扁担胡同租了观音庵房三间，挂起"道德研究会"的招牌，作为在京讲学传道之所，并着手筹备建立道德学社。1916 年腊月初八，北京道德学社正式成立，地址在西单头条胡同六号。学社社长为王士珍，社师为段正元。弟子多为军政要人及留日回国者，实现了其布衣教王侯之志。其道德学社宗旨为："阐扬孔子大道，实行人道贞义，提倡世界大同，希望天下太平。"道德学社的教纲为："受恩必报，有过贞改，明善实行，诸恶不作，福至心灵，从容中道。"

北京道德学社工作概况：①学社开办以后，段正元每星期日公开演讲一次，企图唤醒人心，移风易俗，匡正天下。其学说主要讲内圣外王、修齐治平之道，也讲身心性命之法，其所讲皆天性中流露。段讲学传道时从不用发言稿之类，讲时由弟子记录，然后整理成册。②经费来源照成都人伦道德会模式办理，完全由弟子自由乐捐，决不花国家一分钱。办社初期，王社长及其他要人曾为经费忧虑，提议或由政府有关部门拨款资助，或为段正元在政府部门谋一职务。段正元对此坚决反对，他说："我在学道之初，曾对师对天发誓，凡办挽回世道、救正人心等一切道德事业，不用公家钱，不受国家名位，纯以师儒身份，尽匹夫有责之义务。"③出版宣讲道德的书籍。社内设有出版机构，按期出版记录学社活动情况的《道德学志》及段正元的讲演记录。从学社成立到段正元退隐二十年间，共出版《道德学志》八十一册，段正元的演讲记录三百多种。④1928年以后，由于否定传统文化成为当时整个社会不可逆转的潮流，道德学社的活动也深受影响。1933年冬，社员为救正社会风气、挽救人心，自愿捐钱出力创办《中和日报》，每日出两大张，逐日登载宣传道德文化的文章，散播到社会上。1937年，日本攻陷平津，难民众多，学社遂将办报的费用，完全移用到办理收容所的事务上，《中和日报》于是停办。1938年，学社在安福胡同七十六号报社旧址处，成立经学讲习所。在大栅栏七号成立妇女挑花工作所，并在所中讲习儒家经典。⑤北京道德学社的讲学传道活动截止到1952年11月21日（北京市人民政府以封建迷信为由，强令其解散）。❶

北京道德学社成立后不久，南京、汉口、杭州、上海、奉天、荥阳、随县、徐州、保定、天津等地纷纷成立道德学社分社。各分社均由当地好道心诚人士自愿捐钱舍地发起成立。社内的组织工作情况因各地社员人数的多寡、事务的繁简而各不相同。一般来说，分社不像总社那样每周一次演讲，而是每月初一、十一、二十一，有三次集会，向孔子行礼，或传达师道教训，或交谈修身体会，相互砥砺，平日则各务其业。如社中遇到特别重大的事情或难题，自己无法解决，便向总社发函请求段正元莅临指导解惑。段正元因此经常奔波各

---

❶ 任宝菊："段正元与道德学社"，见杨子彬主编：《国学论衡》（第一辑），敦煌文艺出版社1998年版，第411~412页。

处讲学传道。1918年冬至,段正元在首次开说大法的隆重典礼上,被弟子们尊称为"师尊",这一称号从此被沿用下来。❶ 段正元在各地讲学传道,在民间形成一股复兴中国传统文化的热潮,在战乱中成为保一方平安、挽世道人心的正面力量。

北京道德学社成立后,先后经历了汪蒋内战、国共内战、抗日战争,是中国历史上社会、政治最不安定的时期之一。面对这种局面,段正元从未袖手旁观,恰恰相反,他不辞辛劳游说于北洋军阀、蒋介石集团新军阀之间,甚至对侵略中国的日本军国主义者也苦口婆心,试图说服他们皈依儒家道义,修齐治平,实现他以道德平治天下的宿愿。他曾先后与萧耀南、卢永祥、吴佩孚、何键、何应钦、蒋介石等多次会晤,推行自己的政治主张。1922年,卢永祥拜会段正元,求消弭战祸及永久安邦之道,段正元告以"求和平不如求平和",希望他能够发起永久平和大会,并通电全国,卢永祥当时答应,但后并未做。1924年,吴佩孚邀请段正元到洛阳,问如何统一中国、平治天下,段正元答曰:"当今之世,必行王道以教民,而后天下可以一。一者何?仁也。以仁心行仁政,天下之人归心焉。"他反对以武力统一,但吴佩孚亦未照此去做。1930年冬,蒋介石两次会见段正元,段正元进以四字"谦让和平",希望蒋介石能够以德政治国,借以消弭内战,解民于倒悬。可惜,这一切都落空了。卢沟桥事变发生后,七十四岁的段正元声明退隐。各地道德学社改变功能,办难民收容所等。他本人从此不穿绸衣,以恢复布衣之身。1940年1月26日,辞世归天。

犹如孔子在世和去世时弟子们对其赞扬、敬仰、崇拜一样,段正元在世和去世时弟子们对他也是推崇有加,认为他是孔子之后的大道传人。段正元去世后若干年,有弟子整理其遗著和讲经说法的讲义,汇编成《师道全书》60卷,其中一部分由香港启明书局1991年出版。在《师道全书·卷首》有这样的评价:

> 师尊秉受全体天命,以集万教大成,开万世太平,实行人道贞义,缔造世界大同为己任,期代了孔子暨各教圣人未尽之志。发愿之后,始终如一,其救世救人之实行实德,坚恒不怠,坚苦卓绝,无以复加。所谓造次

---

❶ 任宝菊:"段正元与道德学社",见杨子彬主编:《国学论衡》(第一辑),敦煌文艺出版社1998年版,第412页。

必如是者，颠沛必如是者，侍侧弟子皆亲见之。至于道法并行之征验，过化存神之妙迹，均有记载，毋俟赘述。乃以不得为政觅知音，大道难行于天下，政德未合，徒唤奈何。

《大道源流·述言》也这样说：

师尊传道立教，济世渡人，无上坚苦卓绝，六十余年如一日之实际，乃恍然为不厌而诲不倦之真精神，实与天覆地载，天高地厚，同其悠久。自非贯通天地人，备具智仁勇，出类拔萃之大圣人，莫能全其分量……然如斯大愿力、大性分、大经纶，又非如理想家、文章家，尽有空谈，毫无实事，乃是大而天地民物，细而日用寻常，举凡一动静、一事物、一衣服饮食之微，亦莫不踏实认真，克勤克俭，适合乎致广大尽精微，极高明而道中庸之符节。

由于段正元不得为政觅知音，大道难行于天下，政德未能合一，无奈之际选择了以道德学社作为"阐扬孔子大道，实行人道贞义，提倡世界大同，希望天下太平"的手段。"泛言之，即是将历来圣圣相传之明明德、亲民、止于至善、格致诚正、修齐治平之固有道德，发挥于世界，使天下之人皆知道德为人生之根本"（畊心《道德学社访问记》），所以，办道德学社并不是他的本意和理想，而是他退而求其次不得已的行为。

二、道德认同及其历史意义

段正元虽然不是一个学院派的学者，但从其一生的演讲记录来看，思想极为丰富，主要有：①认为中国文化就是道德文化，这是指"道统""中道"和"师道"的统一；②认为孟子之后大道失传，并通过对儒家基本经典，如《大学》《中庸》《论语》疏解，批评汉宋后儒对原始儒学的误解、扭曲；③反思、批判和兼容道、佛以及耶、回，以儒为主，整合多元宗教文化；④由于儒家之道是先天后天、内圣外王、修齐治平、全体大用一贯之道，儒家之教能够兼综和合，解决其他各教不能解决的问题，所以人类未来应该万教归儒；⑤穷理尽性以至于命，发掘儒家性命双修的归旨，解决人生的终极关怀问题；⑥只有中国文化才能使天下太平、世界走向大同。

道德不仅是段正元学说思想的主干，也是其一生实践实行的中心，这一点仅从其所办的"人伦道德会""道德学社"以及许多演讲记录以"道德"命名就可以明显地看出。他在回答"你的思想基础是什么"的提问时，明确表明自己讲学传道的目的："中国有一正统的道德思想，自尧、舜、禹、汤、文、武、周公至孔子而绝。我的思想，就是要继承这个正统的道德思想，并发扬光大之。"(《政治大同》)段正元所说的道德，不是今天人们常说的"道德"。19世纪以来，西方学说大量涌入东方，人们把 Morality 译成"道德"一词。其实，英语 Morality 本来是遵守法律或习惯的意思，而东方传统的"道德"一词则是遵从天命之本性的意思。显然，两者不能混为一谈。今天，我们一般把"道德"理解为一种德性和德行，视为一种符合伦理规范的品行。如果某种伦理规范说：你应该这样做，而你果然这样做了，就是有道德的；反之，就是不道德的，即"缺德"。但在先秦不是这样，"道"意味着天道，表示天地万物运动变化的规律，"德"意味着对天道有所得，即指人们认识"道"、遵循"道"，内得于己，外施于人，人称为"德"。因此，"道德"一词的本意就意味着遵循符合天道的人之本性。所以，由道而德，尊道贵德，弘道崇德，就是人道与天道打通，天人合一，人的生活获得了终极根据。段正元所说的道德就是对传统道德古义的发挥，是他在得到世外高人的师传口授，以及长期人生经历、修真养性的实践，最终在"明心见性"的基础上，使道、儒、佛三教精华在儒学的基础上重新凝结、升华出来的。

段正元的"道"是对《老子》之道的进一步阐发，注重道"至上至尊"，"道"有"能力"，除了生天地人还要"主持之"，这就使老子无为之道向孔子有为之道，即"道"向"德"转化，"道"与"德"结合，在生长天地万物的同时，还将以至尊君临并主宰天地万物，使天地万物循道而行。至于"德"，与"道"差不多处于同样的地位。它也是混混沌沌的，难以言说的，是圆满光亮的，似乎是"道"的另一面；然而性质显然与"道"不同，它没有生长功能，它是天地万物及人得之于"道"所表现出来的美满至善的特性。这样，他就把握了"道德"一词完整的意义，认为道德是先天地而生，后天地而不老，是生成天地万物的真宰，贯通先天后天，包孕万物万事无为而无不为；是体用兼赅，阴阳共存，虚实相生，若分若合，不即不离，两分不二的统一体。在《道德学志》中，他这样解释"道""德"和"道德"：

> 道德何自乎？道犹路也，天地人物所共由；德者得也，天地人物所各具，至切近，至平常，愚夫愚妇，可与知能者也。

有谈道德者，目为迂酸；有行道德者，斥为腐败。又若吾中国之贫弱，皆此辈有以酿成之也。实不知吾中国所以不亡者，皆此道德有以维持之。特人日在道中，而不知其为道，犹鱼日在水中，而不知其为水。盖道也者，包罗万有，其中有大道、有正道、有小道、有邪道。

邪道者，道之变迁也；小道者，道之发散也；正道者，道之常行也。盖大道之本体，视之不见，听之不闻，搏之不得，真有不可思议者。而正道却从此出，小道却从此生，邪道却从此灭。

在《政治大同》中，他有更简洁的说明："在先天言，道德乃天地之元气，为生天、生地、生人、生万物之根本。在后天言，道德乃人生之福气，为穷通夭寿、富贵贫贱之源头。故道也者，不可须臾离也。凡个人之身心性命，以及家国天下、万事万物，无一不在道德包孕之中。道德水准高的国家，必呈日月光华、国泰民安之景象。反之，刀兵水火，夭扎疾疫之灾，随之而起。以个人言，厚德所以载福，和气乃能致祥。反之，刻薄成家，理无久享。要知有道者兴，无道者灭。有德者昌，无德者亡。乃天道人事之常经。"这样看来，他所说的"道德"与今天我们常说的道德含义不同，是具有丰富理性内涵的思想范畴。

为了揭示道德的精义，他还区分真道德和假道德。在《大同元音》中，他说："我今言道德，非劝人为善之小道德，非纸上空谈，只图说得好听之虚道德；非术数家矜夸立异谈天之道德；非理学所讲之迂酸腐败道德，有其实方无其实事。故我言之道德，真是治世安民的仁心仁政，救国救天下的良药。"可见，段正元所讲的道德实在是治国平天下的大道大德。这样的大道大德就是"真道德"。

第一，真道德是天地人化生的元气、父母：

真道德者，为天地万物之父母，是故曰："大德曰生"，清气为天也，浊气为地也，散气化生万物也。天地万物完善也，大德之精华而生人也。（《大同元音》）

这就凸显了真道德的本源意义。

第二，真道德既然生天地万物和人，就能管束之，故真道德又是真主宰。段正元以照相机、留音机（即收录机）做比喻，认为天地道德会把人的所行所言记录下来，然后因其善恶给予报应，道德时刻在监视人的言行动静，道德在天为元气，在人为福气。这个真主宰主持天地万物及人，独一无二，是真专制。"此真主宰在身则自修，在家则家齐，在国则国治，在天下则天下平。"（《大同元音》）

第三，真道德是人的良心福田，人有一分真道德，就有千万分福命；有良心福田，自然爱家国，以天下为己任，上行下效，风行草偃，天下自然大治，走向大同、极乐。

第四，真道德还包含我们常说的一些品德修养，如自谦、常知足、有信用，还有知过则改，知善必为，等等。

那什么是假道德？他在《自在元音》中说：

> 自周公、孔孟真道德失传，至今数千年，读圣人之文章，袭圣人之礼乐，假借文辞，以科名取士，牢笼天下人民。虽纸上空谈，亦可以得名誉、得富贵；亦可以施政治，虐庶民，使民不敢不道德，自身先不道德。以法律专横，残害国家，使民无可逃也。森然并厉，上出为上谕，下奉为圣旨。如有欺官蔑法，笞杖徒流，其所行道德，皆在外之又外也。民间受假道德痛苦，不忍言也。有人民言行是道德，在位者毫无道德，是非颠倒，民即冤死，下情不能上达，暴君污吏，宵小权奸，反为道德之代表。朝野上下，君臣人民，皆假外道德，欺欺骗骗，天下焉得不乱也，人民焉得不受痛苦也。

这里所批评的显然是遗失道德贞义以后，大道既隐，上上下下以仁义道德的虚名行不仁不义、无法无天、凶狠残暴之事的事实。这与鲁迅在《狂人日记》中揭露中国几千年来的历史是封建统治者披着仁义道德的外衣"吃人"的历史有异曲同工之妙。

不过，与鲁迅不同的是，段正元对传统的道德思想源流有更客观全面的认识，在对道德思想进行正本清源的前提下有更积极的评价。在区分真假道德的基础上，他认为中华传统文化的正统就是道德思想。为了更好地阐释中华文化，了解传统道德的真义，段正元认为应对中华传统道德做一番"弃假归真、去腐生新"的工作，以使真道德大放光辉。

段正元认为，他所讲的"道德"才是中国文化的精粹，他的历史使命就是继承、发扬、光大这个道德思想的传统。段正元对弟子一再强调，只有实实在在地去实行《大学》之道德，"方是修持人之根本"。后来，他的弟子在回答道德学社的来访者所问"现在社会上道门甚多,不知贵社师尊所讲的是什么道"和"贵社与其他道会有何不同"时,说,"现在社会普通流行者固多,只可谓之法门,不得谓之道。何故?相传道家有三千六百旁门,佛家有八万四千法门,儒家有诸子百家,惟各大圣人得道之全体大用,惟各大圣人所传者皆是道,其余各得其偏,皆是道之法门。"(畊心《道德学社访问记》)段正元所教人们的不是素隐行怪、书符念咒,更不是参禅打坐、静坐孤修等。他所传授的学问,即明德亲民、止于至善、格物诚正、修齐治平这些道理,以及止、定、静、安、虑、得这些大法。总之,所有学问全在行住坐卧视听言动之间,行之至平至常,而用之则至神至妙在其中。(畊心《道德学社访问记》)

他肯定中华传统道德是实现世界大同的必由之路。实现天下太平、世界大同是段正元一生宣讲儒家真义、孜孜以求的最终目的。他说:

> 道德为立国之根本。中华古来君相师儒,以道德立国教民,故万民乐从。因大道不明,暴君污吏,将道德失丧;又加之理学文章之徒,剿袭圣经贤传,反晦大道。故后学书生所学非所用,老成者,迂酸腐败极点,聪明者,奸谋狡诈莫测。故西学东来,不知真道德。自命维新者,大辟前圣先王之教,不能富国强兵。不知我国家不能富强者,实由背弃道德,自专制而专横,上下相隔,不用贤才,私心为国。非先圣先王之道德,不能治国安民也。益以昏君贪官,嫉妒人才,自饱私囊,上下视如仇敌,国家人民一盘散沙。将先王之道德仁义,作为纸上空谈。欺骗良民,以求所欲。官吏私囊既饱,人民财产一空。民为轻,官为重,朝野不一心,国家从何富强?常言国必自伐而后人伐之;家必自毁,而后人毁之。此一定之理也。如能以民为重,爱民如子,国不求保,而民自保之。前有国而亡者,皆由其不保民。民不保则国自亡,理势所必然。古今无道德之君相,欲保全一家一身之禄位,到头杀身亡家,不但不能自保,而且遗臭万年。今人共睹共闻之。凡君相不能根据道德由仁义行,纵私心费尽,巧谋百出,终必失败。自杀主义,焉得不败?为身身不保,为家家反破,为国国必亡。间有祖德前根深厚,或能侥幸一时,终仍德尽必灭,且殃及子孙。此历来世事之显然者。凡圣贤、君子、真英雄、大豪杰以道德为心,开诚布公,有大公无私之言行,先成人之事,济人利物,不为保全禄位,不争势力,不废公理,不讲强权,不为身计、家计、子孙计,而身家子孙自长存于世。馨香俎豆,万古千秋。古今中外,能如此者,皆是英雄转为圣贤之人

格也。否则，假英雄以强权为公理，势力为能事。借假道德仁义，欺骗愚民；以笼络手段，欺骗军士，以逞其所为，其能轰轰烈烈，侥幸一时者，还有祖德前根在也。如德尽必灭，虽为一世之英雄，而受万民之唾骂。纵不杀身亡家，灵魂亦要堕落三途之苦，永不超升。真是愚而好自用，贱而好自专，灾及其身者也。此何故？因大道不明不行，黑暗世界，顺魔鬼气数，造假英雄，不知足不知辱，明为英雄造时势，暗实小人盗贼心。实为娑婆世界之撒旦，苦海世界之魔王，此亦非人甘愿为之，乃恶气使然，顺私情所为。魔鬼极乐世界，小人行险侥幸之时，亦是气数之天随人愿，无道德之世界也！（《大同元音》）

面对当时国家内忧外患的严重局面，段正元将解决中国政治危机、实现人类大同作为他讲学传道的最终目的。他以真贞良心审察当时社会，认为中国当时是"破坏有余，建设不足，人民痛苦已极"，不是兵甲不坚、治制不完、科学不备所致，而是中国人遗弃中国的正统道德思想，而"为他方贩来之凶恶思潮所迷惑所欺夺"，弄得"不可收拾"，并以鸦片战争以来中国在经济、政治、军事等方面的种种努力收效甚微，甚至适得其反来证明，认为"法律严密，兵力强盛，经济充裕，皆非治乱之具"（《政治大同》）。他在民国六年立下的传道办道志愿十八则，就是儒家修齐治平思想的具体体现。其中，第十四条（爱身、爱家、爱国、爱天下、爱人、爱物、爱众、亲仁）、第十五条（实行人道本元，相亲、相爱、相扶持，以天下为家乐）、第十八条（人能弘道，使天下太平，世界大同，个个安居乐业，人人享真贞道德自由平等幸福）充分表现出段正元试图以儒学治平天下的愿望。他坚信"大同世界必以中国固有道德文化善推行之方能达到""试看将来大道一开，平天下不以武力，不以强权，不以经济压制，专在实行道德"，只有"中外皆实行道德，无种族，无国界，无教派，无竞争，相亲相爱，以道德为主，国家有真主，天下太平矣。"（《政治大同》）这便是实现人类大同的必由之路。

如何以中华传统道德推行世界，实现人类大同？段正元认为应从以下三事实施，方能奏效。

其一，综核名实。即"发一令，必谋一令之效。没一官，必举一官之实。用一人，必尽一人之才。作一事，必如一事之分。全国士农工商，各安其业。文武上下，各尽其职。自然无事不办，无政不行，无国不治。"（《政治大同》）

其二，表彰先圣。他认为，中华文化源远流长，乃上古圣人的创造，古之圣人是中国文化之本根、民族之宗祖。"欲水木之绵长，必须培植本源，以畅其生发。欲民族之兴起，必须表彰先圣，此必然之理也。"（《政治大同》）因此，他极力反对近代以来国人否定传统文化、打倒孔孟、数典忘祖的做法。

其三，尊重师道。他指出，国家道德风化之盛衰关键在于教育之兴替，而教育之兴替的关键在于是否尊重师道。段正元对师的要求很高，要有真道德（忠、孝、仁、爱、信、义、和、平），有真智能（格致、诚正、修齐、治平），"师严而后道尊""师道立而善人多"，这样方能长治久安。在《道德和平》一文中，他还列了一节"教育根本首在尊师重道""欲世界大同，要先立师道"，把尊师重道提高到世界治乱的高度，"世界之治乱表面关于国家之政治法律，里面实关于师儒之学说"（《道德和平》）。段正元对师道的议论是对儒家师儒之说的发挥，更具有社会意义。

段正元通过演讲以及出版演讲稿，以通俗易懂、深入浅出的形式，广泛地传播其道德思想，使得道德学社的社员对道德形成了一致认同。这种道德认同类似于宗教认同而没有宗教认同的弊端，在20世纪中国长期的革命战争环境中显示的是积极向上的文化意义和社会效应。北京道德学社的讲学传道以及社会公益活动截止到1952年11月21日，北京市人民政府以封建迷信为由，强令其解散。全国各地的道德学社也先后陆续"转轨"（改变性质）或解散。"文革"时期，北京海淀善缘桥段正元陵园被破坏殆尽，各地的社员都不同程度地受到了冲击，有的甚至被抓进了监狱。值得一提的是，即使在非常艰难的生存环境下，社员内心埋藏的道德种子仍然保留着，在关键时刻还会放射出璀璨的光辉，显示出中华道德文明精神的巨大力量，对当时当地的社会风气产生了积极的影响。这里仅以山西孝义道德学社侯佑诚先生的事迹来说明。山西孝义道德学社是1936年成立的，发起者是侯佑诚先生，他出生于1892年，享年一百零八岁（1892~1999）。由于对教育事业的突出贡献，他成为当代中国教育界的模范人物。据《人民日报》1997年6月27日和6月29日报载"侯佑诚老人，现在仍思维敏捷，精神不衰……生命不息，办学不止。他先后被评为全国健康老人、全国优秀教育工作者、全国关心下一代先进个人……山西省劳动模范。他的办学事迹，多次被中国国际广播电台用华语、德语、英语向全世界广播，并被山西电视台拍成了电视剧《百岁老人侯佑诚》""侯老年轻时……为抵制日寇奴化教育，与同道友人创办私立道德学社。日寇投降后，又创立私立尊德学校。一九八一年，九十高龄的侯老壮心不已，联络了十几位退休教师，开办'爱祖国、爱人民、爱科学、爱劳动、爱社会主义'的'五爱学校'"。

关于成立孝义道德学社，据《侯佑诚自传》记载：

> 孝义道德学社成立的缘起，是由于一九三四年秋，经友人吴庭荣把北京道德学社原创办人段正元师尊所著的《大同真谛》介绍给我。我阅后，觉得他的宗旨完全是大同主义，讲的是创造世界大同的道理，与其他劝人为善的会道门不同，从此我就有了倾慕的信念。一九三五年夏，我去河南办理铺事，办毕返回绕道北京，经乡友孟子蘅介绍，参加了道德学社。听了段师尊数次演讲，使我心中开始有了做人的方向。一九三六年夏，偕同张少房老先生前往北京参加段师尊的寿辰纪念，恰遇晋南猗氏县狄楼海先生（清朝进士）亦到北京，同时提倡祈祷世界和平（他是太原道德学社的副社长兼主讲）。他厌恶政治，走了避世的道路。因为山西参加道德学社的人很少，我们与他见面后，说起我们亦愿提倡道德事业，他很赞成。于是我们返县后，即联络地方各界人士，发起成立道德学社，以作为办理社会事业的基础。因当时部分知识分子感到政治腐败，封建剥削与统治的社会黑暗，亦有使人存心向善、提倡道德、挽救人心的愿望，所以一听道德学社是一个提倡道德的团体，都极表赞同……故在当年秋天，便成立了道德学社。

当时的孝义道德学社"每逢礼拜讲讲段正元的著作"，但是，国破家亡，夙梦难全。1938年春，日寇入侵孝义，四处抢掠，弄得鸡犬不宁，儿童失学流浪。他和杨礼周看到儿童失学是祖国实现救亡复国的一大损失，就在学社内筹办了儿童讲习班，借以避免儿童受日本奴化教育，后来发展为"尊德中学"，直到新中国成立后移交孝义县教育科。[1] 从这里可以看出，他对道德学社的兴趣和在艰难中办道德学社，是在那个黑暗时代看不到出路的一种人生追求，段正元的思想和道德学社的活动给了他精神的支撑、人生的信念。可惜，在那样的时代，道德学社"阐扬孔子大道，实行人道贞义，提倡世界大同，希望天下太平"的理想没有实现的机会和条件，他只好退而求其次，投身教育事业。这奠定了他后来的人生方向——在力所能及的情况下服务社会，造福人民。

在自传中，侯佑诚先生回顾了自己在新中国成立前、新中国成立后服务社

---

[1] 郭庆龙、王子荣：《晚霞红满天》，山西省老龄委员会1997年9月内部出版，第218~224页；又见郭庆龙：《风范长存》，政协山西省孝义市委员会1999年11月内部出版，第79~81页。

会的许多方面。如"恢复孝义古会,重修振兴市场""修护村埝,设闸防洪""保存民房,安定居民""推销焦炭,繁荣经济""规划新城街道,奠定建设基础""修建张家庄水库",等等,当然最主要的还是办学校培养人才。这些事情显然都贯穿了段正元和道德学社的基本信念,是儒家仁爱精神的生动体现。例如,他在95岁高龄看到许多孩子由于贫困失学,便不顾家人的反对,说服了儿女(不但支持他办学,还捐钱),与几位老先生办起了"五爱学校"。五爱学校作为私立学校,在贯彻国家教育方针的前提下,强调从德育教学入手,使学校多次被上级评为"文明学校""模范单位"和遵纪守法的"先进集体"。对于侯佑诚的独特人生,正如他的儿女们在《无私忘我,既勇且刚——写在父亲百岁寿辰之际》一文中所写:"也许因为父亲的前半生经受过过多的屈辱和磨难,因而形成了他耿直刚强的性格;也许是由于深深体味了旧社会中国人民的痛苦和不幸,因而铸就了他鄙视权贵、造福大众的坚定信念和不达目的、誓不罢休的顽强意志。因此,当他辞离了长期的店员生涯之后,就抱定了这样的决心:抛弃一切功名利禄,办几件公益之事,使自己的人生更有价值。"❶

也许正因为如此,20世纪90年代后开始有了恢复道德学社的呼声。如张鸣和先生就曾写了《建议恢复孝义道德学社》一文,文章指出:"自鸦片战争一百多年来,为了寻求救国救民的真理,中国的志士仁人做过许多的探索。有人主张全盘西化,有人主张以俄为师,都获得了一些益处,但也带来一些副作用。今天我们以冷静的头脑反思过去,应当在吸取外来优秀文化的同时,大力弘扬中华优秀传统文化,摒弃民族虚无主义,增强民族自信心,以我为主,中学为体,西学为用。正如伟大的民主革命的先行者孙中山先生所说'东方文明乃仁义道德,而西方文明不过坚船利炮而已!'我们应当充分继承和发扬儒学的道德文化精华,并进一步发扬光大,创造中华民族新的更加光辉灿烂的东方文化。即将到来的二十一世纪必将是东方经济文化雄踞于世界民族之林的美好的明天!怀着以上这些想法,作为炎黄子孙的一分子,我认为应该为中华振兴……贡献自己的一份力量。侯佑诚曾几次谈到恢复道德学社的愿望,我都极表赞同……恢复和重建孝义道德学社必将推动孝义的精神文明建设,形势喜人,时不我待,恢复和重建孝义道德学社此其时也。"❷ 道德学社在民间复兴

---

❶ 郭庆龙,王子荣:《晚霞红满天》,山西省老龄委员会1997年9月内部出版,第171页。
❷ 山西省孝义市五爱学校:《五爱通讯》(第十期),1997年9月版,第17页。

传统文化的努力和社员无论在什么情况下保持真贞良知的道德种子，想方设法为社会贡献自己的力量这些生动的事例告诉我们，应该对段正元和道德学社进行客观的评价，充分肯定其道德思想和道德学社成员的道德认同对于我们今天道德文明建设所具有的现实意义。

三、若干需要反思和澄清的问题

由于对段正元和道德学社长期的反面宣传和民间宗教的定位，人们的头脑中造成了诸多疑惑，需要我们进行澄清。

（一）段正元所讲的道德是哲学、宗教还是伦理

从以上我们对段正元道德思想的介绍中可以看出，他所谓的道德可以说既是哲学，也是伦理，还是宗教，或者说最起码具有今天我们学科体系哲学、伦理、宗教这三个层面的内容。所以，这个道德是理性的、人文的，也是信仰的。在《政治大同》中，他认为：

> 华人富于道学思想（注意，非专指道教而言，或统以哲学名词包括之，乃不知哲学乃后天所求之学问，道学乃先天发皇之实德，二者有天渊之别），故能阐明形上之道，增进人类精神文明。换言之，即增进人类道德文明。物质文明增进，可以助长人类肉体的幸福；道德文明的增进，可以助长人的精神之幸福，并可善用物质，完美肉体与灵魂的幸福。若物质的文明越发达，而无道德文明规范之，则社会上一方面愈文明，他方面愈黑暗。欧美工商竞争，贫富悬殊，侦探强盗俱有绝技，皆物质文明发达之结果。若道德文明愈发达并利用物质文明以推展之，则地球上立成大同世界、极乐世界。

段正元之所以认为"道学"（道德之学）不是哲学，是因为："哲学乃后天所求之学问，道学乃先天发皇之实德""在先天言，道德乃先天之元气，为生天、生地、生人、生万物之根本；在后天言，道德乃人生之福气，为穷通、夭寿、富贵、贫贱之源头，故道也者，不可须臾离也。凡个人之身心性命，以及家国、天下、万事万物无一不在道德包孕之中。"（《政治大同》）这个看法无疑是非常深刻的。因为"道学"是全体大用之根本大学，它包含了现代意义上的哲学、宗教学、伦理学乃至政治学、历史学、文学、社会学等学科门类当中

的基本内容，所以是不能与哲学对等的。

（二）段正元所讲的道德及道德学社的宗教性问题

长期以来，道德学社被看成是一种民间宗教组织，段正元也被认为是在搞宗教迷信，甚至是邪教。这也是需要澄清的。从段正元本身来看，他从不认为自己是在搞宗教，他的思想虽然从道家、道教、佛教那里汲取了许多东西，但本质上并不是以宗教立教而是以"道德"立教的。他曾区分"教"与"道"云："教犹植物之花，道犹植物之本。花由本生，教由道发，花不能离本而生，教不能离道而存。花不能与根本比美丑，教不能与道较高下。道本千变万化，圆通无碍。教则单取一线，有一定不移之方针。道者路也，随人共由，缓急迟速无人限制。教则含专制性质，强迫前行，步步加紧。"并进一步就儒、道、佛三教进行历史的分析："道家佛家以教教人，成者甚多。儒虽名为教，而至圣所讲是道。八面玲珑，千变万化，无丝毫专制压迫，数千年中，未成几人。不但成人少，并且世人都讲不得儒是什么。因儒教太宏大太圆通，不易讲也。行教易，行道难。故至圣曰：'朝闻道夕死可矣。'"因此，他认为讲"教"是迷信："教甚易讲，盖讲教都是迷信，所谓窝起舌头说话，只讲半面。遇着时机秉着一部分天命，各说各的，不管其他方面通与不通。如耶稣云：'除我以外别无上帝。'要阐其教，使人迷信，不得不然。前大道不明不行之时，万教后学，概在迷信之中。儒家迷信文章；佛家迷信顽空；道家迷信神仙；耶稣迷信上帝；回教迷信真神。其他非儒非佛非道非耶非回之教，亦莫不各迷信一端。非迷也，不明道而行教，不得不如是也。"（《道德约言》）在这样的基础上，他认为西方宗教不如我道德文明，"耶稣教义终究不能摆脱简单拘束之宗教思想，于道德文明犹有偏而不全、美而未善之处。"（《政治大同》）他批评西方人与基督教"所以当今之世，求诸宗奉宗教者，比比有人；求诸信教而又知重道者，曾不数见。试观泰西各国等，是崇奉耶教，讲博爱主义之文明国也。今乃日寻干戈，置数千万人之生命财产于不顾，则博爱之道何在？"（《道德学志》）试看今日以美国为首的西方国家，推行霸权主义，造成了世界局势的动荡和人民生命财产的巨大损失，段正元的思想无疑是有现实意义的。

（三）道德的实行问题

段正元特别强调孔教踏实，不尚空谈，注重实行实践，曾不止一次地阐释他的这种认识，指出博大精深的儒家学说都是古代圣人从实践中得来的。在

《道一》中，他讲："圣人之道重在躬行实践……圣人是行有余力则以学文，非空谈理想。"又在《道德约言》中说："圣人之言是由躬行实践，一一做到，由性分中流露出来，发为文章，故能永不垂灭，如日月经天，江河行地。"孔教"所讲道德，非理想空谈，非宣扬文章，非矜奇立异。必期征诸实用，一人可行，一时可行，天下万世可推而准"。（《道德和平·序》）"儒教踏实，日用伦常，尽人道，合天道，穷通得失，由命不由人。故曰君子居易以俟命，如泥作成器皿，可用于世，未得真火炼之，器皿易坏，若造到至圣，由尽性至命，其功万世不朽。""儒教尚躬行实践，不贵空谈。"（《正元日记》）1919 年秋，有美国传教士何乐意拜访，问段正元："贵社讲道德，何为贵？"段正元答曰："重在实行。凡中外古今之圣贤他佛，无不是实行实德，行有余力，则以学文。"（《远人问道录》）这里的"实践"不是我们今天常说的实践，今天我们常说的实践是从西方近代引进的一个哲学范畴，主要指社会实践，即"人类能动地改造自然和社会的全部活动，主要包括生产斗争、阶级斗争、科学实验等。"❶ 这种实践观实际上只相当于孔教内圣外王的外王部分，非下学上达、内外合一、全体大用的孔教之"实践"。

　　道德在段正元思想当中的地位是根本性的，其发用则要借助礼乐，这就是道德落实的重要途径，故他的一个重要思想是：道德为体，礼乐为用。其所谓"以道德立国教民，故万民乐从。""非先圣先王之道德，不能治国安民也。""凡圣贤、君子、真英雄、大豪杰，以道德为心"者，皆以道德为体也。其所为"以民为重，爱民如子，国不求保，人民自保之。""开诚布公，有大公无私之言行，先成人之事，济人利物，不为保全禄位，不争势力，不废公理，不讲强权，不为身计、家计、子孙计"者，皆以礼乐为用也。其下文又谓"以道德为根本，仁义为实行，体天地好生之德，代天宣化，救正人心；使人人君子，个个圣贤"者，亦以道德为体，礼乐为用也。❷

（四）道德的普世性问题

　　美国传教士何乐意访问道德学社时，问道："欧美发扬道德，以耶稣为宗，上帝为主。中华发扬道德，则旧来儒释道三教，各有宗主。贵社所讲实行

---

❶ 《辞海·哲学分册》，上海辞书出版社 1980 年版，第 61 页。
❷ 韩绍正："道德为体　礼乐为用——论段正元道德思想之体用"，见鞠曦：《恒道》（第二辑），吉林文史出版社 2003 年版。

道德，究以何者为主耶？"段正元回答："教中各分宗主，乃各教圣人当时。因时、因地、因人之说法，非大道真谛也。真正大道，无种族国界及教派之分。试问释迦发愿普度，孔子有志大同，耶稣博爱人群，尚复有何界域？有何宗派？故我今所讲实行道德，亦同自古大圣人之志愿，不分何等种族国界及教派，并不辟诸教，择其善者而从之，其不善者而改之，以三教合源，万教归一为宗，以集万教大成，开万世太平为主。不过诸教之中，惟儒教踏实认真，最尚实行，最能实行。凡能言能行者，皆儒也。"（《远人问道录》）这里的儒教，有时段正元称为孔子之教。孔子之教因时制宜、因地制宜，是孔子之道的发用，因此，宜古宜今，宜中宜外：

> 因时制宜，浅而愚夫愚妇，一时不可离。及其至也，圣人有所不知。上而君相师儒，修身齐家治国平天下，亦是孔子之教；下而士农工商，皆是用孔子之道。孔道不可须臾离，慢说中国用此道，即是外国，讲富国，讲强兵，讲文明，讲自由，讲平权，讲大同，讲进化，皆是此道。圣道者，下学上达，如兜天之罗帕也，能大能小，能刚能柔，包罗天地，曲成万物，故不可离也。大哉！孔子之教，真宜古宜今，宜中宜外也。（《大成礼拜杂志》）

春秋末年，是礼崩乐坏、诸教并起的时代，而形成于这个时代的孔子之教集上古文化之大成，又开其后中国文化之长河，影响了两千多年。近代以来西学、西教东渐，孔教遭到了激烈的批判，出现的局面类似于春秋末年，也是礼崩乐坏，诸教并行，学说纷争。这个时候，人们普遍对孔教及其功能产生了怀疑。在这种情况下，当有人问"万教之中，究竟何教可以平治天下耶"，段正元的回答仍然是孔教：

> 当今万教纷争，各教门徒，竞挟门户之见。亦有知道己教不完善，因习惯已久，不能变通；亦有知道他教高超，入主出奴，任意指斥；又有执迷不悟，陷入左道旁门，牢不可破，并不知何教完善。惟古来哲学名家，考究诸教，凭天良决定，多以有一无二之真教，有教无类之学问，平治天下。教育得其中和者，惟至圣先师孔子，下学上达，因材施教，内圣外王，一以贯之，可谓能集万教之大成者也。（《大成礼拜杂志》）

> 观今之世，教宗万端，各是其是，各非其非，入主出奴，誉丹毁素，纷纭众说，几有谁适为从之叹。究之道有道运，行有行时。以吾人判教之

眼光，察现下适时之教义，不惟耶回等教偏重博爱合群之说，不可以泛应曲当于今之时。即如太上之道，以天道为主，非不高矣、美矣，然只宜于归化时代，今亦不能行也。佛家之学，重在性道，非不邃矣妙矣，然只适于开化时代，今亦非其可行之时也。即合万教而观之，教教虽皆有至道，然各有所宜之时，亦各有所不宜之地。惟儒讲人道，其教始于日用伦常，由下学而上达，随人随事，随时随地，行之而无不宜焉……由此观之，谓儒为万教之先声，不亦宜乎！（《民国六年丁巳十二月二十六日记》）

也就是说，孔子能够集万教之大成，使儒为万教之先声，因此孔教并没有过时。在文化多元、价值相对主义盛行的现时代，孔教以其特有的中和之道，和而不同，天下和平，世界大同，显示出其在现代世界的价值。

一般认为最早从汉代开始，儒教就开始走向世界。13～14世纪，宋明理学逐渐传入越南、韩、日，成为东亚文化圈的主流。儒教的世界性在于：儒学适应了人类基本的道德要求，它不是外在灌输和强加的，而是出于人类道德社会自身的内在要求。因此，它向世界的传播是以人文理性精神为圭臬，辐射到周边国家，形成了广大的儒学文化圈，覆盖的人口超过全人类的四分之一，并且与世界各文明、各宗教都能够和平相处，没有排他性，没有侵略性，能贯通于世界各教派之中。20世纪以后，尽管儒学在中国本土遭遇了激进的批判，但是随着华人移居世界各地，"儒教文化圈"在不断地扩大，从东亚到东南亚，到欧洲、美洲，其影响已经是世界范围的了。因此，我们说，儒教是中国的，也是世界的；儒教是历史的，也是未来的。

段正元孔教思想与实践

韩 星

段正元的思想非常丰富，主要的思路是传承儒家的道统——儒道，发扬儒家的教统——孔教（儒教），为儒学和中国文化的现代化发展做出了独特的贡献。这里仅就其相关孔教思想和实践做一梳理，以为今天中国文化的复兴提供参考。

一、"道"与"教"

段正元的思想虽然从道家、道教、佛教那里汲取了许多东西，但本质上并不是以宗教立教，而是以"道德"立教的。他以传统儒家"理一分殊"的思路，认为"道"一而"教"殊，古来是"一本"（道）散为"万殊"（各种宗教），将来要"万殊"仍归"一本"。"道讲来是四面玲珑，可言说的非道，不可言说的非道；可思议的非道，不可思议的非道。""教者因时制宜，因材施教。大道不明不行，不得已而为之也。"（《正元法语》）"教犹植物之花，道犹植物之本。花由本生，教由道发，花不能离本而生，教不能离道而存。花不能与根本比美丑，教不能与道较高下。道本千变万化，圆通无碍。教则单取一线，有一定不移之方针。道者路也，随人共由，缓急迟速无人限制。教则含专制性质，强迫前行，步步加紧。"并进一步就儒、道、佛三教进行历史性的分析："道家佛家以教教人，成者甚多。儒虽名为教，而至圣所讲是道。八面玲珑，千变万化，无丝毫专制压迫，数千年中，未成几人。不但成人少，并且世人都讲不得儒是什么。因儒教太宏大太圆通，不易讲也。行教易，行道难。故至圣曰：'朝闻道夕死可矣'。"因此，他认为讲"教"是迷信："教甚易讲，盖讲教都是迷信，所谓窝起舌头说话，只讲半面。遇着时机，秉着一部分天命，各说各的，不管其他方面通与不通。如耶稣云：'除我以外别无上帝。'要阐其教，使人迷信，不得不然。前大道不明不行之时，万教后学，盖在迷信之中。儒家迷信文章；佛家迷信顽空；道家迷信神仙；耶稣迷信上帝；回教迷信真神。其他非儒非佛非道非耶非回之教，亦莫不各迷信一端。非迷也，不明道而行教，不得不如是也。"（《道德约言》）从"道"与"教"的关系上，段正元认为"道"是"教"的价值之源，"教"是"道"的工具承担。"道"是本根，"教"是枝叶；"道"是本质，"教"是形式；"道"是源，"教"是流。"教"之兴起是为了传道、明道、弘道、行道。在大道不明时，世界上出现了各种各样的教，各大圣人立法垂教，各有所偏，往往陷入迷信，现在到了万教归为一道的时候。

二、孔子之道与孔子之教

他在日记中记述自己向龙元祖请教，问何谓孔子之道，龙元祖回答："孔子是实行的人道。"问："何为人道？"曰："大学之道，即是人道的极则。子不明《大学》一书乎？在明明德者智也，在亲民者仁也，在至于至善者勇也。智仁勇三者，天下之达德也。达德者，即下学上达之道。夫妇之愚不肖，可与知与能之人道也。尧、舜、禹、汤、文、武、周公，以此治世安民，开人道之始基，孔子以此继往开来，集人道之大成。"（《正元日记》）这是从"道"的高度对孔子思想的精炼概括，认为孔子之道是智仁勇三达德下学上达之人道。

他还进行历史的论证说，古代圣王得大道之真旨，然后以"道"为"教"，开万世教统，孔子乃集古来圣教之大成，后儒仅得圣人之道的一偏。

> 道与德两而化，一而神，此为学之绝诣。尧、舜、禹、汤、文、武、周公，由此其选也，至孔子集其大成。《诗》《书》教人修性命之德，未尝离道，但涵而不露。大《易》教人修性命之道，未尝离德，然费而多隐。《春秋》之作，本孔子道成德备，不出户庭以经世，所以示万世名教之大防。内而圣，外而王，孔教固如斯其美备。所可异者，天既生孔子以传教，而乃不得广其传，得其传者，曾子、子思、孟子而已。递及宋明，二程、朱、张之纯正，周、邵、陆、王之高明，仅各具圣人之一体。今虽遍天下读孔子书，不过攻其糟粕。（《圣道发凡·孔教》）

·171·

这是从道统的角度对儒家思想的总结，是符合历史事实的精辟之见。那么，孔子之教到底如何呢？他继续阐发曰：

> 孔子之教，本末兼赅，譬之一心，心有所之，百体皆从其命令。无百本，一心固无所依；无一心，则百体皆无所主。犹之无百家，孔教固无以尽致，无孔教则百家皆无以折衷，舍孔子实无所谓教也。
>
> 孔子之教，先下学而后上达（自来修养家，教虽神出鬼没，犹必下尽人事。人事既尽，而道始有成。何如孔子之教，次第而进，至平至常，即至神至奇寓焉，学者学昧此旨），其事不外利用厚生。
>
> 孔子之教，如百谷之养人生，一时不可废，万古无或遗。凡一切教育家，因时制宜，不过如良药之救病于暂，若无百谷以滋其味，则元气不复，何由长治而久安？且由处常以及处变，六经虽无今时之事，而有今时之理。理得则事无不成，道无不在。
>
> 大哉孔子！譬如天地之无不持载，无不覆帱；譬如四时之错行，如日月之代明。先孔子而生者，非孔子无以传；后孔子而生者，非孔子无以法。孔子诚万世之师表也，惟笃信好学善道者默契之。（《圣道发凡·孔教》）

首先，孔子之教本末兼赅，道与教一贯；其次，孔子之教下学上达，内圣外王；最后，孔子之教具有普适性，百姓日用斯须不可离。为什么？因为孔子之教因时制宜，因地制宜，是大道的发用，因此，宜古宜今，宜中宜外：

> 因时制宜，浅而愚夫愚妇，一时不可离。及其至也，圣人有所不知。上而君相师儒，修身齐家治国平天下，亦是孔子之教；下而士农工商，皆是用孔子之道。孔道不可须臾离，慢说中国用此道，即是外国，讲富国、讲强兵、讲文明、讲自由、讲平权、讲大同、讲进化，皆是此道。圣道者，下学上达，如兜天之罗帕也，能大能小，能刚能柔，包罗天地，曲成万物，故不可离也。大哉！孔子之教，真宜古宜今，宜中宜外也。（《大成礼拜杂志》）

三、孔教的现代价值

春秋末年是礼崩乐坏、诸教并起的时代，而形成于这个时代的孔子之教集上古文化之大成，又开其后中国文化之长河，影响了两千多年。近代以来西学、西教东渐，孔教遭到了激烈的批判，出现的局面类似于春秋末年，也是礼崩乐坏，诸教并行，学说纷争。这个时候，人们普遍对孔教及其功能产生了怀疑，在这种情况下，当有人问"万教之中，究竟何教可以平治天下耶"，段正元的回答仍然是孔教。

> 当今万教纷争，各教门徒，竞挟门户之见。亦有知道己教不完善，因习惯已久，不能变通；亦有知道他教高超，入主出奴，任意指斥；又有执迷不悟，陷入左道旁门，牢不可破，并不知何教完善。惟古来哲学名家，考究诸教，凭天良决定，多以有一无二之真教，有教无类之学问，平治天下。教育得其中和者，惟至圣先师孔子，下学上达，因材施教，内圣外王，一以贯之，可谓能集万教之大成者也。（《大成礼拜杂志》）

> 观今之世，教宗万端，各是其是，各非其非，入主出奴，誉丹毁素，纷纭众说，几有谁适为从之叹。究之道有道运，行有行时。以吾人判教之眼光，察现下适时之教义，不惟耶回等教偏重博爱合群之说，不可以泛应曲当于今之时。即如太上之道，以天道为主，非不高矣、美矣，然只宜于归化时代，今亦不能行也。佛家之学，重在性道，非不邃矣妙矣，然只适于开化时代，今亦非其可行之时也。即合万教而观之，教教虽皆有至道，然各有所宜之时，亦各有所不宜之地。惟儒讲人道，其教始于日用伦常，由下学而上达，随人随事，随时随地，行之而无不宜焉……是故欲返天道者，必先返性道。欲返性道者，必须先尽人道。人道何以尽？必由教始。教何以始也？即孔子云：有教无类。有教者，天下有儒之教也；无类者，万教大同也。然必先有儒教之行，而后万教斯能大同。何也？儒之道，礼乐刑政，天下一家者也。故礼云：儒为席上之珍以待聘，强学以待问，怀忠信以待举，力行以待取。又云：儒有忠信以为甲胄，礼义以为干橹，戴仁而行，抱义而处，虽有暴政，不更其所。又云：儒有博学而不穷，笃行而不倦，今人与居，古人与稽。今世行之，后世以为楷。谓其自立，皆有如此者。由此观之，谓儒为万教之先声，不亦宜乎！（《民国六年丁巳十二月二十六日记》）

这就是说，当今时代与孔子的时代非常相似，万教纷争，各教门徒，竞挟门户之见，各是其是，各非其非。道教以天道为主，佛教重在性道，儒家讲人道，

· 173 ·

但不是狭隘的人道主义或孤立的人类中心主义，而是以人道为主、合天道性命为一体的。孔子能够集万教之大成，有教无类，开万教大同之先声。他相信，必先有儒教之行，而后万教斯能大同。因此，孔儒之教并没有过时，仍然有其现代价值，可以平治天下。

他还进一步比较万教与孔教：

> 中外古今，万教虽多，一言可决，执两用中而已。凡教育不得其中者，道之一端耳。惟孔教为道之全体，时中之圣。事从宜，礼从俗，无论士农工商，智愚贤否，皆不能离此日用伦常之道也。举要言之，今世列强，虽未明行孔道，而文明进化，法律自由，实暗合孔子政刑之教；道德自由，社会主义，实暗合孔子大同之教。故舍孔子而言教，真所谓不知时务者也。果知孔教，则万教可一以贯之。（《大成礼拜杂志》）

这说明孔教能够执两用中，得道之全体，所以世界上其他宗教和思想学说都实际上暗合了孔教的思想，故孔教可以使万教一以贯之。

既然孔教这样好，为什么近代以来，中国反而积弱不振，被西风西雨摧打得七零八落？当时，有人给段正元提出这样的问题："先生于孔子，推尊独至，而海外无孔教，何以能富强？中国有孔教，而反文弱何也？"

他是这样回答的：

> 予幼失怙，不知好学。读孔子之书，只徒背诵，毫不解其义，于孔子并无感情。年十五得遇明师，始闻性道。后于释老耶回诸教，亦略有所闻，自高自大，小视孔子之道。三十余载，恨不得知音。其中阅历人情世故，千磨百折，艰苦备尝，乃清夜自思，人生天地之间，岂长此忧患而无一极乐之事。幸明师循循善诱，复将《论语》再三思索，始恍然孔子之道，浅近即广大所由来，平常即神奇所由出，忧惧即安乐所由生。前所闻性道，皆在孔子范围之中。予所以不沉溺于苦海者，实则孔子隐有以告我也。奈人不得其门而入，读书万卷，自以为孔子之徒，不知为名教中之罪人。假文章以取功名，假仁义以图富强，而全无公德之心。故读书人虽多，不能保身，焉能保家保国？然而我国之种族，终得以绵延不绝者，数千年来，虽未遍行孔子之道，犹幸有一二实行者，故元气欲散而未散，未为列强所并吞。列强虽无孔教，而其公德之心，间亦有所暗合。但专讲功利，斫丧元气太甚，一变不能至道。我中国果能实行孔道，则声教所讫，

外国自不难一变至道，合五洲为一统。譬如北辰，居其所而众星共之。（《大成礼拜杂志》）

这是从自己的亲身经历和体证说明孔教可以兼容诸教。孔教在历史上产生的问题，并不是孔教自身之过，大半要为历代假文章以取功名而不知实行实践的读书人负责。西方虽然没有孔教，但凭其公德之心，往往与孔教有所暗合。但是，如果一味地讲功利，就会斫丧其元气。中国如果能够借孔教实现孔道，就有可能像孔子当年说的"齐一变至于鲁，里一变至于道"，进而实现天下大同。

四、三教合源，万教归儒

段正元曾长时间在民间深入了解道佛各界，对伊斯兰教（回教）和基督教也有体察，然后结合中国的历史与国情，提出了三教合源、万教归儒的思想。

儒道佛在中国文化发展史上形成了错综复杂的关系，从汉代的儒道互补，到魏晋南北朝时期的儒道玄佛相互激荡，从隋唐开始三教合流，到宋明理学以儒为主，相容道佛，构成了中国文化蔚为壮观的景象。段正元在反思历史的基础上，正本清源地区分三教："道为万教之祖，万圣之师……世间正教，唯得道与儒。佛不过陪衬一切，为万教中之大者，虽能包罗天地，养育群生，昆虫草木，悉要度尽……无天道正于上，人道主于中，则佛教不能成立，头顶天，足踏地，食儒服儒，诸事仗儒……儒佛合宗，天工乃全，故曰三教合源。三教之中，以道为根本，以佛为枝叶，以儒为花果，全体精神，在此一华。华能结实，其中含仁，故儒教重仁者。"（《敏求知己》）同时，他又说："其实三教并不可分，三教即是天地之精气神三宝，缺一不可。其所为分，乃不分而分，分而不分，所谓三而一，一而三。天地气化，凝聚则为三宝，泛用则为五行，故三教之外，又有耶回。以三宝言，道教是神，佛教是气，儒教是精。观太上言道、道、道，三个道字，真是神妙莫测，所以为神。至圣言学而时习之，何等踏实，所以为精。佛言性海，大周天界，细入微尘，所以为气……三教均是大道精华，各有天命。得一可以贯三，得三而万事全备。""三教本同源，推之万教，亦莫不是一本所发。"（《乐教》）这些是对三教及其关系的精辟分析和定位。在此基础上，他进一步论证为什么要三教合一："三教各有天命，天地之三宝，各有各的好处，各有各的用处，但或固执一面，或偏轻偏重，则不能得道之全体大用。从前大道不明不行，各教互相辟驳，是三宝不合，五行逆制，故世界不得太平……必要大道宏开，三宝打成一片，五行生生不已，三教合一，万教同归，道之全体大用，方能实现，天下亦于此太平。"(《乐教》)三教合一，万教同归，就是合于一道，天下大同。他还根据时代的发展提出："当今天下有道，人道昌明之时，大同世界，儒为主席，道佛皆听儒为，万教皆归儒主。儒行大道，保全天地人物，拨乱反正，一家天下，使老安少怀，皆是为己。"(《敏求知己》)

为什么要"万教归儒"？段正元分析说，孔子说"君使臣以礼，臣事君以忠"(《论语·八佾》)，原意是先归罪于上，君与臣是相对的，并没有偏于尊君的意思。孔子整理《尚书》，说"抚我则后，虐我则仇"(《尚书·泰誓下》)，"民为邦本，本固邦宁"(《尚书·五子之歌》)，思想中有民为本位，含贵民轻君的主旨。孔子的立教是有教无类；孔子的从政，强调民之所好好之，民之所恶恶之，原本没有丝毫专横的臭味。"所以耶回有教争，战杀不休，流血遍地。中国数千年来，万教并行而不相争，皆实行儒教大公无私之公道也。"(《道善》)"万教归儒"就是前面"万殊归一"的具体化。

五、孔教的复兴重在实行实践

段正元强调孔教踏实，不尚空谈，注重实行实践[1]，因此，他特别反感和批评那些以文章骗取功名富贵而不知真正实践孔子大道的读书人：

> 儒家之教，真是性命之学。《中庸》首言天命之谓性，非言性命乎？每每读书人，半以文章作为实用，以为奇货可居，可以侥幸而得功名。即如上年吾到北京，遇一访学之人，见一翰林之文章，其题是言忠信，行笃敬，虽蛮貊之邦行矣。其人见其文章，以忠信作主，内中说出至情至理，忠信不可须臾离，以为此人必是忠信之人。及后见其言行，毫无忠信。一日聚首相谈曰："我见君所作的忠信文章，内中说出忠信之精微，真是不

---

[1] 值得说明的是，这里的"实践"不是我们今天常说的实践。今天我们常说的实践是从西方引进的一个哲学范畴，指社会实践，即"人类能动地改造自然和社会的全部活动，主要包括生产斗争、阶级斗争、科学实验等。"(《辞海·哲学分册》，上海辞书出版社1980年版，第61页) 这种实践观实际上只相当于孔教内圣外王的外王部分，非下学上达、内外合一、全体大用的孔教之"实践"。

错。是以我不辞千里而来，以为可以为我之师，乃见君的行为，皆与忠信相反。何也？"其人曰："文章是拿来哄功名的，并非实行之物。"吾在一旁闻之，正是文章误人。（《大成礼拜杂志》）

也正是因为这些读书人，孔子而后儒者对儒道实行实践得不够，才造成了近代以来人们对儒者的不信任和对儒教的激烈批评。

有人这样问段正元："常言说儒教中之罪人，即是衣冠中之禽兽。其教愈昌明，其害日深，至今害国殃民者，多半是儒门中之罪魁。夫儒教本是修身齐家治国平天下之实事，何反以害国殃民耶？"他回答道："如果实行，即将大学明明德一句，施之于民，用之于行政，而天下皆是儒门中之善人君子也。当今是由儒道未实行。孔子云：'天下无道久矣。'因天下无道，而儒教未实行，故遍天下之儒教罪人多。设若有人提倡真儒教，将不良教育，悉行改除，以孔子之性与天道，征诸实行，岂但我们中国儒教的君子多，而全球万国皆是儒教中之贤人也。""吾言提倡儒门孔教者，重在实行真道也。其言儒门之罪人多者，非真孔门之徒也。藉儒术以杀人，是孔门之造孽徒也。真孔子之教，古今无二，天下无双，家国天下，无人不受其幸福。如君君臣臣，父父子子，夫夫妇妇，兄兄弟弟，人民享治安，社会享太平，非儒门孔子之教，其谁能之？今有上智之人，实行孔教，岂但听讼吾犹人，必也使无讼，是乃孔子之真徒，通天地人之真儒也，万教自归儒焉。其他读儒书万卷，能实行圣道一二，亦是行政上的君子、社会中之好人。"（《大成礼拜杂志》）

他曾多次阐释实行实践，指出博大精深的儒家学说，都是古代圣人从实践中得来的。在《道一》中，他讲："圣人之道重在躬行实践……圣人是行有余力则以学文，非空谈理想。"孔教"所讲道德，非理想空谈，非宣扬文章，非矜奇立异。必期征诸实用，一人可行，一时可行，天下万世可推而准"。（《道德和平·序》）"儒教踏实，日用伦常，尽人道，合天道，穷通得失，由命不由人。故曰君子居易以俟命，如泥作成器皿，可用于世，未得真火炼之，器皿易坏，若造到至圣，由尽性至命，其功万世不朽。""儒教尚躬行实践，不贵空谈。"（《正元日记》）

1919年秋，有美国传教士何乐意拜访，问段正元："贵社讲道德，何为贵？"段正元答曰："重在实行。凡中外古今之圣贤他佛，无不是实行实德，行有余力，则以学文。"（《远人问道录》）

1924年，第二次直奉战争即将爆发。自命为中国通的美国传教士李佳白，想联合在野文化团体，联名通电，呼吁和平。为了取得段正元的支持，他亲自到道德学社拜访段正元。当他说明来意之后，段正元认为，和平呼吁非一纸电文可了，问李通电之先如何预备，通电之后如何进行。李回答说我们只管通电呼吁，至于如何进行则管不了，让他们军政界自行商量可也。段正元听后甚感遗憾，批评道："听说欧人发明物质，重在实验，宣传教义，刻苦勤行。足下热心社会公益，关切中国政治，大名闻之久矣，以为必是一位大实行家。今主张呼吁和平，用意极善。然事先无准备，事后无方法，仅是一纸电文发表于世，以之沽名钓誉或有余，以之息事于人恐不足……足下以西欧名人，于和平大事业，亦只主张通电了事，并不计如何见诸行动。以我看来，必然徒费精神。"至此，李佳白听了这一番话，赧然羞色，不得不佩服段正元言行一致的真儒品质。他赞叹道："素闻先生主张三教合源，万教归儒，窃以为言大而夸。而今领教言，方知所谓儒者，即是踏实认真之躬行君子。万教归儒，即归重有实行实德之义……先生凡事实事求是，不徒托空言，一扫汉代以后诸儒能言不能行，所学非所用之恶习。道高德重，信而有征，现社会之救主，大同世界之导师，当非先生莫属也。"（《远人问道录》）说罢告辞而去，不再提联名通电之事。

段正元是这样说，也是这样做的。终其一生，最能体现他能说能行、言行合一特点的，当数他百折不挠、殚精竭虑，在国家危难关头尽其全力，力图推行德治，挽救国家命运的所作所为。北京道德学社成立后，先后经历了汪蒋内战、国共内战、抗日战争。其所处的时期，是中国历史上社会、政治最不安定的时期之一。面对这种局面，段正元从未袖手旁观，不辞辛劳游说于北洋军阀、蒋介石集团新军阀之间，甚至对侵略中国的日本军国主义者也苦口婆心，试图说服他们皈依儒家道义，修齐治平，实现他以道德平治天下的宿愿。他曾先后与萧耀南、卢永祥、吴佩孚、何键、何应钦、蒋介石等多次会晤，推行自己的政治主张。1922年，卢永祥拜会段正元，求消弭战祸及永久安邦之道，段正元告以"求和平不如求平和"，希望他能够发起永久平和大会，并通电全国，卢永祥当时答应，但后并未做。1924年，吴佩孚邀请段正元到洛阳，问如何统一中国、平治天下。段正元答曰："当今之世，必行王道以教民，而后天下可以一。一者何，仁也。以仁心行仁政，天下之人归心焉。"反对以武力统一，但吴佩孚亦未照此去做。1930年冬，蒋介石两次会见段正元，段正元进以四字"谦让和平"，希望蒋介石能够以德政治国，借以消弭内战，解民于倒悬。可惜，这一切都落空了。这是段正元的悲剧，也是中国历史、中国人民的悲剧。

今日中国否极泰来，大道复明，道统重续，正当其时。孔子讲富而教之，在中国改革开放、经济发展、人民生活不断改善的情况下，以儒道为理念推行儒家思想，注重孔子思想的实际教化功能，正是针对现代社会物质富裕，但观念混乱、信仰空虚、道德沉沦的必要对策。我们应时而起，顺势扬波，以我们真诚的努力，为中华民族的伟大复兴，为构建和谐社会、推动和谐世界、走向人类大同而尽心竭力。

段正元大同思想与实践

韩 星

一、中国古代的大同理想

从进入文明社会起,人类社会就存在统治与被统治、剥削与被剥削、贫与富的两极对立现象。千百年来,中国的古代思想家和政治家、志士仁人都在苦苦追寻一个理想的社会。中国古代的社会理想核心是大同理想。关于"大同"一词,最早见于《尚书·洪范》:"时人作筮,三人占则从二人之言。则有大疑,谋及乃心,谋及卿士,谋及庶人,谋及卜筮,汝则从。龟从,卿士从,庶民从,是之谓大同。"这里的"大同",是商代统治者进行政治决策时少数服从多数的朦胧民主思想。《庄子·天下》也载有名家惠施的话:"大同而与小同异,此之谓'小同异'。"当然,这里所谓的"大同"系诡辩论层面的抽象术语,缺乏社会历史的具体内涵。"大同"一词又见于《庄子·在宥》:"颂论形躯,合乎大同,大同而无己。"郭象《庄子注》云:"其形容与天地无异。"成玄英疏:"圣人盛德躯貌,与二仪大道合同,外不窥乎宇宙,内不有其己身也。"这里的"大同"是指天地万物为统一整体,这是道家对理想人格的追求,还不是对理想社会的构想。后来,儒家《礼记·礼运》篇明确提出"天下为公"的大同理想,才是真正意义上的社会构想。这一思想源远流长,从古代的孔子、孟子,到近现代的康有为、孙中山,都曾提倡这样的思想,进行过这样的努力。

关于中国大同思想的发展脉络,陈正炎和林其锬二人所写的《中国古代大同思想研究》一书有过很精当的概括。书中写道:中国古代大同思想的史料十分丰富,作为一种与阶级社会相对立的思想,它主要包括了如下四个基本内容,即反对剥削、财产公有、人人劳动和天下为公。其表现形式大致可以归纳为这样六个类型。

(1) 依托远古,向往原始社会,用"现有的观念材料"进行加工和美化,勾画出大同社会的美妙蓝图。道家的"小国寡民""至德之世"以及儒家的《礼记·礼运》等都属于这一类型。

(2) 人间的社会追求采取了非人间的境界。许多宗教家的思想都采取了这种形式。比如佛家的"净土""极乐世界",原始基督教的"天国",道教的"仙境",等等。

(3) 用形象的语言塑造出大同社会的意境。小说家和诗人的作品,诸如陶渊明的《桃花源记》,李汝珍《镜花缘》中的"君子国",等等。

(4) 政治家、社会改革家和历史学家对社会方案的制订。比如战国时期的孟子,东汉何休、北宋张载等对井田制的规划,战国时期农家许行的"君臣并耕",魏晋时期鲍敬言的"无君无臣"等社会设想。

(5) 类似西方空想社会主义者(傅立叶)创办"法朗吉"所进行的社会实验。如东汉张鲁举办的"义舍"、明代何心隐创立的"聚和堂"及禅宗的"禅门规式"等。

(6) 农民起义提出的行动纲领和斗争口号。例如唐代黄巢、王仙芝的"均平""天补",宋代方腊、杨幺的"等贵贱,均贫富"。

这个概括应该是比较全面的。

中国古代社会理想的出现前提往往是对社会现实的不满。关于社会阶级对立和阶级对立意识的清晰表达,在西周时代就已经出现了。《诗经·魏风》中有《硕鼠》《兔爰》。《硕鼠》中描写了一位农民对其雇主过度剥削的抱怨,他希望有一个理想的王国出现,在那里他能够获得公平的待遇。《兔爰》通过对自由的兔子与陷入罗网的山鸡的鲜明对比,抒写人生的苦难与社会的黑暗,控诉统治者对人民的奴役和压迫,缅怀"我生之初"时的生活。

春秋末到秦汉之际是中国古代社会制度发生剧烈变动的时期。在这样一个天下大乱,但思想自由、士人活跃、制度转换的历史时期,产生出各种各样关于理想社会的设计:道家的"小国寡民"理想、儒家的"大同"理想、农家的"并耕而食"理想、墨家的"兼爱天下"理想,等等。

老子从大道自然的角度对现实社会进行否定和批判,提出了"小国寡民"

的社会理想。他将人类分成许多互相隔绝的"小国",每一个小国的人民都从事着极端落后的农业生产以维持生存,废弃文字,尽量不使用工具,人人满足于简陋低下的生活而不求改进;同外部世界断绝一切联系,即使对"鸡犬相闻"的"邻国"(实际上是邻村)也"老死不相往来",而舟车等交通工具是根本用不着的。道家的"小国寡民"理想,实际上是一种历史倒退的幻想。其认为统治者的压榨与剥削造成了社会的严重不公,人类文明又带来了种种罪恶,因此必须反对战争,反对压迫,反对贫富不均,反对工艺技巧,还要无为、无事、无欲,连货币交换也不要。

庄子和后代的一些道家、道教对人的异化与社会的异化感到深深的忧虑和不屑,沉浸在自己幻想的世界里,道法自然,超越现实,逍遥天地,相继提出了至德之世、至人之治的社会理想。

在儒家经典著作《礼记》中,就曾对孔子理想中的"大同"世界做过美妙的阐述:没有私有制,人人为社会劳动而不是"为己";老弱病残受到社会的照顾,儿童由社会教养,一切有劳动能力的人都有机会充分发挥自己的才能;没有特权和世袭制,一切担任公职的人员都由群众推选;社会秩序安定,夜不闭户,道不拾遗;对外"讲信修睦",邻国友好往来,没有战争和国际阴谋。这样一个美好的理想境界深刻反映了当时人们的社会向往,也反映了孔子远见卓识的思想境界和伟大的政治抱负。儒家的大同理想比农家、道家的理想更详尽、更完整,也更美好,更具有诱人的力量,一直是中国人追求平均、共有的理论纲领。因此,它在中国思想史上影响更大、更深远。《礼记》还描写了"小康"社会,那是人类社会刚刚迈入私有制时代的一个靠礼义等国家法律制度和道德规范来维持秩序的社会。"礼"无处不在,有了"礼"就有了社会准则,就可以约束人心,就可以使君臣有规序、父子有亲情、兄弟和睦、夫妻恩爱。这仍不失之为一个美好的社会。《礼记》一书中关于"大同""小康"的那段话,是不是孔子本人所说,学术界仍有争论,一般认为是后世儒家弟子借孔子之口所发的议论。但是,不管怎样,这段宏论与孔子的思想肯定是有密切联系的。大同、小康、天下一家以其理想主义的光辉对后世产生了极大影响,并且由于历代先进中国人的发展与践行,使中国理想社会的探求传统在历史长河中赓续不绝。

差不多与孔子同时代的另一大思想家墨子及其后学则提出了"兼爱天下"的社会思想。墨家不主张消灭私有、实现共有,但主张"兼相爱,交相利"。

在他看来，世界的纠纷是由于人们不能相爱交利，所以产生种种贼害之事。只有爱别人、利他人，他人才会爱你、利你，这样世界就和谐了。由兼爱出发，进而还应做到有力的对社会出力，有财的对社会分财。墨子虽然较为实际，但他改造社会的理想遇到的最大困难还是实践问题。他的理想是让人人都兼爱互利，但似乎流于说教，并不能解决实际问题。如果人们不这样做，社会有什么办法让人们都去做呢？他提不出更具有操作性的办法。所以，兼爱天下在那个时代显然是一种美好的幻想。

先秦思想家中有一位被后代视为兵家的尉缭子，从军事家的眼光看政治得失，竟然也认为是私有造成了社会的灾难，纠正的办法就是实行共有。

相传是姜尚所作的《六韬》虽然是兵书，但是也能够从治理天下的角度论证战争的正义性，也表达了对理想社会的理解。其社会理想，基本上是对先秦诸子观点的继承，既有儒家内容，也包含道家和墨家的成分。

《吕氏春秋》虽然也像许多思想家那样大谈天下为公，但对"公"的解释却是非常重要的："天下非一人之天下也，天下人之天下也。"它反对家天下的专制统治，喊出了"天下是天下人的，而不是某一个人"的响亮口号。这在古代思想史上是一个突破。可惜的是，作者既然已经认识到了天下不是一个人的天下，是大家的天下，却没有进一步提出让天下人自己来治理天下。

农家提出君民并耕的社会理想，幻想人人劳动，没有剥削；社会生产基本上以自给自足的农业为主，但存在若干独立的手工业，并进行着农业和手工业产品之间的交换，交换按等价原则进行，没有商业欺诈；不存在脑力劳动和体力劳动之间的分工，不存在专业的脑力劳动者，连君主也和人民"并耕而食"。农家的这种理想，实质上是农民小生产者对自己落后的经济地位的理想化。

秦汉以后，思想家、政治家对理想社会的设计依然不绝如缕。其表现形式是绝大多数知识分子将社会理想愈加神化和虚无化。他们面对尖锐的社会矛盾，在传统政治的框架内找不到解决的办法，于是把对现实的不满、厌弃寄托到上古虚无缥缈的理想国去了。在那里既不讲生产，也不讲分配，但人人有衣有食，生活快乐。他们尽管可以驰骋想象，批判现实，对当权者进行道德说教，但没有任何人能够提出通向理想王国的途径是什么。

五代时期，道教学者谭峭在其所著的《化书》中提出建立一个无亲、无疏、无爱、无恶的"太和"社会的理想。

陶渊明的《桃花源记》在中国大同思想发展史上地位特殊且重要。他在文中幻想出一处同现实世界隔绝的人间乐土——桃花源，那里没有剥削、压迫和战争，人们永远处于和平、宁静和温饱的环境中，过着无忧无虑的田园生活，对外部世界几百年来的王朝废兴、社会动乱都一无所闻：自秦末进洞以来，"乃不知有汉，无论魏晋"。此后一千多年，幻想逃避现实社会苦难的人普遍憧憬着"世外桃源"，它成了人间乐土的同义语。

中华民族不仅是胸怀远大理想的民族，而且是一个执着理想、为理想献身的民族。历次农民起义不像知识分子的理性幻想和文学想象，而是由幻想转入实践，都把贵贱平等、上下同一当作自己的旗帜，并为大同理想的实现进行了不屈不挠的斗争。他们在天灾人祸，世乱年荒，阶级斗争、民族矛盾非常尖锐复杂的时刻，挺身而出，前仆后继，去实现理想中的公平社会，尽管最终都以失败而告终，却在历史上留下了许多可歌可泣的篇章。东汉末年的张鲁，其改造社会的思想依据来自于老子的"天之道，损有余而补不足"，其具体操作的途径有两个：其一是利用宗教作为号召，凡入教者皆出五斗米作为条件，这是财产充公；其二是办义舍、置"义米""义肉"，过路者量腹取食。到了唐末，"均""平"之类的思想开始明显地反映在农民起义当中，王仙芝起义后自称"天补均平大将军"。到了北宋以后，"均贫富""均田"的口号在农民起义中就更加明确了，如王小波、李顺公开提出"吾疾贫富不均，今为汝均之"；钟相、杨幺明确提出"我行法当等贵贱，均贫富"；明末李自成公开提出"均田免粮"的口号，等等。

清末的太平天国农民起义将西方基督教的一些观念糅进中国古代大同思想中，提出了自己的社会理想，如洪秀全在《原道醒世训》中说："遐想唐虞三代之世，天下有无相恤，患难相救，门不闭户，道不拾遗，男女别途，举选尚德。尧舜病博施，何分此土彼土？禹稷忧饥溺，何分此民彼民？汤武伐暴除残，何分此国彼国？孔孟殆车烦马，何分此邦彼邦？盖实见天下凡间，分言之则有万国，统言之则实一家。皇上帝，天下凡间大共主也……天下多男人，尽是兄弟之辈。天下多女子，尽是姊妹之群。何得存此界彼界之私？何可起尔吞我并我之念？是故孔子曰：'大道之行也，天下为公……是谓大同。'而今尚可望哉！"太平天国将大同理想当作自己的斗争纲领和奋斗目标，他们制订的《天朝田亩制度》可说是大同理想的具体化。在《天朝田亩制度》中，洪秀全吸收基督教义中的平等思想，提出"天下多男人，尽是兄弟之辈；天下多女子,尽是姊妹之群",试图建立一个有田同耕、有饭同食、有衣同穿、有钱同使、无处不均匀、无处不饱暖的世界。许多制度和措施的设计充分反映了贫苦农民希望没有压迫、没有剥削、人人平等、老有所养、壮有所用、幼有所教的美好愿望,确实是令人向往的。但是,这种"无处不均匀"的绝对平均主义,在现实生活中实际上是行不通的。应该指出的是,太平天国把基督教作为其基本信仰,借以打倒中国传统的孔子儒家的传统,是认同了西方宗教价值观。这与他的大同理想必然产生矛盾,特别是他们仍然继承了许多封建统治文化的弊端,在建立太平天国转身成为统治者以后,就完全换了另一个腔调、另一种手段,集权专制、腐化堕落起来,走向理想的反面,很快重蹈历史的覆辙,变成了失败的悲剧。

1840年第一次鸦片战争后,中国社会逐渐由封建社会转变为半殖民地半封建社会,这是中国历史上又一次社会剧烈变动的时期,产生了中国近代的社会理想,其中以大同思想为主流。鸦片战争以后,传统大同理想随着封建社会的逐渐解体和资本主义的产生发展,不同程度地与西方传来的自由、平等、博爱观念和空想社会主义思潮结合在一起,形成了近代大同理想的新模式。各阶级的革命思想家在保留大同理想的形式下,不断地改变其时代和阶级的内容,进而提出了各种新的未来社会的构想和方案,这些构想和方案与他们领导的政治运动紧密结合,对近代中国革命的历史进程起到了重要的影响。

我国近代资产阶级改良主义政治家、思想家,戊戌变法领袖康有为继承发扬了中国传统儒家的大同理想,舒展了民胞物与、悲天悯人的博大情怀,同时掺进了一些近代资产阶级的思想和制度。他著《大同书》,揭发了人世间由于不平等而产生的种种苦难和悲惨,认为只有去国界、级界、种界、形界、家界、产界、乱界、类界、苦界九界,人类才能从"据乱世"进入"升平世",最后实现"太平世"即"大同世",过上自由、平等、和平、民主的幸福生活。他描绘出一个无私产、无阶级、无家庭、无邦国、无帝王、人人相亲、人人平等的"大同"世界。康有为的大同思想显然有过分理想化甚至偏离儒家思想的问题。如"无家庭"可能会造成家庭的解体,而家庭是社会的细胞,家庭的解体就可能造成社会的解体,这未必是人类社会的福音;又如"无帝王"之说虽然有反封建专制的含义,但也可能导致无政府主义。

谭嗣同也深受康有为的影响,在《仁学》中提出了有关大同理想的主张:"地球之治也,以有天下而无国也……人人能自由,是必为无国之民。无国则畛域化，战争息，权谋弃，彼我亡，平等出；且虽有天下，若无天下矣。君主废，则贵贱平；公理明，则贫富均。千里万里，一家一人。"显然，他认为理想世界是地球之治有天下而无国界，这样人人能自由，世界可和平，人类一体，天下一家。

梁启超在《君政民政相擅之理》等文中提出民权代替君权是历史发展的必然趋势。他将西方资产阶级政治理论同中国古代公羊"三世说"相结合，认为人类社会制度的演变发展有其规律可循：多君为政世——一君为政世—民为政之世。这三大阶段又可分出六个小阶段：多君世可分为酋长之世与封建世卿之世；一君世可分为君主之世与君民共主之世；民政世可分为有总统之世与无总统之世。他不仅指出多君世就是据乱世、一君世就是小康升平世、民政世就是大同太平世，而且还运用历史事实具体论证了多君——一君—民政是一个由苦向乐、由恶向善、由乱向治、由野蛮向文明的循序渐进的演化过程，是不可阻挡的历史趋势。

我国近代伟大的革命民主主义政治家、思想家孙中山通过重新诠释《礼运篇》，在赋予其新义的同时，阐发着他们自己的"大同"理想。1921年12月10日，他在《在桂林对滇赣粤军的演说》中说："在吾国数千年前，孔子有言曰：'大道之行也，天下为公。'如此，则人人不独亲其亲，人人不必子其子，是为大同世界。大同世界即所谓'天下为公'，要使老者有所养、壮者有所营、幼者有所教。孔子理想世界真能实现，然后不见可欲，则民不争，甲兵亦可不用矣。"孙中山大同理想的主要内容：土地国有，大企业国营，但生产资料私有制仍然存在，资本家和雇佣劳动者两个阶级继续存在；生产力高度发展，人们生活普遍改善；国家举办教育、文化、医疗保健等公共福利事业，供公民享用。他明确指出中国五大种族扩充自由、平等、博爱于全人类，大同盛世则不难到来。

但是，应该看到，中国古代的大同理想由于社会历史条件的限制，天时、地利、人和都达不到，所以实际上是流于空想。20世纪以来，环球交通，全球一体化，大同理想有了实现的条件。在这种情况下，中国出了一个段正元。笔者曾在一篇小文中逆鲁迅先生之义而用之曰："现代中国的孔夫子"[1]，以他

---

[1] 原载《西安日报》2002年1月21日第8版，甘肃中国传统文化研究会《研究会通讯》2003年第5期转载。

为现代中国在民间弘扬儒学的真贞大儒。段正元一生奋斗的根本目标是实现大同社会。所以,他承当笃恭而天下平之责任,阐扬孔子大同真义,以道统传人为己任,以"道德学社"为形式,以儒学之道为方法论,数十年受师之托,讲道不辍,倡言大同实学,为实现大同社会的理想而奋斗不息。在动乱不居的民国时期能如此践行儒道,难能可贵矣!下文将对段正元的大同思想与实现大同的实践进行梳理和阐发,以促进中国人乃至整个人类几千年梦想的大同理想能够真正在地球上实现。

二、段正元的大同思想

(一) 大同释义

什么是大同?段正元在儒家传统大同思想的基础上结合现代社会的发展有自己的独特解释。他说:"大而不同者非大也,同而不大者非同也。同能大者真同也,大能同者真大也。是故曰大同也者,天下为一人,故曰大;万国为一家,故曰同。是以如是者,真大同天下也……故大同者,万国共和之天下也。"(《大同元音·序》)"大同大字一人,同字一口。一人开口,外户不闭,万邦协和,含天下一家,中国一人之义。"(《大同元音·中华》)"大同就是不争权夺利,大公无私,实行道德仁政。"(《大同元音·重道德用贤才天下大同》)"真道德平天下是谓大同。"(《大德必得》)这些解释精辟地把握了儒家大同思想中大公无私、道德仁政、天下一家这些核心价值观念,可以说是对儒家大同概念的现代诠释。

(二) 段正元大同思想的社会背景与思想渊源

段正元的大同是具有针对性的,这就是近代以来中国受制于列强的压迫控制,甚至有亡国亡种之豫。针对鸦片战争以来,中国为摆脱任人欺侮的困境,在经济、政治、军事等方面所做的各种努力,段正元认为这些都只是治标不治本的办法,"法律严密,兵力强盛,经济充裕,皆非治乱之具"(《道德约言》)。面对当时国家内忧外患的严重局面,段正元将解决中国政治危机、实现人类大同作为他讲学传道的最终目的。他以真贞良心审察当时社会,认为中国当时是"破坏有余,建设不足,人民痛苦已极",不是兵甲不坚、治制不完、科学不备所致,而是中国人遗弃中国的正统道德思想,而"为他方贩来之凶恶思潮所迷惑所欺夺"，弄得"不可收拾"；并以鸦片战争以来中国在经济、政治、军事等方面的种种努力收效甚微，甚至适得其反来证明。近代中国人受国家民族衰微和外强入侵的刺激，常常呼吁自强。但是，"欧洲讲生存竞争，尚强权蔑公理，侵占它国土地权利为己有，此为不知道德，不啻蛮貊之邦。名曰爱国，实是祸国，并自祸身家。欧洲国富兵强，外观文明，内实野蛮，富者极富，贫者极贫，富贫视如仇敌。明是国家主义，暗是有资本者假公济私侵吞财产。"（《道德约言》）因此，段正元对自强有自己的看法："自强先要立一中正之道，既不随顺潮流，以造乱为自强；亦不乖僻自是，以顽固为自强……孔子缔造大同，大中至正，普利人群，虽一时有志未逮，千万世奉为楷模。况于今大道宏开，大同礼运，迨将实现。"（《大同贞谛》）显然，这种自强不是那种富国强兵的物质和外在的富强，而是在确立了中正之道——即确立中国主体性前提下以缔造大同为根本目标的富强。

他批评当时政治："至今民国成立十三年，则自由不能，平等不得，朝野上下，无法收拾。何以故？因知新而不知旧也。旧者固执，名虽重纲常伦纪，而内无真贞实行实德。假道德，口头禅，假仁义，敲门砖，因而三纲不正，五常不明。又何以故？知旧而不知新也。纵有新旧兼知者，知外而不知内，知人而不知仁，知己而不知真贞为己。学非透彻本元，终是皮毛作用而已……今当民国，果民可以为国，则宜平等自由矣，而反自相残杀，民不聊生，其所以然者，未从根本解决故也。果有圣者在位，实行内仁义，贞道德，期月可矣，三年有成。"（《敏求知己·序言》）"强权也，党派也，金钱主义也。此讲富国强兵，一时行险侥幸之政治，皆非大同政治。"（《大同元音·识时务为俊杰》）"至今道气闭塞，无一人谈及道德二字。现在国家无统一办法，又不以道德为然。"（《大同元音·告门人知足常足成功者退乐天之道》）"民国任用新旧人才治世，九年无一人倡言实行道德，大同政治。故国家毫无头绪，新学不知反本，旧学不知改不良，彼此至死不变。"（《大同元音·治国平天下之道在反本》）之所以出现这些现象，他认为关键是因为没有人知道实现道德："今众人鄙薄道德，闻道德头痛心慌。由平日无真道德心，魔心作主，自暴自弃。人不行道德，如禽兽无知无识，醉生梦死，实在可怜。"（《大同元音·治国平天下之道在反本》）所以，段正元满怀忧患意识、历史使命感、爱国情怀，立志儒家的大同理想。他指出，救治中国社会问题、国际社会问题的最佳途径，是推行中国的传统道德，唯有实行道德，才能达到世界大同的目的。

20世纪上半叶的中国,多灾多难,政治变革,社会动荡,军阀混战,列强侵略,民不聊生。对此,段正元虽然满怀忧患意识,却对中国与世界的未来充满信心。

> 故欲解除中国现在之国际不平等束缚,并解除世界战争危险,促进人类永久和平,舍昌明中国古大圣人两千余年前所发明的大同主义外,别无他法。而此大同主义,即实现世界永久和平之福星。

> 此大同主义之推行,不用兵卒,不用枪炮,不用外交诡谋,个个同情"选贤与能,讲信修睦"的道德思想,举而措之而已矣。(《政治大同·天然政治论》)

他坚信大同主义是解决中国和世界战争危机、获得永久和平的希望所在。

段正元大同思想的渊源可以追溯到尧舜,他说:"尧舜揖让,尤为大同世界万国共和之模范。"(《道德和平·废除国籍限制谋世界大同》)近源主要是《礼运·大同》。他结合现代社会发挥《礼运·大同》说:"小康之时,物以类聚,人以群分。大同之世,有教无类,道一风同。""大同之世,天下一家,中国一人,凡有血气,莫不尊亲。"(《日行记录》)

段正元大同思想也受到《礼记·大学》影响。他说:"中华治国平天下至善之道在亲民。亲民,民之本也。本立而道生,生出内圣外王治世,自然国泰民安。""《大学》一书,万教纲领、修身齐家、治国、平天下之实行实德,圣圣相传心法。孟子以后,《大学》亲民之心法失传,亲民之道不立。后儒不知心法,不知亲民为何物。故立教随波逐流,治民无一定宗旨,改亲民为新民。后世学者以讹传讹,至今不但不知行亲民之道,并未闻亲民之教,以新民开民智,民受新民之毒,国家受新民之害,民一日新一日,国家一日乱一日。甚至西学东来,用夷变夏。而以新民立教,故民受新民影响,种种无法无天行为酿成国家人民之乱,皆受新民教之害。"(《政治大同·大德必得》)显然,要实现大同理想,应行《大学》治国平天下的亲民之道。

(三)段正元大同思想贞谛

段正元阐发了大同贞谛,强调"贞字为大同之总纲":

> 道无贞,不能生天地;天无贞,不能载日月星辰;地无贞,不能载山川草木;四时无贞,不能春生夏长,秋敛冬藏;人无贞,不能知觉运动,五官百骸,都是虚假。贞之意义大矣哉!《易》之《系辞》曰:

"吉凶者，贞胜者也；天地之道，贞观者也；日月之道，贞明者也；天下之动，贞夫一者也。"一即贞，贞即一。是故天得一以清，地得一以宁，神得一以灵，谷得一德以盈，万物得一以生，王侯得一以为天下贞。其致一也……望天下人人将真假之心，换为真贞之心。自以贞办事，人不贞我贞，名不贞实贞，自然君子之德风，小人之德草，草上之风必偃。如孔子以贞字为政，三月而鲁大治。正是"为政以德，譬如北辰，居其所而众星共之。"何所共？共其政德合一之贞也。地天泰也。贞形而上于天，为元气，贞形而下于地，为福气。果在位者居中，保合太和以利贞，利万福来同，人同此心，心同此理，于以缔造大同，何难之有！（《大同贞谛·贞字为大同之总纲》）

"贞"训为"正"，是端方正直的意思。《左传·襄公九年》载：穆姜释随卦卦辞，读"元亨利贞"，以元为仁、亨为礼、利为义、贞为正，称为"四德"，赋予道德规范的含义。唐孔颖达《周易正义》引《子夏传》说："元，始也；亨，通也；利，和也；贞，正也。"认为乾卦"四德"意味着阳气始生万物，物生而通顺，能使万物和谐，并且坚固而得其终。北宋程颐《易传》依据孔说，将此四字解释为"元者万物之始，亨者万物之长，利者万物之遂，贞者万物之成"，以"元""亨""利""贞"为天道生长万物的四种德行。朱熹将此四德解为"元""亨""利""贞"之"理"，并举例说："梅蕊初生为元，开花为亨，结子为利，成熟为贞。生为元，长为亨，成而未全为利，成熟为贞。"（《朱子语类·卷六十八》）生长遂成是生物生存发展的四个阶段，朱熹认为这就是事物的根本规律。

段正元把"贞"提高到天地万物存在的依据（即"道"）的高度，又在天人合一的思路下强调人心之贞乃是大同思想的源头。"贞者，天道之诚人心之至善也。今将此贞字，立为大同之法，人道备矣。实行道德之人，作事自贞，即实礼也。"（《大德必得》）所以，他说：

> 大同贞谛，即真贞大同。真贞大同，天下无二，世界无双。有二则非贞，成贞必有祯祥。成德成事，即成大同。大同世界有什么难，即是一个贞，推之天下，顷刻成大同。
>
> 真贞成大同有五：
> 一、各尽各人之职业，学大同也。

二、各守各人之本分，近大同也。

三、以天下为一家，中外为一人，成大同也。

四、亲亲仁民，仁民爱物，贞大同也。

五、国家君民，上下相亲相爱，男女老少，平等自由，乐大同也。

（《大同贞谛·贞字为大同之总纲》）

历史上以至近代以来讲大同的还是大有人在，而段正元强调：

> 真讲大同，无种族、国界、教派、党派之说，无私心、无嫉妒、同归一道，仁心仁政而安天下。耶稣本是大同博爱主义，因后世教徒误会，将其教作为党，生出教争之祸。真大同实行道德，"有教无类"耳！我今倡言大同，无丝毫党见我见。出外求学问，何教何会，是党非党，一视同仁。至立道德学社，原为集众思广众益，无丝毫党见。凡言三教九流者，凡分教派、分门户、分国界、分种族皆不可言大同。（《政治大同·大德必得》）

可见，他试图打破种族、国界、教派、党派等分别和对立，实现真正意义上的"大同"。

（四）大同人道主义

段正元的大同思想其内在精神是人道主义，因此他在《政治大同·大同指南》中提出了大同人道主义的三人、三权、三德之说。

（1）三人必要。一要人之生活，二要人之名利，三要人之道德。社会上只有把这三等人安置好了，天下太平矣。人之生活，人之名利，人之道德，乃人之常情耳。生活若无着落则万恶丛生。故为政者，第一要为人谋生活，使之各有职业。他设想了国利民富、两受其益的解决办法。生活问题解决以后，再谋保全人之名利。人既能安居乐业，再以名利奖励之。人有名利可求，即有发奋心、自强心。有了名利后，自然乐意为善。第三再勉人以道德。生活问题解决了，如果没有道德规范人们的心性，就会有放辟邪侈之心发生，不入于恶化，即流于腐化。况且名利之心用于建功立业最为可取，但是如果太过，就会溺于名缰利锁之中，此心又最危险。要在无形中预防这样的弊端，舍道德训练，别无第二法门。所以他强调必须人人都学道德，明道德，行道德，不致为名利心所陷害。总之，生活、名利、道德三者缺一不可。若如此实行，三者合为一体，天下安得不太平？

（2）三权必要。一要士农工商各有自由权，二要国家为政有公理权，三要中外人民有平等权。士农工商职权虽殊，权衡则一。职权有忠道意，所谓凡事反求诸己也。权衡有恕道意，所谓"己所不欲勿施于人"也。职权谋个人之自由，权衡保公共之自由，士农工商各界，均是相辅而成，缺一不可，必须互相依赖、互相保障，方能互相自由，并可增加个人自由。政者，正也，所以正其不正也。政府办事之人，必为人民之表率。凡事正人先正己，不可徇情偏私，失了权衡，使人民不自由。此国家为政，不得不有公理权也。全球万国人民同为大道所生，同为天覆地载，何有彼此种族之分，何有中外畛域之别，何有强弱？需要国际平等，各尽职权，不得侵犯凌轹，不得相互仇视，以谋个大团体相互间之公共大自由、大幸福，此中外人民不得不有平等权也。

（3）三德必要。男子要有君子德，女子要有淑女德，人民要有亲爱德。德者，得也。得其上天所降之衷也。即是天地之元气，人身之贞良心也。故人要守住良心，方得修德而得道。男子既秉乾元之气以生，当有刚正之志气，清白自矢，一切妖淫狐媚之邪行，均不得染。男女交际一循乎礼，即使在暗室之中，亦如在青天白日之下。有如此人格，乃为君子之德也。重男轻女并非人道，今则妇女解放，务要自爱自重，对于男子，宜举止大方，不可滥用爱情，当洁身自好，守身如玉。否则，一时失足，终身遗憾，悔之晚矣。人类居天地之中，以天地为衣胞，称为同胞。同是一元而来也，同是一道所化也，本应相亲相爱。释迦之博爱为怀，至圣之爱众亲仁，孟子之亲亲仁民，耶稣之爱人如己，均是要人类相与亲爱也。为政之人，将三德完备，以身作则，表率于上，人民效法于下，仁让风成，雍雍穆穆，熙熙暤暤，即是大同世界。真正人道主义即大同指南也。

以上九条如果能够扩充实行，则能够使天地位、万物育，是缔造大同世界的九经。

（五）缔造大同的途径

当今世界已经越来越具备实现大同的条件，人类已经越来越趋向大同的道路。巴哈伊教就是一个例子。巴哈伊教旧译大同教，创建于19世纪的波斯，现有遍布两百多个国家逾六百万信徒。1935年，清华大学校长曹云祥开始翻译巴哈伊教经典时，认为其社会主张与中国传统儒家思想的"世界大同"理想相通，故此将其翻译为"大同教"。这个名字一直沿用到20世纪90年代初，1991年正式更名为"巴哈伊教"。巴哈伊教源自伊斯兰教什叶派，后因教义发展脱离了伊斯兰教的观点，形成一个新的宗教。巴哈伊教义的三个核心原则可简单表述为：上帝唯一，宗教同源，人类一家。1921～1975年担任教主的守基·阿芬第（Shoghi Effendi）写下了以下教义概要："独立寻求真理，不为迷信或传统所限；人类一家，是关键的原则和基本的信条；所有宗教的基本合一；谴责任何形式的偏见，无论是宗教、种族、阶级或民族的；宗教与科学和谐并进；男女平等，是使人类能够跃翔的两翼；普及义务教育；创造普及世界统一的语言；消灭极端的贫困和富有；成立世界最高法庭，解决国家之间的纠纷；乐于劳动，参与属灵侍奉；正义是人类社会和宗教的最高原则；以建立持久普遍的和平为全人类的最高目标。"他认为这些是巴哈欧拉教诲中的独特原则，是巴哈伊信仰的基石。

段正元对于如何缔造大同，结合中国儒家大同思想，有自己新颖、细致的发挥。这主要体现在以下6个方面。

1. 经济

经济是人类社会的物质基础，是构建人类社会并维系人类社会运行的必要条件，是满足人们基本生存和生活需要的基本保障。当今世界的动荡不安很大程度上仍然是经济问题，即由一个国家内部不同地区之间、不同国家之间、不同区域的经济发展和生活水平的差异而导致的。他认为经济问题的深层与道德有关，可以通过道德进行调剂。先就农业经济而言，若以道德剂其平，须如下列两种：

- 对于土地私有制，严加制限，以免兼并之风。
- 组织农业金融机关，使小作人低利贷款，而有取得土地之机会。

次就工业经济言，若以道德补其偏，须如下列两种：

- 设和解仲裁机关。遇有问题发生，为之和平解决。
- 订种种保护制度。凡关于劳动之媒介，失业之救护，劳银之公定，住居之改良，疾病或养老之保险，均属之。

终就商业经济言，若以道德救其弊，须如下列三种：

- 责成各地商会，不许有买空卖空及不正当之营业。
- 关于货物，为之平价，不许任意涨落。
- 无论何商店，对于雇员须一律平等。

总之，经济与道德的关系非常密切，"经济之发展，是必有道德存乎其间,始能满足其欲望耳"(《政治大同》)。

经济问题直接反映在财政、货币和劳资关系等上。在财政方面,段正元根据《论语·颜渊》中孔子的"百姓足,君孰与不足?百姓不足,君孰与足",发挥孔子"政在使民富"(《说苑·政理》)的儒家思想,指出:"世界各国财政制度,纯为聚敛性质,意在富国,而不知先已病民。此与中国所谓'百姓足,君孰与不足''财散则民聚'的原则相反。各国当事,何尝有意病民,不过实行国家主义,备战之费用过大,全国物资人力,力量已竭,犹以为不足,恒预支未来之物资人力,故税法繁重,人民负担不堪,生活困难,有迫而走险,致扰乱社会秩序者,甚有危及国本者。其结果民既贫,而国仍不富。正所谓百姓不足,君孰与足,财聚则民散也。"(《永久和平·欲安定人民生活须先统一世界货币制度》)所以,他提倡藏富于民。

在货币方面,他认为"货币之制度,于世界大同,极有关系。纸币与现金,世人每歧视之。不如此二者,皆非人类直接生活之物,不过在人世间,为生活物品交换便利起见,为信用之代表。若谓纸币是假,现金何尝是真?要知金银之质,不可直接为衣为食。金银之价值,本为人所任意指定。假令金银不以之易菽粟布帛,有何必要之处?假令金银以外,有物与金银同样,能易菽粟布帛,金银又有何必要之处?大同极乐世界,金银只作玩具装饰品。"因此,各国"货币制度亟应该统一。最便是万国公司商定,纯用同一式样之不兑现纸币。各国发行之数额,各应其富裕之程度而定"。(《永久和平·欲安定人民生活须先统一世界货币制度》)

在劳资关系方面,他引用《礼记·礼运》中孔子所说:"货恶其弃于地也,不必藏于己;力恶其不出于身也,不必为己。"强调对劳资两方面进行教育:"一面是教有资本者,不必将钱财为自己的私藏,总要用于有用之地;一面是教劳动者,不必做自己的事,才肯用力;只要有力,便不吝惜。资本者钱财用于有用之地,而不私藏,其好处自在劳动者身上;劳动者出力不为己,其好处自在资本者身上。一不私财,一不惜力,彼此互助,有产无产,皆无大关系。要知至圣所云之妙处,即在两个'恶'字上见。资本者如或私自藏财,劳动者如或惜力为己,则良心上不安,自己恶自己。外界之劝诱且用不着,岂复要人强迫。两不'必'字上,可见得通达活泼。非执着,非愚昧,钱财不藏于己,与藏于己者同效用;出力不为己,与为己者同产用。见得何等透澈!行得何等自然!此是道德大行,大同世界,资本者与劳动者之情形。不言平

均，而平均自在其中。"(《道德和平·劳资调剂贵在互助》)

2. 政治

西方语言中的"政治"一词都来自希腊语，是指城邦中的城邦公民参与统治、管理、参与、斗争等各种公共生活行为的总和。中国先秦诸子也使用"政治"一词，是指符合天道、利于万民的社会管理行为及其社会运作形态。孙中山认为："政就是众人之事，治就是管理，管理众人之事，就是政治。"❶他的这一说法综合了中西政治文化，是一个相当现代化的理解，在20世纪的中国非常具有影响力。

段正元发扬传统儒家的政治思想，与孔子一样，非常重视"为政以德"，终生追求的理想是"政德合一"。可惜这一理想没有实现，《师道全书·卷首》这样说：

> 师尊秉受全体天命，以集万教大成，开万世太平，实行人道贞义，缔造世界大同为己任，期代了孔子暨各教圣人未尽之志。发愿之后，始终如一，其救世救人之实行实德，坚恒不息，坚苦卓绝，无以复加。所谓造次必如是者，颠沛必如是者，侍侧弟子皆亲见之。至于道法并行之征验，过化存神之妙迹，均有记载，毋俟赘述。乃以不得为政觅知音，大道难行于天下，政德未合，徒唤奈何。

不得已，他办道德学社，风尘仆仆，各地讲学，汲汲追求从政治途径缔造大同。段正元指出："中国古圣发明大同学说最早，所谓先王仁心仁政，即是以人民生活自由为根本之政治。而尧舜揖让，尤为大同世界万国共和之模范。"(《道德和平·废除国籍限制谋世界大同》)他立志造大同极乐世界，使各国人民同享永久和平的幸福。这不仅仅是为中国计，也是为天下万世计。段正元认为："大同世界，行到极处，是人物一气、妙乐无边的景象。然其初步，是从万邦协和起，而协和万邦，要统一中国起。"(《大同贞谛·当今统一中国，异日协和万邦之标准人格》)

在《政治大同》中，他提出了《大同主义诠真》——明伦、正纲、大同，现分别论述如下。

第一是明伦。明伦就是昌明中国大圣人创制的"五伦"：君臣、父子、夫

---

❶ 孙中山：《三民主义》，岳麓书社2000年版，第69~70页。

妇、昆弟、朋友。"五伦"虽然为中国大圣人创制,但是人类社会任何一种文化、一种文明断不能逃于五者之外,另外有别的人伦关系。人类社会虽形形色色,万有不齐,尽可以被五伦涵盖。人间万事虽是是非非,万殊不一,都可以在五伦之中判别。所以,段正元说:"任何人类社会,断不能于君臣、父子、夫妇、昆弟、朋友五者之外,别生何种关系。任何工作亦断不能离此五伦之外。故人类虽形形色色万有不齐,可以五伦概括之。人事虽是是非非万殊不一,亦可以五伦判别之。五伦实是人道之中枢,昌明人伦,正所以昌明人道主义也。"并具体提出了夫妇之伦在有别、父子之伦在有亲、君臣之伦在有义、兄弟之伦在有序、朋友之伦在有信的基本伦理规范,最后还特别强调"师弟一伦实为人伦之主宰。盖师道立,则人伦天伦俱增美满,人道即增安乐境界。师道废,则人伦天伦俱失皈依,人道即入苦境。"(《政治大同·大同主义诠真》)针对当时社会上和学术界批评"五伦"是宗法时代的产物,是封建旧思想,已经不适用于文明进化的现代社会的说法,段正元指出:宗法时代,封建时代只不过仅具有"五伦"的雏形,在其发展过程中也形成了诸多弊病,如君权独用、重男轻女等。人类文明如果进化到天下大同之时,就可以见到"五伦"真正的完美齐备。所以,人类进化与人伦昌明是相辅相成、互为因果、兼程并进的关系。因此,古圣人才说:"君臣也、父子也、夫妇也、昆弟也、朋友也,此天下之达道也。"

　　第二是正纲。对于"三纲",近代以来的思想文化革命主要是反对以"三纲五常"为核心的封建礼教。最近几年,人们逐渐对"仁、义、礼、智、信"五常有了较为开明的认识,开始挖掘其适应现代社会的积极意义。但是,一谈到"三纲",很少有人重新进行反思,对"三纲"仍然抱着决绝的批判态度,认为推倒"三纲"毫无疑义,未能就"三纲"的贞义加以重新解释与发挥,以作为建设新世纪的伦理规范和准则的资源。段正元是赞成打倒旧礼教的,认为"三纲""五伦""八德"是儒家后学用以教人的策略,但在长期的实行过程中造成了许多流弊,以致今天人们对其口诛笔伐。他对"三纲"进行了正本清源的辨析,指出:"古之圣人恐人心不古,不得已用理学教人,以为社会人道主义之防,故立三纲,表率一切。是'纲'有领袖群伦之任,整恭率物之则。居纲之位者,必须以身作则,为人模范,使在下者,若网在纲,有条不紊,而纲之义始尽,不然不足以为纲……后人不知真意,误解三纲,而居上位者反借此压迫在下之人,以假乱真,颠倒是非,贼人祸世,害国殃民,遂至酿成邪说诬民,充塞仁义,君要臣死,不敢不死,父要子亡,不得不亡等种种流

弊。今日言打破人伦，打倒礼教，固其宜也。"(《圆道》)

在《政治大同》中，他还就"三纲""五伦"进行了正本清源的解释，同时进行现代转化。

> 语云：君为臣纲，父为子纲，夫为妻纲。今人将此三纲訾为最专制、最黑暗、最不平等的杀人礼教。岂知三纲正义，不但不专制，而实最自由。不但不黑暗，而实最文明。不但非不平等，而实为最大平等。真正人道主义，必由此完成而进化。盖以纲字而言，非谓君可任意杀臣，父可任意杀子，夫可任意压制妻。乃以凡为人君、为人父、为人夫者，必要整躬率物，以身作则，为臣、子、妻之模范，以共保人道之平安也。此等礼教，正将维持人道纲纪之责任归之于上，重视主事人之责任，非重视其权威也。
>
> 谚云："上梁不正下梁歪。"已从反面道破三纲真义。"而中养不中，才养不才，贤父兄所以足乐也。"三代以降，真正之礼教凌夷，三纲失坠。为人君父者，往往自己专横放纵，而反责臣子以忠孝；为人夫者，往往自己奸盗邪淫，而反责其妻以贞节；一班伪儒曲士，又从而推波助澜。此篡弑所以相寻，淫僻所以多罪，人道之沉沦，皆由三纲不正起也。若为君者，先尽君道，足以为群僚之表率。为父者，先尽父道，足以为子女之仪型。为夫者，先尽夫道，足以为妻室之仰望。则"纲举目张""上行下效"，一切善良政治，美好风俗，由此而生。社会上又安有不自由，不平等，不文明之腐败现象。(《政治大同·大同主义诠真》)

说明"三纲"中的"纲"，本意首要、主要是对君、父、夫的要求。纲是扬起渔网的大绳，网目的张弛全赖纲能否振起。所以，君、父、夫作为纲，就是要在人伦的实践中起模范的作用、负主要的责任，并不许有无理的压迫。这样，才能纲举目张，上行下效，人伦秩序井然，风俗自然美好，政治自然良善，人类文明的理想境界也不过如此罢了。

第三是大同。段正元的大同理论，是孔子"大道之行也，天下为公"的思想所发。他认为《礼运》的大同预言"活现一幅敦厚、和平、贤亲、乐利之大同境界……大同世界，仍是人伦昌明之世界，并非另有神奇玄妙、不近人情之异端。不过，天下为家的小康时代，伦常之演绎谨而严。天下为公的大同时代，伦常之演绎大而化耳。若夫货恶其弃于地也，不必藏于己。力恶其不出于身也，不必为己。人人俱存一大公无我、一视同仁之高尚思想，则不但伦常中不生悖逆问题，而资本劳动，既无相对立异之情形。自然贫富均安，亦无发生阶级斗争之余地。"（《政治大同·大同主义诠真》）

如何达到天下为公那样的境界呢？段正元认为即是"选贤与能，讲信修睦"这八个字。这八个字"便将治国平天下，造大同的政治学问，满盘包括了。""此八个字确是大同政治的纲领，历千古而不变。无论政体如何变化，社会如何改革，离开此八个字，决不能成事。"（《政治大同·天下为公的实行》）

传统儒家认为孝弟是为政的根本。

> 或谓孔子曰："子奚不为政？"子曰："《书》云：'孝乎！惟孝，友于兄弟，施于有政。'是亦为政，奚其为为政？"（《论语·为政》）

有人问孔子为什么不从政时，孔子引用《尚书》里的话来解释自己用孝弟观念来影响社会政治，就是参政了。这一则对话说明儒学创始人孔子一开始就将宣扬孝弟观念的活动看成是政治行为。段正元知两千多年前大道隐，子贡且曰夫子之言性与天道不可得而闻，故对孝弟本来之真意而不敢遽然而言，只是说"入则孝，出则弟"。段正元明心见性后已知孔子孝弟之真意，故直言无隐地进行了阐述：

> 世俗将孝弟为对父对兄而言，晦前圣以孝弟立教之真礼。如果孝弟二字是专对父兄而言，则"出入"二字颇不能通。父与兄同在家庭，于孝固可曰入，于弟何为曰出，岂在家不讲事兄之道乎？如为孝弟之道，出入皆应讲，又何不曰出入则孝弟，而必曰入则孝，出则弟乎？……弟对师长言……盖天地阴阳，不能有纯无驳，即人类不能有善无恶，上天生人上天不能教人，故人心之坏，气数之恶，必赖圣人代天宣化，以为救正挽回，此圣人即人类之师也。个人无师，则不知性命之理，不知身从何来，死往何去，故敢妄作妄为。世界无师则无人阐明大道，物我同体之实不见，无以启群伦进化之路，故大道之行必先立师道……因不敢遽言师道，权言师道……一切超乎人间之范围者，无不从"弟"字实行得来。"出"字兼有出世之义，故曰：入则孝，出则弟，谨而信，泛爱众，而亲仁，皆由孝弟中发出。（《大同元音·孝弟》）

段正元在孔子的基础上对孝弟之道做了进一步的发挥，把孝弟作为大同学问，认为孝弟是大同政治的本源：

孝弟是大同学问，大同政治之本源。欲世界大同，必将孝弟之道讲明，使天下人人实行。圣贤经典，讲孝弟之处甚多，皆是一贯。

孝弟为天经地义，圣学王道之根本。英雄豪杰，建功立德，转成圣贤仙佛之大道，行之于身则身修，行之于家则家齐，行之于国则国治，行之于天下则天下平。反是，则身不能修，家不能齐，国不能治，天下不能平。一反正之间，天下治乱攸关，个人祸福系之。今人自命为英雄豪杰，恃势逞强，于国际不惜扰乱世界，于国内不惜扰乱地方。外观之，由于主义之冲突，其实即彼此忘却孝弟之故。孝弟忘，则凡孝弟中所含之真道德一概抹煞。于是，言不由衷，行不顾义，或取术不仁，或大言欺人，或公然为寇为贼，或权利自私，嫉贤妒能，无所不为，皆由不知孝弟也。（《永久和平·孝弟为永久和平之本》）

孝弟之道既然是大同政治的本源，所以要世界大同必须将孝弟之道讲明，使天下人人实行。他还分析当今政治中各种腐败丑恶现象都是因为不知孝弟之道的缘故。孝弟是天经地义，圣学王道的根本。"孝弟为人，于内能自治自修，无有父母师保，如临父母师保；于外自能讲信修睦尚辞让，去争夺，谋闭不兴，盗窃，乱贼不作。人能如此，非大同人才而何？天下能如此，非大同世界而何？……知大同之世，大道之行，即孝弟之行也。"（《大同元音·孝弟》）

在《道德和平·欲世界和平端赖文化》中，他说孝弟是人道，也即大同极乐之道。"人道又是什么？……简括来讲，人道即是孝弟之道。孟子曰：'尧舜之道，孝弟而已矣。'尧舜天下为公，是为万世共和作模范的。孝弟之道，即大同极乐之道。"

段正元还比较了中西文化的差异，认为讲孝弟正是中国文化的优长之处，是西方文化的一大缺点："西人虽讲身讲国，而不讲家庭，故无孝道之可言。自外视之，不过是人民无天伦之乐趣，不见重大关系，而其实为文化上一大缺点。故彼土人民好勇斗狠，争夺食色，酿成祸乱则易，为谋安定则难。"（《居易俟命·欲世界和平端赖文化》）

3. 军备

军备是指各国的军事编制和军事装备。世界各国为了维护庞大的军事实力花费甚巨，国家预算里军费开支往往是最大的，这无形中增加了人民的负担。但实际情形是，各国的军备不但不考虑废除，反而在扩张。段正元认为废除军备是关系到世界和平的头等大事，也是各国人民最希望能实行的事。"以天道言,世界大同,是一定要成的,各国的军备,终要废除的。众人不知天道,只看现在各国人民,为运动限制缩小军备,组织团体机关,如彼其踊跃,便知太平之机已大动。可惜他们只知人民痛苦,是为军事费用浩大,担负过重。不知军事之设,就因为国籍限制太严。只知军备要限制缩小,不知要完全废除。故费力多而成功少。我今将此机关道破,望各国人民,放开眼孔,打开心量,从根本上着手。"(《道德和平·废除国籍限制谋世界大同》)对于有些人担心如果中国裁兵不能保护自己的想法,段正元说:"人说中国兵若是裁尽,将对外无以为国防之资。不知今日以后之世界,是要成大同的,各国的军备,皆在废除之列,决无再以武力侵掠人国之事。"(《道德和平·裁无业之兵养成有用之士》)

4. 国籍

国籍是指一个人属于某一个国家的国民或公民的法律资格,表明一个人同一个特定国家间固定的法律联系,是国家行使属人管辖权和外交保护权的法律顾问依据。在维护世界和平、人类走向大同的过程中,国籍的限制越来越成为障碍。因为有国籍的限制,人民就不能自由迁徙、自由流动,甚至引起各种冲突。段正元认为应该"研究废除国籍限制的实行方法,以求永久的太平幸福。废除国籍限制,是人民极便利的事……世界要成大同,才得真正和平。大同世界,开放门户,是当然的。但要以人民自由生活为主,各国一律开放,不应仅开放某一国……即令万国门户一齐开放,苟非以全世界人民自由生活为根本者,仍为大同之道所不许。况以国家主义之精神,来开放一国,其主张之不彻底,可一望而知。国际间如有冲突,首先显而易见。受生命之损失者,即是一般衣食不足之老百姓。各国当道,既已劳心费财,召集会议,何不再进一步,为彻底之主张,谋永久和平根本办法,废除国籍限制,为人民开通生活自由之门路?"(《道德和平·废除国籍限制谋世界大同》)

其实废除国籍与废除军备是有密切关系的。段正元说:"将国籍限制,决然废除,则各国人民,求谋生活,到处无阻碍,彼此入籍出籍,来去自由,何须武力来保护自己?更何须武力去侵掠他人?国与国之间,自然无猜忌,无所谓同盟协商,无所谓密约,无所谓特殊地位,自然无冲突。海陆军备,自然归于无用之地,不谋废除,自然废除,何限制缩小之足云?故废除军备,是谋世界太平,首先应办的事;废除国籍限制,是谋废除军备首先应办的事。世界无论何国,对于废除国籍限制,与废除军备限制两事,均应有彻底觉悟,及早公同商议实行。"(《道德和平·裁无业之兵养成有用之士》)可见,如果国籍废除了,军备自然就不需要了。因为,保护国家主权、领土、人民等就是军备存在的理由。

5. 教育

段正元强调教育的根本首在尊师重道。中国的传统教育本来是非常重视尊师重道的,但是自从引进西方教育制度,受到西方教育风气的影响,这方面越来越淡漠。段正元把尊师重道提高到世界治乱的高度。他指出:"各国学者所见,以为最难解决之世界、国家、社会、个人一切疑难问题,乃于尊师重道之教育制度下,解决得极容易、极完满。各国学者生平深思苦虑、百求不得之世界永久和平,人类真正幸福,乃于尊师重道之教育制度下得之,自然心悦诚服来归恐后。世界学说,胥宗一师,世界政治,自不难渐趋一致,由车同轨进而为书同文,更进而为行同伦,循至万事一礼,万教一心,即不言大同极乐,自然大同极乐。"(《道德和平·教育根本首在尊师重道》)因此,要实现世界大同,先要立师道。关于师道,段正元指出:"世界之治乱,表面关于国家之政治法律,里面实关于师儒之学说。政治法律关系一时,学说关系,且及后世。"(《道德和平·欲世界和平端赖文化》)段正元对师道的议论是对儒家师儒之说的发挥,更具有普世意义。

他认为,近代以来,人们不明白中国文化的真相和精神实质,一方面对西方文化盲目崇拜,另一方面对中国文化多有误解、曲解,不明白代表中国文化的本质是什么?他强调中国文化的核心即在"中道"二字,而"中道"又需师道心心相传:"中国文化即在中道,'中道'二字,意义极深。《中庸》曰:'中也者,天下之大本也。'尧传舜允执其中,舜传禹人心惟危,道心惟微,惟精惟一,允执厥中。汤、文、伊、周、孔、孟,或见或闻,皆执中之实学,用中之实事,皆有师承授受。故中道之文化,即师道之文化,得中道之大圣人,即文化之代表。世界学者,欲求中国文化之真相,必能尊师重道,得此大圣人执中之心法,实践《大学》修身而后可。欲求中国文化普及于世界,必得此大圣人为世界之师,以其《大学》修身之教,为世界教育的精魂而后可。"(《道德和平·欲世界和平端赖文化》)显然,"中道"即师道,中道文化即师道文化,以大圣人为世界之师,实行中道,才能从根本上解决问题。

如果能够以真正的文化精神改创教育制度,那么以《大学》修身为主,以艺事之学为用,其他一切游离徜恍、支离邪说,都以中道规正之,就是从教育途径实行大同。为此,段正元提出了"大同教育"。

聚古今中外，新旧万教之学于一炉，折衷于大公至正之性与天道。俾天下之人，知性命之原，同出于上帝。以上帝之心为心，以万人之心为心，以一己之心为上帝万人之心。亲亲而仁民，仁民而爱物，天地万物，宛然一体，则各国其国，无相侵夺矣。各民其民，共相扶助矣。送往迎来，摈会以时。礼运所谓"讲信修睦"是也。人伦明于上，小民亲于下，老吾老以及人之老，幼吾幼以及人之幼。礼运所谓"故人不独亲其亲，不独子其子"是也。慈善事举，仁政昌行，天下皆有养老、育婴、贫民、施济等名。礼运所谓"老有所终，幼有所长，鳏寡孤独废疾者，皆有所养"是也。楚材晋用，易事通工。礼运所谓"壮有所用"是也。甲国无怨女，乙国无旷夫，彼此共通婚姻。礼运所谓"男有分，女有归"是也。开财之源，尽地之利，有无相通，活动经济。礼运所谓"货恶其弃，不必藏于己"也。互相发明，增进幸福，立功于世，立德于人。礼运所谓"力恶其不出于身，不必为己"也。继绝世，举废国，治乱持危。礼运所谓"谋闭不兴"，何有战争？法制多研究，必也使无讼，无情者不得尽其辞，大畏民志。礼运所谓"盗窃乱贼而不作"，何有死刑？道之以德，齐之以礼，有耻且格。礼运所谓"外户而不闭，是谓大同"。大同美矣！非先研究一举重若轻之法，组织一暗然日章之所，递集天人于其间，同受此乐天道与人和之教育，则其风俗、习惯、宗教、学说，不期化而自化。出门同人，一道同风，天下犹如一家，一国犹如一人，大同之世，不期成而自成。舍办中和学堂，其何以臻此！中和学堂者，聚古今中外，新旧万教诸学一炉而冶之者也。（《外王刍谈录·呈海牙公文》）

从教育入手，具体如何进行？段正元认为："应在司教育之权者，舍己从人，扫除新学之支离，淘汰旧学之腐败，一准之以大中至正之道，则教育归一，归一则归贞。"（《大同贞谛·万教同归一道有教无类之说法》）

在培养人才方面，他把大同人才分为六等级：①知己学人；②为己为人；③克己成人；④爱己礼人；⑤恭己亲仁；⑥无己元仁。并具体设想大同世界有五等学堂，学人由此出来，方能为人为己，造就大同世界人才。他说："今之官制，则分三等九级，由多进少则为贵。将来人格分为六等，由少进多则为尊。头一等知己学人，尚为书生。二等为己为人，可习外事，在社会上，可办一点事。三等克己成人，可为国家用。四等爱己礼人，可以司权柄，执政衡，表正一方，独当一面。五等恭己亲己，可为领袖，表率中外，为天下国家人材,造出万代馨香,生不朽事业。第六无己元仁,为真正元音,师表天下后世。凡有血气,莫不尊亲,司无为之大化。不管天下而管天下,为燮理阴阳之贞宰,为总领袖。上管道德,统率鬼神,中管天地,号令仙佛,下管人间,疏而不漏。大一统而为道德中至尊至贵之神王,神化莫测。即中庸所谓:非天子不议礼,而礼运皆他在运;不制度,而法度皆他在为;不考文,而文章焕乎其著。"(《敏求知己·大同六格》)

6. 宗教

20世纪是一个多元宗教并行、冲突、融合的世界,怎么处理多元宗教的冲突问题,是非常棘手的。段正元说:

> 今大地环通,民知日天,世道愈降,民情日偷;是以悖道诈伪,机械巧令,变换靡常,究非一时一人之教所能范围而转移之。何以故?教有行于当时而不可行于后世者;有宜于此处而不宜于彼处者;若仍拘执一教,墨守成规,是何异于胶柱鼓瑟,按图索骥乎?即综合各教而考之,互有长短,各有时宜。(《民国七年在汉口道德学社讲学记录》)

这就是说,当代世界性的问题不是某一宗教能够解决的,各个宗教在形成的时候是因时、因地、因人而立说的,是因时、因地、因人制宜的。各个宗教都是各有所长,各有所短,各有时宜,因此不能拘执一教,墨守成规,甚至入主出奴,誉己毁人,造成宗教之间的冲突。

段正元通过梳理"道"与"教"的辩证关系来为解决这个问题提供了非常具有意义的思路。对于"道"与"教"的关系,他在《道德约言》中说:"教犹植物之花,道犹植物之本。花由本生,教由道发,花不能离本而生,教不能离道而存。花不能与根本比美丑,教不能与道较高下。道本千变万化,圆通无碍。教则单取一线,有一定不移之方针。道者路也,随人共由,缓急迟速无人限制。教则含专制性质,强迫前行。"在"道"与"教"的关系上,段正元显然认为"道"是"教"的价值之源,"教"是"道"的工具承担。"道"是本根,"教"是枝叶;"道"是本质,"教"是形式;"道"是源,"教"是流。正因为这样,他一直强调自己的讲道:"讲学、讲教、讲道,各有区别;学是致道下手之工夫;教是取道之一部分使人守行之范围;道则统万学教而一之之主宰。能明道与教之关系,乃知真学问从何造起,真道在何处,而后学以致其道。"(《道德约言》)

正因为如此,他能够站在大道角度讨论宗教问题,认为"以大道论,万物如同一体,中外犹如一家,何有种族、宗教之区别"(《大同贞谛》)。但实际上是"教中各分宗主,乃各教圣人当时,因时、因地、因人之说法,非大道真谛也"(《远人问道录》)。那么,什么是真正大道?段正元说:"真正大道,无种族国界及教派之分。试问释迦发愿普度,孔子有志大同,耶稣博爱人群,尚复有何界域?有何宗派?故我今所讲实行道德,亦同自古大圣人之志愿,不分何等种族国界及教派,并不辟诸教。择其善者而从之,其不善者而改之,以三教合源,万教归一为宗,以集万教大成,开万世太平为主。"(《远人问道录》)"大道包罗万有,自来讲宗教者,皆入主出奴,党同伐异,其实考察各宗教之源头,设教之本愿,及其最终之目的,大都相同,并无二致。不过在大道未开时,各教所奉之天命,或为一时,或为一方,皆偏而不全。我今所奉,乃集万教大成,开万世太平之全体大天命,故对于各教,及新旧文化,皆择善而从。又我对各教,向不轻易加以批评,即有时因为阐明贞礼,然亦是折衷至当,大公无私。纠其末流之失,恐以讹传讹,贻误后世。其所以代为纠正流弊者,正所以显明其教之本源也。盖教有万殊,而道原一本。我既奉命昌明大道,故众好之,必察焉,众恶之,必察焉。不伐异,亦不党同。各教不乏明达之士,如能了解此中分际,应即泯除门户之见,而共趋一是,以人类共同之幸福为归宿。大道之行,天下为公。应不分教派,不分种族,不分国界,如能照我所说而行,自然不用兵车,立地和平,大同极乐,立地实现。"(《特别讲演》)显然,只有提高到大道的层次,才能理解和宽容各教,找到万教归一、集万教大成、开万世太平的正确道路。

在多元宗教并行发展的趋势下,段正元自得师传后,研究各教,择善而从,不善而改,提出了万教归一(即万教归道)亦即万教归儒之说。他说:"教不归道,天下终不得太平。因各教心法早已失传,真旨而又不明,所学者糟粕耳,故无明明德之实功,率性而行,德犹未明,安有亲民之乐境?大同太平之景,何能实现?故,必需综合各教之道一炉而治之,方不至挂一漏万。夫而后可以致广大而尽精微,极高明而道中庸。"(《民国七年在汉口道德学社讲学记录》)当然,段正元最推崇的还是儒教。他认为教之兴起是为了传道、明道、弘道、行道。在大道不明时,世界上出现了各种各样的教,各大圣人立法垂教,各有所偏,缺乏价值承担,只是以鬼神来教人向善。只有儒家可以称得上是名副其实的"圆教"(圆而神、圆融、圆通),面面俱到,而且非常开明,尊重人，讲人道而以人合天，天人合一。这是因为儒教是以"道"立"教"，有更高的价值承担，说的是"教"，其实是"道"，头头是道。"大道不明之时，各大圣人立法垂教，各有所偏。综核之，立法面面俱到者，厥惟至圣，故为万世师表……惟儒家为开明教，开明教者何，以人道为主，讲实行实德。"（《道德约言》）"儒者人之所需也，故曰儒为席上珍，人人可贵，人人可行。《论语》曰：'君子道者三，仁者不忧，智者不惑，勇者不惧。'《中庸》曰：'智仁勇三者，天下之达德也。'乃君子儒之分量，任何修齐治平之经纶体用皆在其中，即任何教义莫不贯通，无奈孟子以后世无真儒。世俗文章之士，名曰读书、稽古，实则流为迂酸腐败，内无智仁勇三达德之圣功，故不能发为修齐治平之王道。"（《人道贞义》）当学生问："何为真道？"段正元回答："当今之世，能知三教合源，万教归儒者，即是大同世界，独一无二之贞道。"（《日行记录》）

与诸教比较起来，儒教的最大优势重在能实行："诸教之中，惟儒教踏实认真，最尚实行，最能实行。凡能言能行者，皆儒也……故我供奉足以代表儒教之孔子，非有私于孔子也，重在能实行也。换言之，无论何教皆不辟，直以中庸之道为宗主而已。""三教中，惟儒教能说得出，做得到，可以统括万教。"（《远人问道录》）"儒家不怨天不尤人，下学上达，真是完全一盘大道，儒道真行，世界自然大同，人人自治，人人自爱，不贪不淫，不欺人侮人，无争夺怨愤，哪还有轮回，哪还有冤牵，哪还有地狱，哪还有罪人？所谓人人君子个个圣贤者，自然不动而变无为而成也。"（《道德约言》）

他认为儒家以道为教，在尘超尘，在红尘气数中照样能够获得解脱，"儒家实行人道，实行三纲五伦八德，并不离开红尘气数，而解脱红尘气数，即在其中。有父母则孝顺，有妻子则善教，有朋友则信，有国则治，有天下则平。于君子则道以德，齐以礼。于小人则道以政，齐以刑。亲亲而仁民，仁民而爱物。任他红尘气数，有千罗万网，都能解脱得清清楚楚，干干净净。"（《道德和平》）即使旁门外道也可以存在，因为"无旁门外道，显不出大道精华。不过旁门外道，犹枝叶为道之辅助，大道犹花心，为道之正果。枝叶无花不贵重，花无枝叶不精神。相得益彰，并行不悖，此大道之所以为大也。"（《大同贞谛》）这充分说明段正元还是以儒为主，特别重视儒教的踏实实行和中道精神，并以这些基本精神寻求多元宗教的会通、融合与归一，从宗教途径推动人类走向大同世界。

7. 法律

近代中国人有感于社会的混乱和世界战乱无休，特别强调学习西方，以严密的法律维持社会秩序。段正元并不反对法律，但是他认为："不知法律只能限制外表之行为，不能限制隐忧之意志，充其量只可以制止有限的乱事，不可以制止无穷的乱源。"（《道德约言》）对于有人提出以武力维护法律，法律就可以生效，段正元认为："不知以武力维护法律，则其精神已全移于武力，原为厌弃武力之残暴而设法律，今又以维护法律之故而倚赖武力。则不但二者互相循环，而武力永不能去，且有取代法律之危险。"（《道德约言》）那么，问题的关键在哪里呢？段正元指出："法律是人造的。以人造之物要人遵守，必其能合天道，顺人情，完全由大公无私之良心发出来的而后得……专恃法律之解决，与沿袭世俗法律之方式解决，不足以清乱源而致国家太平也。"（《道德和平·新旧法制贵得民心》）为此，段正元从道德高度来寻求解决之道。

道德与法律的关系在古代多有混淆与冲突，段正元察其性质，溯其源流，二者有同有异，且互相关系密切，尤不可偏废也。先就其异点而言：

- 法律之范围狭，道德之范围广。
- 法律之发生系人为的，道德之发生系天赋的。
- 法律之施行，出于强制，道德之施行，出于自然。
- 法律之表现多消极，道德之表现多积极。
- 法律具有国界性，道德推行，有大同主义，具有世界性。

次就其同点而言：

- 法律与道德均为无形的科学。
- 法律与道德均以使人各全本性为目的。
- 法律与道德均适合平等之原则。
- 法律与道德均能支配人类之行为。
- 法律与道德均能维持人类之生活。
- 法律与道德均保持社会之公共秩序及善良风俗。

终就其互相关系而言：

- 道德得以弥补法律之缺陷，道德所不及者，法律得以济其穷。
- 有道德以保障法律，人类无幸免之心。有法律以扶翼道德，人类无虚伪之习。

- 人类固服从法律，有道德心者，从服之意愈坚。人类固尊崇道德，有法律心者，尊崇之意愈切。
- 法律既服从以后，则整躬者必率物，能守法自能成德。道德既尊崇以后，则居仁者必由义，不失德自不遗法。此其相互之关系也。

最后他得出结论："惟以道德为主，法律为辅，至感化日久，'而谋闭不兴，盗贼不作'，自能导世界于大同。"（《政治大同·国家问题之根本研究》）

中国古代法律纠缠于人治与法治，段正元对二者进行了区分："何谓人治？根据为政在人之理论立基也，其大体则以人治为重心。何谓法治？根据依法保障人权之理论而立基者也，其大体则以法治为重心。"（《政治大同·人治与法治》）并就此问题分而述之：

- 有治人无治法。
- 有治人自有治法。
- 有治法无治人法，即等于空文。
- 有治法无治人法，反为作奸犯科之护符。
- 人为主体，法为作用。
- 人有善恶，法无善恶。
- 法恶，人善法亦善；法善，人恶法亦恶。
- 万法由人兴，万法由人灭。
- 大同世界必定先有治人后有治法。

最后指出：

孔子曰："大道之行也，天下为公。"试问，大道何以行？还是人能弘道。天下何以公？还是人秉公心。有大公则天之尧，而后能让舜。有重华协帝之舜，而后能让禹。亦惟有玄德升闻之舜，而后能受尧之禅。有不矜不伐之禹，而后能受舜之禅。故曰："大道之行也，与三代之英，丘有志焉，而未之能逮也。"又曰，"惟圣人能以天下为一家，中国为一人，非意之也。必明于其义，达于其利，而后能为之。"已明揭示，要有大同人才，而后能开公天下之大同世界。（《政治大同·人治与法治》）

这里涉及人治与法治的关系问题，今人简单地引进西学以法治国，绝对地反对"人治"。其实，最关键的是对"人治"怎么理解。儒家的"人治"其实是指贤人政治。段正元通过对二者关系的梳理，最后提出"大同世界必定先有治人后有治法"，这显然是继承了儒家先人治后法治的基本思想。

> 大同世界之治法，简单明了，"选贤与能，讲信修睦"而已。而选贤与能，仍是治法之中，首重治人。讲信修睦，乃于治人之下，行好治法，其风声所播，人人乐从。（《政治大同·人治与法治》）

即不反对法治，但是强调贤人之治下的法治。这是非常有见地的观点。

8. 男女

段正元提倡男女平等。他认为男女应该平等，但这"是道德大行于世，人格极为高尚其自然之结果，程度未到亦不可勉强造作"（《永久和平·男女平等》）。他批评新文化运动以来文化激进主义者倡导的所谓男女平等说：

> 现在女子所讲的平等，多是拿男子的虚荣、出风头、放荡而言，以为女子亦能如此去作即是平等。于是一般青年无知女子，不顾廉耻以做坏事为开通、为平等。试看今日学校出来的男女，男子能视女子如姐如妹否？女子能视男子如兄如弟否？试问司教育者，如何教育其保廉耻讲道德而不堕落为流氓？（《永久和平·男女平等》）

这样就造成男女关系混乱，男女不顾廉耻，不讲道德而堕落。事实上，男女先天有许多差异，这不是个人意志能够随便改变的，要尊重这些差异，在承认这些差异的基础上讲平等。"男女的天然不同为造物所定，非个人意志能够改变。故社会上有宜于女子之事，有宜于男子之事，各尽其责，男女正位，自然相安无事。男女正位，其功夫尽在修身之中。浅言之，男子是为夫为父的，女子是为妻为母的，责任各有不同，社会上之相互关系，无不从此生发出来的。"（《永久和平·男女平等》）因此，应该"男女正位"，男女把工夫用在各自的修身中，以男子为夫为父，女子为妻为母作为社会上其他关系的出发点。

段正元特别强调男女平等应该放在家庭中才能得以落实，而不是像近代一些激进主义者、女权主义者一样肤浅地认为要讲男女平等，就必须破坏家庭。他说："欲世界大同，必须将男女齐纳于家庭之下，正其纲纪，以求人道之美满幸福。"（《永久和平·男女平等》）

纳于家庭之下的男女关系就是夫妇关系了，这方面段正元在传统"五伦"基础上论证夫妇之伦在有别。所谓"别"者，一为分别，一为特别。

所谓分别，需明夫妇之界线，维持真正之自由，即"男有分，女有归"，夫夫妇妇，而家道正。西方法律以奸淫有夫之妇，为侵犯他人主权之罪。试问夫妇若与他人无分别，任意奸淫，成何人类社会？故夫妇一伦，取分别之义，所以限制人之放纵，正所以保全人正当之自由耳。自伏羲正夫妇之伦，伉俪永偕，华丽文明从此大启。夫妇一伦，"别"与"无别"，实人类社会文明野蛮所由分，亦人禽界域所由判。我数千年文明华胄，国屡亡而种族不弱，主权易而教化犹存，不至沦为蛮貊夷狄者，正惟此大端不坠所系赖。故真正夫妇有"别"，即各个人之自由，以不侵犯他人之自由为界耳。

　　何谓特别？即夫妇感情与其他感情不同之特别也。所谓一与之齐，终身不改。夫妇恒久而家道兴。普通形容夫妇和谐者，则是如胶似漆，实深明夫妇特别之义。夫妇一伦，何以如此特别，盖阴阳和而后万物生，乃天道之适然。夫妇和而后家道兴，亦人事之必然。试看今日社会有如此夫妇，今日自由结婚，明日自由离婚。爱之欲加诸膝，恶之欲坠诸渊，如此苦境，岂有生存安乐可言。今之昌言男女平等，自由恋爱者，确与古人所言夫妇特别之交相合。但需知夫妇之正，互敬齐眉，终身偕老，乃是真恋爱真平等，真特别也。(《政治大同·大同主义诠真》)

　　这样，通过把人类社会最基本的男女—夫妇关系处理好，就会为建立和谐、健康、良善的社会关系奠定基础。

三、实行道德　实现大同

(一) 实现大同的条件

　　对于实现大同，段正元是根据社会历史的发展来判断的。近代以来环球交通，人类开始了全球一体化的进程，这预示了大同世界实现的征兆和条件。段正元论说道："当今中外交通，新旧学要合一，阴阳历要合一，虽是天运使然，亦是大道弘开，天下大同之预兆也。"(《日行记录》)"今我倡言大同，非我能为也。数千年古圣先贤预备的道德政治今已成熟，天时与人事合一；道德与行政合一；真正'为政以德，譬如北辰，居其所而众星拱之'。即是'先天而天勿违，后天而奉天时'。天且不违，何况人乎？何况鬼神乎？真是'舟车所至，人力所通，天覆地载，凡有血气，莫不尊亲'。"(《大德必得》)但他也强调："当今之世，人民为重，道德为尊，名位为贵，三者合一，天下乃治。"(《日行记录》)大同社会是人类几千年的理想，今天有了实现这一理想的条件和机会。要实现大同必须通过不同的途径，殊途同归，走向最终的目标。

（二）实现大同的关键

段正元办道德学社，讲道德，道德观念是其思想的核心。段正元所讲的道德贵在实行，在位者能否实行实德，是大同政治能否实现的关键。1919年秋，美国传教士何乐意拜访，问段正元："贵社讲道德，何为贵？"段正元答曰："重在实行。凡中外古今之圣贤他佛，无不是实行实德，行有余力，则以学文。因我中华自秦汉以后，辞章科名为重，但有虚文，毫无实际，道德遂流为迂酸腐败之口头禅。形上之道以晦，反不如尔们欧美人，注重实验发明形下之器，足以称雄逞霸于一时。不过物质愈发达，社会愈黑暗，强霸者死之徒，吾为此惧。因发愿以身作则，立社讲学，就正高明期以实行真正道德的精神，造成真正文明大同世界。"(《远人问道录》)他还说："道德实行，则国家有主宰，人民有倚赖。道德不是空谈，作文章劝人，是教人身体力行，开诚布公，救世安民，实行实德实事。"(《大同元音·道德主宰如照相镜留音机》)他奉劝在位者："非实行道德，万不能使诸共和国，转成文明大同世界。"(《大同元音·治国平天下之道在反本》)他强调："在位实行道德，天下无不服从……在位知道德，真行道德，不但天下立地太平，并可成大同极乐世界。"(《大同元音·天遂人愿》)"真讲大同，无种族、国界、教派、党羽之说，同归一道。无私心，无嫉妒，仁心仁政安天下，真行道德自然平天下。"(《大同元音·真道德平天下无党派是谓大同》)"只要在位者提倡、实行道德仁义，不平者自然平，不和者自然和。天下一家，中国一人，必实见于今之世矣。"(《大同贞谛》)这是希望当政者能够明白道德是通往大同极乐世界的必由之路，必须在位者实行道德，才能走向大同。为什么？他继续说："因道德为天地之元气，在人为福气。一人有福，满门福禄。天下有一人有福，天下太平。故曰一人有庆，兆民赖之。"(《大同元音·真道德平天下无党派是谓大同》)"惟道德是生天地的元气，人物之主宰，治国平天下之至宝，成大同世界之根基，人民共享之幸福。"(《大同元音·重道德用贤才天下大同》)他举孔子为例："中国之道德，如孔子治鲁三月，男有分，女有归，夜不闭户，路不拾遗。如尧舜之孝弟，黎民于变时雍，真文明大同景运。"(《大同元音·治国平天下之道在反本》)孔子治鲁三月，就是实行道德，所以在两千多年前就呈现了文明大同的景运。因此，只有实行真道德仁义，才能万教归一，世界大同。

不实行真道德仁义，万教焉能归一，万国焉能共和，天下焉能太平？实行真道德仁义者何，即是用天智。天智者何，即内圣外王合一之用。内而有圣道，外而自有王道，圣人在位天也，真王道平平，亲亲而仁民，仁民而爱物，世界自然文明而成大同，大同而归极乐。人人君子个个圣贤，自然道并行而不相悖，万物并育而不相害，悠久无疆。

欲世界大同，使天下人人同归一道，非实行内圣外王一贯之学不可。前之读书人，只知揣摩圣人之文章，窃取功名。但求说得好听，不管能行不能行，故数千年来，将真正修齐治平之道，一并看假，以为圣人之道，即在文辞，不知圣人之言是由躬行实践，一一做到，由性分中流露出来，发为文章，故能永不垂灭，如日月经天，江河行地。(《道德约言》)

这就是内圣外王一贯之学的精义。

如何以中华传统道德推行世界，实现人类大同？段正元认为应从以下三事实施，方能奏效。

其一，综核名实。即"发一令，必谋一令之效。没一官，必举一官之实。用一人，必尽一人之才。作一事，必如一事之分。全国士农工商，各安其业。文武上下，各尽其职。自然无事不办，无政不行，无国不治。"(《政治大同·天然政治论》)

其二，表彰先圣。他认为，中华文化源远流长，乃上古圣人的创造，古之圣人是中国文化之根本、民族之宗祖。"欲水木之绵长，必须培植本源，以畅其生发。欲民族之兴起，必须表彰先圣，此必然之理也。"(《政治大同·天然政治论》)因此，他极力反对近代以来国人否定传统文化、打倒孔孟、数典忘祖的做法。

其三，尊重师道。他指出，国家道德风化之盛衰关键在于教育之兴替，而教育之兴替关键在于是否尊重师道。段正元对师的要求很高，要有真道德（忠、孝、仁、爱、信、义、和、平），有真智能（格致、诚正、修齐、治平），"师严而后道尊""师道立而善人多"，这样方能长治久安。(《政治大同·天然政治论》)

段正元引用孟子的话说明大同的实行是有方法的，《孟子·公孙丑上》

说："尊贤使能，俊杰在位，则天下之士皆悦而愿立于其朝矣。市廛而不征，法而不廛，则天下之商皆悦而愿藏于其市矣。关讥而不征，则天下之旅皆悦而愿出于其路矣。耕者助而不税，则天下之农皆悦而愿耕于其野矣。廛无夫里之布，则天下之民皆悦而愿为之氓矣。信能行此五者，则邻国之民仰之若父母矣。率其子弟，攻其父母，自生民以来，未有能济者也。如此，则无敌于天下。无敌于天下者，天吏也。然而不王者，未之有也。"段正元分析说："孟子所谓第一件是要用贤能的人去执政，余四件皆是免除租税。所谓贤能者，简言之就是行大同主义，专为人民谋生活容易的人。依孟子所说，则凡关于穿衣、吃饭、住宅、旅行等事，皆不纳税，人民该多少自由，所以说邻国之民，皆悦而愿去入籍。此是孟子破国界、造大同的入手办法。今世苟有一国能采用此法，切实为人民谋生活容易者，各国人民也必很愿意去入籍。世人皆以为大同，是理想空谈，读此则知其有实行的方法。世人皆以为大同是难办的事，读此则知其为易办的事。"（《道德和平·废除国籍限制谋世界大同》）这些分析是非常有道理的，既符合孟子思想，又契合现实，给人很多启发。

实行道德贵在以中立教，行中庸之道。"以中立教，即是实行道德。不过各有各的天命不同，虽教不同，而道同，以道德治世合中和。故中庸云：'致中和，天地位焉，万物育焉。'"（《大同元音·告门人知足成功者退乐天之道》）"中庸之道行，君相师儒，一体为治，天下渐趋大同，而民莫知其所由。"（《日行记录》）"人人有中字之良心，勤职业，修心术，即是太平世界。凡事量力而行，各勤其职业，各尽其职能，守本分即是守中。守中即是何等人、干何等事。不大言不惭，不野心勃勃，不自欺欺人，凭一点贞良心作事，则一切不中之事理，自然消灭于无何有之乡。天下为一家，中国为一人。亲亲仁民，仁民爱物，在上在下，男女老幼，贞自由平等，人民熙熙皞皞，天然大同极乐世界在其中。中道而立，四海景从，自由平等，一道同风，万众一声，天下大同。"（《大同正路·大同家长之资格学问》）

有问："圣圣心传，只此一中。中即道欤？"

段正元答："中者无极之真，太极之精，天地之主，万物之根，合其中斯合道矣。"

问："合中斯合道。今天下之道何在？今天下之中何在？"

段正元答："在大同。"

段正元还说："夫人未欲大同也，如欲大同，舍此中和大道，又将何为

哉！当今之世，在位为政者，果明中和大道，而实行人道贞义，则世界大同，天下太平，何难之有！"(《圣道发凡·实用经济谈》）

（三）实现大同的正路

在这样的基础上，段正元认为保全身家性命，倡造大同的正路是"四爱"。他说：

> 世界之乱，由于人类互相为仇，无法消弭。仇其身，则杀其身。仇其家，则亡其家。仇其国，则破其国。循环起伏，天下之乱，遂不可已。仇之对照为爱。欲解救此祸，惟有实行四爱：一爱身，并要真贞爱身。二爱家，并要真贞爱家。三爱国，并要真贞爱国。四爱天下，并要真贞爱天下。(《大同正路·保全身家性命倡造大同正路》)

这"四爱"实际上是儒家仁爱思想的精髓，即以建立在亲情基础上自爱为中心的同心圆向外推衍，与道家的慈爱、墨家的兼爱、佛教的慈悲、基督教的博爱不同。段正元详细论证"四爱"：

> 真贞爱身者，知身体发肤，受之父母，不敢毁伤，不敢好勇斗狠。以一朝之忿，忘身及亲，更何肯身为盗匪，肆行无忌，致自己生命，时时刻刻，常在危险之中。真贞爱身者，必能推己及人，实行恕道。己所不欲，勿施于人，决不肯抱自杀主义，存宁我负天下人，不使天下人负我之心，致天下人欲得而甘心。真贞爱身者，知爱人者人恒爱之，敬人者人恒敬之，决不肯以不忠、不礼、不仁之事加于人，致召反动。真贞爱身者，必能安分知足，素位而行，决不肯舍己芸人，凌上欺下。或得寸思尺，妄冀非分，自取侮辱。真贞爱身者，必能明哲保身，是道则进，非道则退。危邦不入，乱邦不居。决不肯以自己地位作出种种非道，致人退而不进，造出危邦乱邦，致他人不入不居，并自己亦无所逃避。真贞爱身者，必能惩忿窒欲，澹泊明志，性命为重，名利为轻，不肯以一时意见之争执、个人权利之冲突，牺牲自己之性命，或因而殃及他人。真贞爱身者，必能择善而从，不善而改，认明是非，抱定宗旨，不为众人摇惑，决不肯贪图些小便宜，随波逐流，轻举妄动，同入陷阱。真贞爱身者，必能善与人交，久而弥敬。凡与共患难者，无不可与共功名富贵，决不肯翻云覆雨，一时利用，转眼成仇，示人以不诚，因而天下多事。真贞爱身者，知暴殄天物，邪淫浪饮，有伤福德，必能爱惜物力，保重生命，决不肯浪费众人之钱

财，踩蹦众人之庐墓，牺牲众人之生命，以博不义之富贵。真贞爱身者，必能克去骄矜，谦让和平，闻过则喜，从谏如流，以增益其伟大之成就，决不自满自恃，暴戾恣肆，致成为众矢之的。

真贞爱家者，必能使老幼尊卑，各守名分，男女内外，各循大礼，决不曲解自由平等，或附和非孝非义谬说，以破坏天伦之秩序。真贞爱家者，必能孝敬父母，决不肯犯上作乱，贻父母之忧，且致人民父子离散生死不得相见。真贞爱家者，必能友于兄弟，视同手足，以阋墙为耻，出外为政，决不肯因同辈意见冲突，起国内之战争，杀戮同胞。真贞爱家者，必能尊重夫妇之伦，和睦闺阃，决不肯贪图姿色财产或势力，随便弃旧迎新，为社会留不良影响。真贞爱家者，对于子女品性言行，必能悉心护持调正，以养成善良人格，决不肯利用地位，直接间接提倡淫冶，诱惑青年男女，致丧其羞恶之良，因而社会上增加罪恶。真贞爱家者，必能经营生产，使一家大小得享温饱之乐，决不肯因个人私愤，扰乱数千里，使人民田不得耕，屋不得住，受冻饿之苦。真贞爱家者，知刻薄成家，理无久享，必能博施济众，广行方便，以德遗子孙，决不肯为子孙作牛马，垄断财源，盘剥贫民，使人怨恨，因之社会上得减少报复寻仇之事。真贞爱家者，知追念祖宗，以时祭祀，为民德敦厚之源，决不肯以宗庙荐享之礼，列为迷信，使人民失仁亲之根本，社会风俗日趋于浇薄。真贞爱家者，知世人皆愿父母俱存，兄弟无故，得一家团聚之乐，决不肯随便称兵构祸，肆行杀戮以孤人之子，寡人之妻。

真贞爱国者，必能体恤人民之疾苦，决不苛征繁税，吸取人民膏血，供无益之费用。真贞爱国者，必能保全人民生命，决不使盗匪猖獗，致人民流离死亡。真贞爱国者，必能提倡固有道德，以正人心，厚风俗，决不摧残人民精神上良善信仰。真贞爱国者，必能实行礼让，遇有纠纷，宁愿牺牲名位，忍受屈辱，决不牺牲人民生命财产，图遂个人之野心，或泄个人之私愤。真贞爱国者，必能任贤使能，决不位置私人，或任贪鄙小辈，盘踞要津，招权纳贿。真贞爱国者，必能诚心征求人民心中所怀，未敢明言之隐情，为施政之根本，决不强迫人民顺从个人，或少数人之主张，不做成圈套，欺罔国民。真贞爱国者，必能予人民以习惯上之便利，及其他正当之自由，决不吹毛求疵，小题大做，致人民惶恐无措，甚或深文周内，藉端需索。真贞爱国者，必能施行仁心仁政，与民休息，决不肯穷兵黩武，浪耗国家元气。真贞爱国者，必能以自国历史观为中心，遵循善良教训，对于外来学说主义，决不肯不辨善恶，随便宣传，或迳为虎作伥，公然担任害国殃民的工作。

真贞爱天下者，能以天下为一家，对于各国人民，一视同仁，决不以强凌弱，以众暴寡，以富欺贫。真贞爱天下者，知造物生人，各赋有衣食之源，能上律天时，下悉地力，以厚利均生，决不违反自然。对国际为经济侵略政策，加重少数资本家，畸形发达之量，愈使社会经济受不良之影响。真贞爱天下者，必能不分国界，彻底除去人民自求生活之障碍，决不作开放某国门户之偏畸主张。真贞爱天下者，知天演究竟，强梁者死，杀人一千，自损八百，决不肯以武力压迫他人。真贞爱天下者，知军事费用浩大，人民负担过重，必能完全废除军备，解释负担，俾其血汗之资，得以充衣食生活之用，决不因袭武装和平之谬说，以重苦人民。更不须月攘一鸡之办法，会议缩减。真贞爱天下者，知人类幸福，在能安居乐业，各得匀贴的生活，决不炫于富强之说，耽虚名而沽实祸。真贞爱天下者，必能依礼运货不弃地，力不为己之原则，调协劳资，决不妄与激进分子为缘，致启斗争之渐。真贞爱天下者，必能效古人，救灾恤邻之美德，为共存共荣之实事，决不传播险恶种子于他国，利其扰乱为变相的侵略。真贞爱天下者，必能依据道德之实行，缔造大同，形式之条约，并用不着，至少亦能本国际平等之义，将已有之一切损人利己条约，自动废除。决不稍存观望，或另有希图，以为大同之梗。（《大同正路·保全身家性命倡造大同正路》）

由此可见，他认为倡造大同的正路就是儒家仁爱思想的普世化，希望人人能够践行落实，以实现天下归仁的大同理想。

（四）实现大同的进路

段正元认为实现大同思想的进路要通过大同家长有步骤、循序渐进地去做。为了实现大同，段正元提出要有大同家长来办大同事业。何谓大同家长？他说："以其人能穷则独善，已美备修身齐家之实德，推而至于治国平天下，亦不过圆满古人所谓天下一家，中国一人之分量。"（《大同正路·大同家长之资格学问》）大同家长应具以下资格：

甲、出身

一、家世清白，存心作事，仰不愧天，俯不怍人。二、经明师教育，有尧、舜、禹、汤、文、武、周公、孔、孟一贯心传，专门大学之道，实行修心养性。三、明心见性后，更能不辞劳苦，到处就正高明，参证心性所见，是否可以实用。四、士农工商，困苦艰难，曾经亲尝，劳其心志，增益不能，富有经验阅历。五、道为己任，以天下为自家，事事踏实认真，钱财善聚善散。六、曾在社会办过数十年，经天纬地之道德事业，不用公家一文钱，不受国家一名位。

乙、学问

一、真贞明过心、见过性，至诚如神，上知天道，下合人情。不但身修家齐，并措置治平，确有易如反掌之把握。二、学古人，不为古人所愚，学今人，不为今人所惑，由性分中自然流露，自知自明，能将中外政治大纲，执两用中，通权达变，择善而从，不善而改。三、入孝出弟，谨信爱众亲仁，行有余力，方以学文。四、知天命，畏天命，行天命，乐天命。实行大学之道，集其大成，真有成竹在胸，修、齐、治、平，一以贯之。五、成己成人，一时有益，推之天下万世无弊，堪为大同师表。

丙、人格

一、内正七情、六欲，修身为本，外无丝毫嗜好劣迹。二、言行合一，始终不变，谦让和平，不自欺，不自是。三、富贵不能淫，贫贱不能移，穷则独善其身，达可兼善天下。四、以救世度人为怀，毫无名利思想，大公无我，素位而行。

丁、家庭

一、立身行道，刑于寡妻，至于兄弟，喻亲于道，并能善教子女，儿童亦循规蹈矩。二、内不用阴谋，外不用压迫，能使阖家上下大小，和气一团，并皆一心一德，同事家长。三、克勤克俭，以身作则，对家人仆役，因材器使，不加勉强，均能心悦诚服，任苦耐劳。

戊、责任

一、大同家长之存心做事，可以致中和，位天地，育万物。二、大同家长，一言、一笑、一行，为世界各国人民之表率，社会之模范。凡有血气，莫不尊亲。三、大同家长，不分教派、国界、种族，视天下如一家，中国如一人，以缔造大同为目的。四、选出大同家长，自然实行统一中国，万邦协和，世界成大同极乐。（《大同正路·大同家长之资格学问》）

在大同家长的主持下，实现大同有六层进路：

一、各尽各人之智，能学大同也。大同世界，并不稀奇，只要大家往正路上走，各尽各之智能，本诸天然良心作事，智者尽天然之智，能者尽天然之能，不勉强，不敷衍，不矫诈，不擅强。纯以中字为主，人人有中字之良心，时时刻刻，有大同二字在良心中，则言行动静，自然学成大同之言行……当今如有识时务者，本中道而行，则世界立地成大同。

二、各尽各人之职业，明大同也。大丈夫生今之世，必成今之人，不作天地功臣，亦当作祖宗肖子，方不愧天地生，父母养。若是昏昏浊浊，不尽为人之职，不勤当勤之业，即是不明大同之理。不明大同之理，则人不成其为人矣。故无论士农工商，必要各尽其职，各勤其业，则大同之理明，而人即不虚生于世，故曰明大同也。

三、各守各人之本分，进大同也……人当守分，不越礼犯伦，妄自尊大，不欺上凌下，怨天尤人。个个素位而行，有大同之思想，有大同之言论，则进大同矣。

四、以天下为一家，中国为一人，成大同也。大同者，大道之行也，天下为公。为政以德，以天下人之心为心，天下人之行为行。好恶从众，赏罚维均。无教界，无国界，无种族界，天下犹一家，中国犹一人，则不期大同，而自成大同也。

五、亲亲仁民，仁民爱物，贞大同也。凡天覆、地载之人类万物，皆当亲之、爱之，为民上者，以贞心仁政，泛爱众，而亲仁。人民以贞引贞，各亲其亲，各贞其贞。上下一体，则大同方为贞大同也。否则虽有大同之名，而无大同之实，亦不得谓之贞矣。故曰亲其亲，长其长，而天下平。天下既平，非贞大同之谓何！

六、世界人民，男女老少，贞自由平等，乐大同也。世界之大，人类之繁，何能使人人优游于光天化日之下，不相争夺，父子兄弟，各享天伦，老幼尊卑，各守本分，相亲相爱，相安于无事，无忧虑，无烦恼，人人君子，个个圣贤，得享贞自由平等之幸福，一中而已矣。中为天下之大本，人人抱此中字，立定中志，守中而行，以身中之中，合心中之中。身心合一，人同此心，心同此理。此心中，此理中，此物中，此时中，推之于全球万国无处不中。无往不同，无入不自得，无入不自乐，故曰乐大同也。(《大同正路·大同家长之资格学问》)

这六个层次是由低而高、由浅入深、循序渐进的，这是儒家下学上达、内圣外王思想的具体展开。

结　语

天下为公、世界大同的社会理想反映了儒家的正义感、责任感和以天下为公的博大胸怀及高尚人格。自这一学说问世以来，曾经鼓舞着一代又一代的志士仁人为改变现实的黑暗、追求美好生活而英勇奋斗。千百年来无数志士仁人面对社会的黑暗和不公不是沉默忍耐，不是消极妥协，而是积极入世，以济世救民为己任，先天下之忧而忧，后天下之乐而乐，为寻求人类社会的理想归宿而不懈奋斗。大同理想在中国上空一直徘徊了两千余年，成为中华民族孜孜以求的美好境界。它是理想的灯塔，不仅给失望中的人们带来希望，而且更感召着人们为此不懈努力。在中国近代史上，天下为公、世界大同的社会理想仍然成为激励中国仁人志士反抗外来侵略和本国衰朽而又暴虐的统治，谋求民族的独立、自由和解放，探寻社会前进发展道路的精神动力之一。段正元的大同思想是在儒家传统的基础上对人类美好未来的展望和憧憬，并有许多具体的设计和规划，是近代以来中国人对传统大同思想的新发展和新创造，不但有巨大的现实意义，更可以引发许多有价值的思考。今天，我们正在构建和谐社会，建设具有中国特色的小康社会，要继承中国古代的大同小康的基本思想和理念，同时结合当代人类文明的丰富成果，立足传统，延续命脉，面向世界，建设小康，走向大同。

段正元道德学社的历史文化定位

赵法生

段正元是民国时期出现的一位真儒,他一生创办道德学社,弘扬儒家经典,为儒学在当代社会的存续做出了不懈努力,留下一份弥足珍贵的文化遗产。其中最值得今人学习的,是其担当与力行精神。在反孔思潮风起云涌的时代背景下,段正元意识到儒道的永恒价值与全面反传统的巨大危害,以"举世毁之而不加沮"的精神,奋起直呼,创办道德学社,向社会各阶层传播儒学,真正体现了儒家的担当精神。他对于儒家根本精神的理解也十分到位,反复强调儒家的根本在于一个"行"字,认为唯有笃学力行、言行一致才是儒家的根本。1918年,他在汉口讲《大学》时说:"《大学》本是实行之道,非可以语言说者。"他强调真正的"道"就在于"能说能行",无论何人,无论其出身、国籍、肤色,只要照儒学真义去做了,就是现出了人之真性。这种解读尤其值得今人反省。他对于汉代经学和宋明理学的批评只有在此一精神下方可理解。汉代经学和宋明理学都是儒学发展的重要阶段,也对儒学的发展做出了各自的贡献。但是,如果与以孔孟为代表的先秦儒家比较起来,他们的生命精神与人格境界的确有所不及,经学在很大程度上已经变成了个人的进身之阶,理学家的学理兴趣远超过其践行力度,故后人常提到宋儒的头巾气。所以,段正元对于汉儒与宋儒的批评,听上去有些偏颇,其实不无洞见。熊十力先生十分佩服宋明诸子的学问,但他同时感到,与先秦儒家比起来,总感到宋明儒缺少了一些鸢飞鱼跃的气象,这同样是指宋明儒与先秦儒家的差异。

过去很多人将道德学社说成"会道门",其实,"会道门"这一概念具有显著的时代特色,应予以具体分析。君主专制社会往往将民间宗教一概称为会道门而予以强行取缔,多半是为了垄断神权进而维系其统治的需要。传统社会的民间宗教其实是民众自发的宗教组织,毋庸讳言,其中有些算不上是真正意义上的宗教，有些甚至成了敛财的手段和藏污纳垢之地。但是，我们应该把这些问题与民众的宗教信仰与结社自由区分开来。那些代表了民众对于信仰自由追求的正当宗教团体，不应该被扣上"会道门"的帽子。

辛亥革命以后，中国开始了艰难的现代转型过程，其中面临的一大问题是如何对待传统文化。不可否认，汉代以后形成的儒法互补的君主专制体系阻碍了现代化进程，统治阶级内部以及社会上的一些人也利用儒家思想作为抗拒政治变革的依据，从而激起了全社会的反传统思潮。在这种激进的反传统思潮影响下，人们已经不再冷静地辨析儒家的根本精神与价值观与历史上客观形成的儒法互补的专制制度的差别，将儒家看作是专制制度的维护者，必欲彻底打倒而后快。更有甚者，由于片面理解西方的启蒙运动，知识界许多人将宗教与现代化对立起来，以至于反宗教成了流行一时的思想潮流。

因此，传统文化受到社会形态转型和激进主义思潮两种力量的挑战，已经到了生死存亡的边缘。一方面是社会革命导致传统儒学所凭借的一切社会组织依托（比如科举、宗祠、传统行会、民间会社等）的解构，另一方面是知识界对于一切传统价值革命式的否定批判。

但是，推翻帝制和建立民国并没有带来盛世，反而面临着巨大的社会紊乱。正是在这一历史背景下，出现了民国初年的传统文化复兴努力。康有为、陈焕章发起的孔教运动，段正元的道德学社和王凤仪的民间讲学活动颇具代表性。它们都具有鲜明的文化自救目的，意欲在剧烈的社会转型中挽救传统文化免于沦亡。

就其基本性质来看，我们认为道德学社是以儒教形式出现的道德复兴团体，同样属于儒教团体，它与大体处于同一时期的孔教会又有所差异。孔教会主要是仿照了基督教的组织形式，康有为曾明确宣称要借鉴基督教的形式将传统儒学宗教化，以使得它能够在转型后的中国社会中继续存在下去。与此相比，道德学社则主要采用传统民间宗教的形态，同样实现了儒学的体系化。

段正元本身是不赞成宗教的，认为儒学要优于宗教，这显然是受到了当时反宗教思潮的影响。但是，道德学社不但有严密的组织系统，而且有完整的祭祀礼仪，其学说义理中也有确定的信仰内涵，人生理想中具有明确的终极关怀。段正元自封为"太上元仁""太上元始天真主宰""太上元仁师尊"，封弟子陈尧初为"太上元仁师尊笃恭救世贞元仁护法"、弟子王子儒为"救世贞主仁护法"等，颇类似于宗教的教阶。

实际上，在传统的社会组织形态瓦解之后，如何再造儒家的组织形态已经成为儒家生死攸关的第一要务。段正元借鉴传统民间宗教建立起一个系统的儒教体系，是对儒学现代转型的巨大贡献，也代表了现代儒学发展的根本方向。在奉行严格分工的现代社会中，儒学要想继续生存下去必须实现专业化和组织化，宗教化正是最易于借鉴的形式。1949年以后，孔教运动、道德学社与万国道德会等在大陆统统归于沉寂，但是，儒教在海外继续顽强地探索生存之道，并且终于在20世纪下半叶取得历史性成功，中国台湾一贯道和印度尼西亚中华孔教就是其中的代表。前者在台湾"宪政转型"后实现了合法化，并迅速向世界各地传播，成为现代化、建制化和国际化的儒教组织。它们的发展恰恰证明了早年道德学社和孔教会的成立，体现了儒学现代转型的必然趋势。

道德学社也留下了两个需要探索的问题，一是儒学与政治的关系，二是传统文化与西方文化的关系问题。

道德学社的建立和发展得力于当时一批军政要员的支持，他们推崇段正元的学问，对于道德学社的建立和发展发挥了重要作用。段正元本人具有强烈的现实政治关怀，力图用其学说改造现实政治，以实现内圣外王相一致的德政理想，他与吴佩孚、蒋介石的关系都体现了这一点，他与日本人的关系似乎也体现了此目的。尽管他将道统置于政统之上，但得君行道依然是其念念不忘的目标。自然，他在这方面的努力基本上是无果而终，但他与政治的关系成了后来被定为反动"会道门"的重要理由，这留给人们的思考是意味深长的。儒学在现代复兴过程中，到底应当如何处理与政治的关系，二者应该设立怎样的边界，是儒家必须认真反思的问题。政教分离是现代社会的通例，如果儒家依然抱着得君行道的老黄历不放，而置现代社会的组织原则于不顾，势必会对儒家的复兴本身带来严重的不利影响。

其次，段正元在复兴传统文化过程中，似乎对于学习西方文化的意义估计不足，对于传统文化本身也缺少必要的反省，这或许与其将儒学宗教化的趋向有关。但是，儒学是包容和开放的，这在其创始人孔子那里十分突出。儒学的复兴不仅是复古，更要通过创造性转化以适应时代的要求，这是我们今天谈论儒家复兴时要特别注意的。

段正元民间信仰之思想特色
——以"黄中通理"篇为例[1]

余强军

一、段正元生平

段正元（1860～1940），四川人。七岁时因不愿受传统私塾之束缚而辍学，后回家放牛，做过各种小工（根据其同乡张大千回忆，他在一次早晨放牛时，被所谓"精灵附体"后好巫术）。十五岁时母病，入峨眉山求药，得一道士（即其师龙元祖）赐药，其母病愈。自此，仰慕龙元祖师之道行，想从其学医。其师说："医乃道之余脉，道成医理自明。人若不能悟道，即使寿过百岁亦无异于禽兽而已。[2] 你要学道，传圣人道脉，救济苍生。"十九岁入峨眉山闭关修炼，两年后自言已明心见性，谓"百书不读而自明"。下山后遍访当地民间有道术者，但从未与主流精英学者有过面对面的交流。近四十岁创办道德学社，遍及大江南北，历时二十多年，规模鼎盛期上至政界要员，下及凡夫走卒，数十万人听过他的讲学。[3] 根据段正元的独特经历，我认为把他放在民间宗教史上研究较合适。

第一，他不是传统士大夫精英阶层以正规学校教育而成就者。就目前所能读到的近百万字的文集来看，他的心得几乎都不是靠读书（博学审问明辨之）

---

[1] 本文研究所依据的文本《段正元文集》（散装活页版），今藏兰州大学哲学系中国哲学资料室。段正元一生述而不作，文集由其门人弟子将其各个场合讲学内容汇集整理而成。

[2] 其师的教导始终是段正元布道生活的信念。道教遁隐山林追逐肉身长生和主流儒家价值伦理观的紧张千百年来一直存在。段正元试图踏实日常伦用来消解这个紧张，这个努力贯穿他一生的布道生涯。

[3] 段正元生平需进一步考证。孟子说过，读其书，吟其诗，不知其人可乎。思想者的生活背景和性格与他的思想特质息息相关。

而得，而是靠一般局外人所不能知的"悟道修炼"而后"不出户，见天道"的路子。❶ 第二，他亦不同于建制性的佛寺道观的宗教职业人员。他一生生活在民间，尽管后来吸引了部分高官，但其受众绝大多数是普通民众。余英时先生在谈到民间传统即小传统时说，民间有一倾向，他们把精英思想当成从不质疑的真理予以接受。❷ 段正元从不会自觉地把经典文本当成思想史上的素材予以梳理推演，而是当成他布道的直接依据。在他的语录中，三教经典与民间俗语轻松自如引用，读来朗朗上口。所以我们可以断定他走的是民间信仰的路线，而不是精英士大夫博学质疑的论证路线，所以研究段正元材料最当注意的是他的宗教性。❸ 实际上，在近代明清思想史上，类似的人物并不少见。譬如，陈来在评价明代泰州学派的颜山农时说："颜山农讲学的一大特色是始终带有一股教主的自信，他有极强烈的救世心态，处处流露出一股欲平治天下舍我其谁的救世主的自负，处处流露出一般士大夫不会有的风格，这使他的讲学带有民间宗教的性格。"❹

二、黄中通理与独特的道德实践

"黄中通理"是《段正元文集》三十一篇中的第十四篇，之所以选择这篇语录来做研究切入点是因为该篇最能体现段正元民间信仰的特色。在该篇里，其鲜明的思想特色得以集中呈现。那么，什么叫黄中通理呢？❺

---

❶ 余英时：《内在超越之路》，中国广播电视出版社1986年版，第403页。大传统是社会精英及其所掌握的文字所记录的文化传统，小传统是乡村社区俗民生活代表的文化传统。前者多半是由思想家、宗教家深入思考所产生的精英文化。

❷ 关于宗教的定义，学界还没有达成共识。Religion 一词的原始意义是崇拜。中国古代典籍无"宗教"一词。最早源于佛教，以佛陀所说为教，佛弟子所说为宗，和宗为教的分派，合称"宗教"，意指佛的教理。西方的 Religion 一词意义更广泛，泛指所有的神道信仰。即如《礼记·祭义》"合鬼神，教之至也。"参见吕大吉：《宗教学通论》，中国社会科学出版社1998年版，第12页。

❸ 有学者对明清民间宗教的教主特征做出了界定：①出身卑微，人生坎坷，过早进入社会生活领域，善于靠自己的力量应付各种挑战，所谓"逆境创造宗教家"（汤恩比语）；②没有固定职业，这一点使他们极少受传统说教之束缚，他们不会像主流学者那样精研义理，一个"悟"字当头；③精通各种神秘的方术（如内丹术、医术、预测术），以此赢得信众的崇拜。参见梁景之：《中国明清时代民间宗教与社会》，社科文献出版社2004年版。

❹ 颜山农也有严格的师承修道经历。参见陈来：《中国近代思想史》，商务印书馆2003年版，第456页。

❺ "黄中通理"一词最早见于周易坤卦六五爻词。原文是"君子黄中通理，正位居体，美在其中，而畅于四支，发于事业，美之至也"。这正是传统儒家最推崇的内圣外王境界。

> 黄中是性道，为天地万物之母，黄中是土，敦厚仁德。理是今日说一理、明日说一理，公说公有理、婆说婆有理的变幻不定的虚妄之理。通指通过，不再被虚幻的道理迷惑障碍谓之通。(《段正元文集》第541页)

在段正元看来，"黄中"是本体，是宇宙万物生成的本源。而"理"则是后天逻辑演绎思辨的道理，这些道理只有相对的确定性，随时变化，没有定论。如果能够体悟"黄中"之体，那么，就能够跨越这些相对道理的羁绊，畅通无阻。在段正元文集中，在不同场合他对"道"有多种称谓❶，这里他即用"黄中"来指称道。段正元说儒家有一个道统，便是这个中道。

> 允执其中，是无为之真主宰。内圣外王，协和万邦。天德天道，万教归一，无为，无为有为。知者过之，愚者不及。贤者过之，不肖者不及。唯黄中，如天平，天针对地针，针锋相对，不偏不倚。(《段正元文集》第588页)

段正元认为依中道治理，则天下无不治，天下无不平。这是他政治哲学的核心观念，此一道统自古以来，万变不离其宗。冯友兰先生认为儒家确有一个道统说，即中道观。《中庸》曰："中者，天下之大本。"程颐解释说不偏之谓中，中者天下之正道。正元擅长用中道来描述本体，这符合民间思想者的精神性格，用中道来指称形而上道之本体符合普通中国人的思维习惯。"中"是运动中的和谐，变化中的平衡状态，如数学上的零点。普通中国人都会觉得小到养身、大到治理国家，从社会组织到宇宙的稳健运行，都要达到这个不欠亦不余的"中"。这一观念对中国人精神空间的塑造、对普通中国人的生活态度产生了巨大影响。孔子曾经说："吾有知乎？无知也，有鄙夫问我，空空如也。我叩其两端而竭焉。""中庸之为德，盛也，民鲜久也。"在应对人世时，不过分偏袒某一倾向，不会成为一个偏激的人。

他接着说：

> 黄中是仁，是人的良心，真智慧，同天地一元而来，什么虚假道理都迷它不住。是先天无为之真主宰，黄中至平至常，没有啥稀奇，极高明而道中庸，就在日用伦常之间。黄中就是能把自己当人看，说人话，做人

---

❶ 英国宗教学者斯玛特归纳中国宗教的几个核心语汇是：道、理、礼、禅、气、仁、太极、天、阴阳。这些语汇段正元均有触碰（［英］斯马特：《世界宗教》，高师宁，译，北京大学出版社2004年版）。

事，安分守己，不好高骛奇。

真通黄中比必有信，五诚一贯百障碍全开。(《段正元文集》第536页)

诚在中国文化里是最容易启发宗教精神的，所谓因诚而明，信而称义。段正元亦不例外，他在讲学过程中告诫弟子诚久生信，信而更诚，信者得救。《中庸》所谓"不诚无物"，孟子所谓"万物皆备于我矣。反身而诚"，皆寓有极深的哲学意蕴。❶ 段正元反复告诫弟子们，黄中通理没什么稀奇，不外乎非礼勿视，非礼勿听，非礼勿动，非礼勿言。中国哲学和宗教一些关键词汇正元皆有阐发，但相比之下，"礼"是其中一枢纽。段正元创建的道德学社强调以礼设教，认定礼教敦化人心的重要价值，这深深植根于他巫礼出身的成长背景。

他要求弟子力图从儒家的日用伦常上，依靠至诚克己的踏实功夫，切入形上的无为黄中之妙道，尽心知性，存心养性，事天成己。不要好奇那些深山丛林的炼丹采药，而是在现实人生中去积累功德和资粮，极力斥责那些丹道九还、采药归炉、怀圣胎等皆是自我精神玩弄出的假象。❷ 譬如他说：

静坐孤修，有乱大伦。邪说诬民。借三教之经煽动人心，痴迷愚蠢之徒，妄想长生。方士者，得下乘之法术，引诱愚人，吐火吞刀。其他异端，不明大道之理，妄阐阴阳，高谈性命，旁征曲引，冥惑人心。(《段正元文集》第100页)

什么得了真口诀，精神如何好，河车如何动，得了几层功，所见所闻，恍然上天入地，不知者以为真是道。(《段正元文集》第354页)

不要呆坐，要行住坐卧，不离这个。不先找到性，徒作命功，不仅无益，而且有害。我见僧道常常打坐参禅，有不吃五谷者，有断伙食者，有炼婴儿者。其千门万户做了一生，不见成仙。天地间没有不忠不孝的神仙，无功无德的圣贤。躬行实践，即是真丹真经。以闭目静坐守玄关守丹田守虚无，或吃斋念经或言怀胎出神，种种名目皆是自欺欺人。(《段正元文集》第300页)

---

❶ 贺麟先生认为，儒家思想沿此方向开展，则狭义的人伦道德方面可得到提高而深刻化。参见贺麟：《文化与人生》，商务印书馆1988年版。

❷ 我有一个推测，黄中或中黄之道可能早已传于上古，这时的中道即可治身又可治国。日后渐渐分离，一脉传于孔子，一支传于老子，《易经》中做了一个总结。老子一支逐渐退隐与民间方术结合浓缩成道教。老子治国乃圣人之余事已稍微透露消息。

总之，黄中是人先天的本来面目，至善之性。一团元气。人落后天，红尘六贼所缠绕，被虚理妄想所迷障，流浪生死，被后天五行生克气数所拘束。一旦见黄中，不再被虚理名相所迷障，心不再惶惶无主，能立定而久之，也同样能够通过虚理，达到"克己复礼而归仁"的境地，黄中自现。❶

的确，在近五万字《黄中通理》语录中我们看不到一丝道教的痕迹，反而处处流露出对传统丹经的挑战。在道教内丹学而言，黄中通理确实是一个有着严格修炼次第的功夫。这在道教《黄庭经》《周易参同契》里都有记载。譬如，南怀瑾先生从纯粹的丹道功夫出发有一个解释：黄中通理就是任督二脉打通，人的内部肠胃好，肠胃在五行中居中位，黄是中央的颜色。理不是道理的理，而是中医讲的腠理。即每个毛孔都通了，天人合一，真美。"参同契云：黄中渐通理，润泽达肌肤。"在古老的丹经中，中脉、黄中、冲脉、黄道之说，为不传之秘。❷

在道德学社的讲演中，段正元一直冷静地斥责僧道参禅打坐是守死尸，捕捉神通是光影独头的神经病症。他抛弃了道教狭隘方术的观念，坚决肯定一个人在日用伦常之间，本分老实做人，更可能到达"黄中通理"。他形象地喻为点豆腐，行住坐卧功行圆满，一点就成。应该说道德学社是携带宗教性的，而段正元以现实人伦循循善诱，强力防范佛道神教对现实人生的可能误导，一如宋儒的学理旨趣，作为一位民间思想者，这是难能可贵的。一定程度上讲，他基本触摸到了中国人独特的精神气质。中国文化气质在西周基本定型，尤其是周的礼乐文化，强烈表现为对现实人生的热爱，对家国的义务和依赖，不会重视来生和缥缈的神界，不会视现实人生为虚幻、累赘和厌倦，一切都在现实世界提升、扩大和圆融。但实际上道教同样是对现实人生的热爱，尤其是对现实肉身的极度珍惜，只是在段正元看来，这种退隐深山不忠不孝的神仙还不能说他是严格意义上的一个人。此处段正元触及了道教千年来一个最大的内弊，即将生命意

---

❶ 段正元的《黄中通理》类似佛法的戒定慧。可能是佛法对他的影响，也可能是这个道理大家都见到了。佛法中，若已经修到"道共戒"的程度，即不刻意谨慎身，其身会自然及慎。若达到禅"五相戒的程度，顿悟真如本来面目，那么一切举止自然无假。如《坛经》第四章："是故由此，非法不言，非道不行，身无择行，言满天下无口过，行满天下无怨怒。"段正元身处是非标准混乱、教化松弛、纲纪废荡的时代，特别强调以礼约人，自有其深意。

❷ 南怀瑾：《禅宗道家与东方神秘学》，复旦大学出版社2005年版，第6页。

简单还原为纯粹的肉体意义，老子之"吾之大患是吾身"已经露其端倪。❶《抱朴子》认为现实人生毫无价值可言，所谓"虽贵为帝王，死不及生鼠"。马克思说，人就其现实性而言，是一切社会关系的总和。离开具体的现实客观环境和社会实践，很难给定人生的意义。人的意义恰恰在于人所创造的文化的意义，人性是人的历史的展开。假如离开了社会生活，甚至离开了人必须面对的人化的自然界，那么人性该如何透显。马克思在《手稿》中说，使自然界成为人的"精神的无机界"和人的无机的身体，变成人的本质即生命表现的对象，意味着在高一阶段上恢复人同自然界的统一。这种统一是"人同自然界完成了本质的统一，是自然界真正的复活，是人实现了的自然主义和自然界实现了的人道主义"。❷ 因此，就人而言，生命价值不可能还原为纯粹肉身意义，道家道教不可能实现绝对的自然主义。此类自然主义无视也无力安顿人的文化自觉，道教生命观的逼仄由来已久。尽管从葛洪著《抱朴子》开始自觉吸收主流伦理观作为成仙的必要条件，直至明清三教融合时期越来越强调在现实人生中人道根基的淑心涵养，但道教生命观的这一内弊从未根治。难怪清帝康熙在评价道教时说："道法自然，为天地根。老氏之学，能养其根。流而成弊，刑名放荡。长生久视，语益恍惚，况神仙之杳邈，气历劫而难聚，纵白日飞升，于世道乎奚补？"

此外，在这一篇章中另一个特别值得留心的是段正元对思辨演绎的治学态度，这一态度使他与主流学院派迥然有别，也是容易引发误会、授人话柄的地方。他说：

> 概今之人，习尚虚理。或以文章为圣道，以博识广闻为大学，或以见闻所及，科学证明为实在。（《段正元文集》第528页）

段正元以为凡后天所习所想都是有一定虚妄性的，这些思辨所生发的观念是可逆的、有限的、相对的、可辩论而矛盾的，不如黄中那样"立万世而不移"。凡后天肉心凡胎思虑想入非非出来的，段正元称之为"理"，他甚而谓之"虚理"，他反复驳斥诸如闻见之知、耳目之识以及没有定论的西洋经验科

---

❶ 这样的观念在道教典籍中随处可见。如《悟真篇》即把除了对肉身的珍爱外，其余世俗的所有行为均认为是迷雾。《吕氏春秋》曰："今吾生之为我有，而利我亦大矣……论其轻重，富有天下，不可以易之。"

❷ 《马克思恩格斯全集》（第42卷），人民出版社1974年版，第122页。

学。他相信人们平日思虑言说的道理皆成了障碍,非扫除干净而不能彻见"黄中"。熊十力先生著《新唯识论》,将智与慧两分,段正元的说法略可对应。熊十力说:"是实证相应者,名之为智,不是世间依慧立故。云何分别智、慧?智义云者,自性觉故,本无倚故。慧义云者,分别事物故,经验其故。世间谈智,大抵向外寻求,各任彼慧,勾画拟量,虚妄安立,此大惑也。真见体者,反诸内心。吾人常能保任此智而勿失之,故乃自己认识自己,而无一毫锢蔽焉。今世之为玄学者,弃智而任慧。老氏所言弃智,乃谓知识,即吾所云慧。"熊先生认为,人们日常向外寻求,以经验获得的知识彼此各执一端,难免是虚妄的,而真正的智根本与经验现象不相关涉,而是自性本来的究竟觉悟。[1] 正元认定这些公说公有理、婆说婆有理的"虚理"不仅是人间烦恼纷乱之源,也是人不能克己复礼认得"黄中"最大的祸首。正元这些心得认识在很大程度上源于他特殊的师承修养路线,在东方流传的诸多古老的修养法门无非都是熄灭后天的识心,如老子所谓"涤除玄览,能无疵乎"的认识路径,一旦性体呈露,"百书不读而自明"。

进而,他列举了下面二十四种人见不到黄中:

> 自作聪明;口是心非;空谈理想;不以纲常伦纪为模范;轻举妄动;有始无终;不成人之美;背亲向疏;不明真理;被古人所迷,今人所惑;直而无礼;瞎忙无定;宗旨不定;不勤职业;无廉耻;以得为荣;以世俗之潮流为转移;破坏纲常伦纪;毁谤圣贤;阴谋油滑;受恩不报;不知足;不知生死;不知因果;不知性命;不知灵魂者。(《段正元文集》第550页)

段正元以宗教家的严厉口吻将大量朴素平常的伦理劝诫融入他的讲演。实际上,为了将他心目中那些高明的道理说明白,特别是面对普通的民间大众,其语录里遍及大量的劝善格言。介于职业僧侣阶层与经典学院派之间的段正元,一直在努力寻找一个能够让民间受众心悦诚服的教化支点,让佛道的神秘性与儒家伦理的现实性融通起来。阐明高深的道理不是他的追求,他的抱负和最终的落脚点是重整他心目中的人间秩序。他终生抱定道德救天下的信念,视道德为中华之国魂。他说:

---

[1] 熊十力:《新唯识论》,中华书局1999年版,第44页。

段正元民间信仰之思想特色——以"黄中通理"篇为例

中华自古君相师儒，以道德立国教民，故万民乐从。因大道不明，暴君污吏，将道德失丧，又加之理学文章之徒，剿袭圣经贤传，反晦大道。故后学书生学非所学。老成者迂酸腐败极点。聪明者奸谋狡诈不测。是故西学东来，不知真道德。自命维新者，大辟前圣先王之不能富国强兵。不知我国家不能富强者，是有悖其道德。自专制而专横，上下相隔，不用贤才，昏君贪官，妒嫉人才，自思自保，上下师儒仇敌，国家人民一盘散沙。将先王之道作为纸上空谈。乃因西学东来，纲常伦纪，由此败坏，人人廉耻丧尽，又不知年愧，真是用夷变夏。真学失传，见西学风靡，改政治，立宪法，讲强兵，立学堂，事事从新，唯恐不周。以道德仁义为腐败，四书五经为无用。

作为一位有觉悟的民间思想者，段正元透视到了中国文化的基本品格，近代以来学者提出中国文化是一种伦理类型的文化，就其主导的精神气质而言，中华文明最突出的成就与明显的局限都与他作为主导倾向的伦理品格有关。中国文化在西周时已经铸就德感基因，在大传统上，对人事的道德评价格外重视和敏感。[1] 梁漱溟即说中国人是以道德替代宗教，中国人于自身真善美的完成中而得到宗教般的安宁，西人却于身外一上帝唯恐信而不及。[2] 但本文必须指出的是，段正元的道德观时常游离在超越的本体和僵化的劝善科条之间，仍然没有脱离历来道德家的窠臼。他始终强调人人以圣贤的真精神践行礼仪，则天下何乱之有。这可能是每一个长期浸润中国文化的有志者自然熏陶出的治世信念。但是，在现实的层面上，这一纯粹道德救世的路子是不周全的，尤其是当下的社会生活如果忽略了基本制度的建设而完全指望个体道德自觉，是有危险性的。

历史学者黄仁宇先生曾经痛心我们的帝国几千年来总是以道德替代制度建设，把社会秩序寄托在个体的道德自觉上。比如，明万历十五年，一个又一个鲜活的人物或身败或名裂，没有一个功德圆满，这种情形的出现断非个体的道德修养不圆满所能解释，而是当时的制度已山穷水尽，上自天子，下至庶民，无不成为牺牲品而遭殃，人间的许多残酷事都是依道德的名义而生出来的。万历皇帝在像海瑞这样无时无刻不诉诸道德教条的官吏纠缠下，成了一个无所事事的昏君。姑且承认像海瑞这样的官员是道德的楷模，清正廉明，但他把道德

---

[1] 陈来：《古代宗教与伦理——儒家思想的起源》，生活·读书·新知三联书店1996年版。
[2] 梁漱溟：《东西文化及其哲学》（修订版），商务印书馆1999年版。

贯穿到他的政务、他的家庭、他的属下，最终几乎被教条所束缚，完全不能兼容于他的环境。海瑞在其著作中表示，人类的日常行为一举一动都可以依赖他的直觉归纳于善恶两个道德范畴之内。他出任地方官员时，十之六七的诉讼不是靠一个常设的机构组织和规章制度，而是靠他的道德直觉评判，所有的是是非非立即判定。❶ 实际上，社会必须采取起码的制度安排，以保障社会基本成员的生命，维护他们的基本利益。于一个社会来讲，道德是极富弹性的，一个社会的道德水平时而上升，时而堕落。尤其当道德与宗教等精神上的自觉约束被大大削弱时，面对这种危险，哪怕是一种有严重缺陷的制度建设也不失为较佳的选择。❷ 即便道德评价原则本身是合理的，但如果在实践上把道德与保持社会发展活力的基本欲望对立起来，特别是统治者冒充道德的化身，片面强调大众的道德义务，其后果将是社会表现为普遍的道德压抑。❸

段正元走的是一条完全不同于知识者的修养路线，其师曾叮嘱他悟道以前当百书不读，依靠一个坚定的信字起修。这种介于宗教与学理之间依靠纯粹的内圣功夫而产生的上述这种忽略亦可能是难免的。但是，于当下的社会来说，尤其是准备依靠传统文化重建时代新道德秩序而言，必须保持相当的谨慎。不然，内圣的最高道德风范在普遍化为大众的道德行为之前，可能已经成为一般人的道德负担。

段正元生活在20世纪初叶民族文化精神遭遇急剧捣毁解构时期，面对民族国粹国魂几近消亡殆尽之际，其内心之焦灼和悲愤跃然言表，洋洋百万字的讲演语录，今日读来，其拳拳救世心，让人由衷感叹。作为当时草根文化体系最有觉悟的一分子，尽管在其教义中难免流露出些许矛盾和尴尬，但透过言辞的外相，我们可以看到他所代表的普通中国人最真实的生活态度和精神空间，而这些态度正折射着中国文化的基质和长久沉淀的精神成分。段正元文集仍然有待深入挖掘，进一步探讨这些源自民间信仰的鲜活而真实的文化素材究竟如何给代表主流文化方向的大传统提供基础养分。

今日中国是昨日中国的延续。一国能坚定恒久自立，自有其道，自有其魂魄。其特殊的历史文化陶铸成的共同精神意识，潜移默化成民族文化品格并深入大众心灵。假如历史可以指引，包括段正元在内的所有积极开挖传统精神资源并竭力转化为现实行动的人们，历史自当给予公正的评价。

---

❶ 黄仁宇：《万历十五年》，生活·读书·新知三联书店1997年版，第5页。
❷ 何怀宏：《伦理学是什么》，北京大学出版社2002年版，第8页。
❸ 陈来：《宋明理学》，辽宁教育出版社1991年版，第12页。

段正元中道思想的特点

李世凯

段正元曾说中国文化是道德文化,"中国有一正统的道德思想,自尧、舜、禹、汤、文、武、周、孔而绝",又说,"中国文化即在中道,汤、伊、文、周、孔、孟或见或闻,皆执中之实学,用中之实事,皆有师承授受,故中道之文化,即师道之文化。"(《政治大同》)这是段正元对于中国传统文化的基本见解。从其见解可以看出,他综合了儒家道统、中庸以及师道的思想,将三者统一,而以中道相贯通,中道思想处于核心的位置,这是与前人不一样的地方。段正元认为中道思想是儒家一以贯之的重要思想,应该从传统的天人关系的角度去理解,在天人互动的过程中体悟并证立中庸之道,也就是说"儒家的中庸之道不应脱离儒家中心的道德思想与形上思想而单独地了解"[1]。

一、作为本体的中道

段正元中道思想的生成点首先是作为事物本体的"中",其对于本体之"中"的解释也较为特别。段正元说:"一字变化则成圈,圈内生出五行,有了五行,即有生克,有对待,有因缘。人一落在此圈内,遂至七情六欲,憧憧往来,世世生生,轮回不息,不能逃出圈外……终日醉生梦死,并不知道回头是岸。古来惟明道之人,进德修业,不为情欲所熏染,在尘出尘,在俗脱俗,超出此圈,而变为中。君子和而不流,强哉矫,中立而不倚,强哉矫,其此之谓欤!"(《道德学志·一贯之道》)很明显,此圈乃后天,属现象界,后天经验界中也有"中",这个"中"是在五行生克、对待中显现出来的,所以后天之中

---

[1] 成中英:《合外内之道》,中国社会科学出版社2001年版,第119页。

虽然不离日用伦常，但却因是有对待、有所依、有所执的，所以陷于七情六欲之中而不能为一般人体会。只有能超出此"中"（现象），由后天返还先天的君子，才能做到"和而不流""中立而不倚"。"缘一之变化，由上成一圈，由下亦成一圈，一则平横于两圈之间，上一圈为北辰，真阳所在之地，其气向外射，所谓一本散为万殊之本。下一圈为世界，阴气所注之地，其气重浊内凝，即前所谓红尘苦海。人欲脱离苦海，上通北辰。其方法唯有将此平横之一画竖起来，贯在圈中，穿出圈外，即君子立命治学，即成为中字，可以顶天立地。（天中地）孟子所谓浩然之气，直养无害，则塞于天地之间，易所谓与天地合德之大人，中庸所谓参天地之至诚，孔子所谓吾道一以贯之，悉此中之作用。"（《道德学志·一贯之道》）先天之中，万物之本根，是道。要把握此先天之中，需如老子《道德经》中所说"致虚极，守静笃，万物并作，吾以观复。""复"本为"返"，"观复"即观察万物之所来源，即本根，要如此便需本心无为、无执、无求，在"虚静"中以纯心照临于万象之上，观其所依之道。段正元在这里所使用的"中"更多是在万物之本源的意义上来用，即本体论之中。如果把这本体之中加以推衍便是指万物之所当是，是事物所应该是的依据。

在古代天人合一的图式中，"中"既是天道，也是得之于天道，其根据在天道那里的人道，同时还是天人之间的贯通。"真道由中而出，中者，无极之体，太极之用，在天为北辰，在人为性命。"（《道德学志·上帝好生之德》）"中"与"道"的联系，应怎样理解，还是要落在本体上，但这一本体又不是实体，而应是上下、天人之间的贯通、通达，是在天人、上下的互动流转中达到本体内容上的互契，是一种功能意义上的存在。"道"——无论是人道，还是天道——由"中"出，是说明"道"产生于"中"，决定于"中"。在现象界中任何事物的运动、变化、发展都是有一定限度的，都是呈一种周期性的过程，当一事物的发展超过其限度就不再是该事物。而从该事物产生发展灭亡的全过程来看，其呈现于外的特征无不是其本性——"中"的反应，其之所以呈现出这样那样的特点，都是围绕事物之所是——"中"而不断运动的结果。"在天为北辰"特显出"中"对于万殊之现象界的统摄性、根源性，"在人为性命"则指明了"中"是呈现在人性中具体而特殊的本体。"中"在人为性命，"中"就成为人之所以为人的内在本质，这一本质在人并不是自然地生成的，而是天所赋予人的"天命之性"在人身上的特殊表现，是需要通过人的活动才能展现出来的。段正元与孟子、王阳明一样都认为这由人呈现出来的"中"是指良心、本心,这是决定人之为人的本体。

作为根源性的本体之"中"本不是外在于事物的,而就在事物之中,既是体,又是用,如此才可构成须臾不可离的道。在段正元看来,道是不能分成体用二截的。

二、政治哲学意义上的"中"

(一)政道的生成之源

从政治设施的角度看,中道的提出源自《尚书·大禹谟》中的十六字心传。一般认为《尚书》是伪作,但在《论语·尧曰》章又有"天之历数在尔躬,允执其中"的语句,而先秦儒家最为关心的就是使礼乐教化能够倡行于世,则将中道定义在政治哲学的范围内并不是太离谱。问题的关键是作为政治哲学意义上的中道,其存在依据与实质内容是什么?因为什么而使得后世特别是宋明儒念念不忘十六字心传,甚至将其作为三代圣圣相传的心法?

段正元首先以自己提出的天道、性道、人道分别对应于《中庸》"天命之谓性,率性之谓道,修道之谓教"三句,认为道家是偏重在天道,佛家之学偏重在性道,惟儒讲人道,"其教始于日用伦常,由下学而上达,随人随事,随时随地,行之而无不宜焉……人道踏实一切,踏实一切者,即是将修身、齐家、治国、平天下之一盘完全大道推而广之,体而行之,俾人道之基础,从此建立。"(《道德学志·儒为万教之先声》)可以看出,社会政治的核心价值在于中、中和,而政道之最高价值又根源于天道。事实上,现实的政道既要上合于天道,也要下合于人道。子思开篇三句把天道、人道、政道以"中"相贯通,将庸常的人伦关系推向上天,构建一种以天正人、以人应天、天人相通的道德形而上学,不仅是要寻找人性的安身立命之地,更是要求得现实政治的合法依据。段正元将先天之理(无极)与后天之气(元气、太极)之相合称为天命,在本体论的意义上确立为万事万物的本根,同时也是要说明社会政治秩序的和谐本就是天道的常态表现。同时政道也需在人性中扎下根来,不要使之成为悖逆于人性的异己的存在。人性既然被确定为良心,其内在的特质是诚,则作为人伦关系之规范的政道也必须体现出真实无妄的特质来,以中道贯天道、性道、人道,既体现出了政道的本体性、本源性,又不使作为中道之发华的政道远离现实人生，所谓"愚夫愚妇可以与知焉""君子之道造端乎夫妇"就表明了这一点。

天道的庸常性使得作为天道之体现者、实践者的人能够认识、掌握，进而实践天道。在这里，中道就不能仅仅从本源的角度来理解，而是要理解为一种上下之间的贯通。中庸之道一方面必须上通天道，以便为人在天、地之中的存在找到形而上的原因，另一方面必须下通人道，在人的性情之中找到生根之所。这上下之间的贯通依靠的是人的自觉。这种通达并不是每一个人都能自觉得到的。"智者过之，愚者不及"，孔子深为人们不能恰当地实践这种至德而遗憾。段正元当然也看到了这种现实的不足，在段正元看来，之所以如此是因为"先天无声无臭之性，为后天形气所拘而不能保，遂不知此身中至尊至贵者，有塞天地亘古今之大道，惟衣食声色，以奉此身，富贵功名，以崇此身，抑或刚强以暴此身，柔弱以弃此身。小体之养，视为正大，一时之乐，视为久长，如此侥幸而生，如此倏忽而死，自驱自纳于罟获陷阱中，而莫之知避，教所以不可一日无也。"（《圣道发凡·中庸详解》）既然凡人多失其本性，所以就须教化。中庸之道不仅是一种本体的根源性力量，更有自我生长的可能，既要成己，更要成人，将自身打开为生活的庸常之路，不仅能使已成己者行走其上，也能使尚未上下通达的主体自觉者行走其上，以使其同归于中庸之境界。"凡做一事，有益于己，有益于人，有益于天下，中道也。"❶ 这也就说明了中道实在就是人道，尽管其先验的根据在天命，但最终只有人才是"道"的承担者、实践者、成就者，"道必待其人而后行"。离开了人无所谓"道"，从现实的政道看，就是"为政在人"。

段正元在本体论的层面上将道德归结为生天、生地、生人的根源，但还要区分"道"与"德"。段正元认为"盖道本空空洞洞，原是虚的，德乃由躬行实践而得成为实的"。❷ 孔子说人能弘道，段正元也说"未有人物以前，道在天地，既有人物以后，道在人物……弘道之权，已全付与人。"（《道德学志·人能弘道》）这就是说"道"本是一个理——万物之应然，道德就在于人以自己的言行弘扬大道。中道就是要把内心得之于天的天命之性加以充实、扩展，发挥出来。人作为万物之灵，秉道之精华，具有弘道之责任，但仍须以实言实行与

---

❶ 鞠曦：《段正元语要》，吉林文史出版社 2003 年版，第 76 页。
❷ 同上书，第 189 页。

"道"相合，才有完成这一责任的可能。段正元指出："夫道原是一空空洞洞之名词，浩荡渺冥，莫可端倪，约而言之，不过尧舜授受相传之一个中字而已。建此中于身则身修，建此中于家则家齐，建此中于国则国治，建此中于天下则天下平……君子建中立极，譬如北辰，居其所而众星共之。故天下之平，纯是自然因应。"（《道德学志·修其身而天下平》）他又指出："中道之传有由来矣。中也者，天下之大本也。何谓大本，生道之本也。故曰本立而道生。其生生不已，发散而为万殊者，莫不由此一本，即莫不由此一道。"（《道德学志·理学与道学》）这就是说，"道"的内容是"中"，其实就是天命之性、先天之理为人所禀赋的一种现实表现。可以看出段正元将"道"的内容确定为"中"，构成了政治哲学与心性哲学会通的基础。

（二）政道的外在助缘——师道

作为道统的核心，中道之传承要借助于一定的外在形式。段正元指出师道是中道传承的外在保证，师道之成立在于人后天禀赋的不同。"人自有生之初，所秉气质有厚薄清浊之分。有生以后，习俗变化，有善恶是非之殊，全其本来，则为圣贤，否则六根用事，六尘相接，致先天之性，流而为情，情流为欲，欲生妄，妄而贪、而嗔、而痴，有此贪嗔痴，则心之所好，身之所为者，皆欲望中事。败度纵礼，戕贼性命，虽欲全本来之面目，焉可得乎？所以根虽同一本而来，而其自成之枝干，则难免无灵芝楚茨之相形见绌也。天地于此不能无憾焉。是故天佑下民，作之师，惟其克相上帝，教化世间，以正万民之性命，齐人类之不齐。"（《道德学志·师道之变迁》）显然，从先后天的关系看，师道之成立是因为后天之气秉的不同。在先天说，人同具天命之性，先天之理并无不同。但在后天，理与气的结合轻重厚薄之差异，使人有了善恶之别。师道教化则是使这后天不齐之性命同归于先天之善的必要途径。

师道从源始处看是与圣王之治天下密不可分的，段正元对师道的定义就凸显了这一点。"大道赖人而传，传大道者，为天下之师。师者所以教天下以道，成天下以德者也。"（《道德学志·师道》）从师所承担的这样一种责任看，则非在位者是不能完成的。韩愈以传道授业解惑为师，章学诚认为这是"为当时之敝俗而言之也，未及师之究竟也"❶。所传之"道"的内容与百工技艺之传授是根本不同的两回事，一项技艺的传授只以能够完成特定的要求、遵循特

---

❶ 章学诚撰，李春伶校点：《文史通义》，辽宁教育出版社1998年版，第170页。

殊的规范为目的，这些要求与规范是可以在重复的操作中加以掌握的，在规范化的重复中并没有主体的意识参与。而"道"之传承则不能仅以技术层面上的掌握或未掌握为要求，所以章学诚才有"可易之师"与"不可易之师"的区分，"人失其道，则失所以为人，犹无其身，则无所以为生也"。❶ 作为传道之师，其实所传授的并非一技一艺，并非可在社会上混碗饭吃的手艺，而是人之为人的能在天地之间立足，完成其天命之性，实践其弘道之责的重大职责。这种传道之责殊非一般巫医百工之师可以完成的，因为在"成人"这一层面上，师道的重要性并不亚于君亲，所以才能与君亲并列而成为生民之本。

师道是因为生民之后天气禀不同而成立，同时也是因应天地生民之中和境界的结果，天地生人生物，辅相裁成，总是因人、物之内在特性而成就之。师道既然是要成就生民所禀赋的性命之理，自然也应以天地为模范榜样，以自身的内在实行来各施其辅相裁成之功。这里关键在于为师者能否真如天地之师那样有内在的道德。段正元认为"中道即实行实德"，这就把师道的内容确立在了中道的基础上。段正元把道统的内容确立为中道，这样就在中道的基础上使道统与师道得以贯通。

将尧舜禹口传心授的十六字心传作为道统的核心内容其实并不是段正元的发明，朱熹在《中庸章句》序中说尧授"允执其中"于舜，舜授"人心惟危，道心惟微，惟精惟一，允执厥中"于禹，成汤文武圣圣相承以至孔子。孔子继往开来，又将中庸传与曾子、子思，《中庸》即子思忧道学之失其传而作也。从孔子以前之道统的传授看，道统的主体承担者是儒家公认的有德有位的圣人。孔子尔后，德位分离，道统失落于民间。孔子成为这一传道谱系中的一个转折点。儒家特别是宋儒如此主张与历史的真实并不相契，韩愈提出道统说是为了与唐宋时期佛教的大举流行争夺精神空间。朱子虽然将十六字心传确定为儒家传道思想的核心内容，但他真正关注的并不是"中道"之政治层面意义，而是围绕"人心、道心"做文章。人心、道心在宋儒那里是被视为人欲、天理而加以对立起来的，这与要求在位者允执其中的思想相去甚远。段正元将"中道"确立为道统的核心内容，但并未将人心、道心之心性之辨放在核心关注的位置，而是在现实政治秩序的意义上论说"中道"："世界之治乱，社会

---

❶ 章学诚撰，李春伶校点：《文史通义》，辽宁教育出版社1998年版，第171页。

之安危，自外观言之，关乎政府设施之政治法律，自源头言之，实关乎时代流行之哲理学，故我中华古大圣人，特别尊重师道……古称伏羲一画开天，已是师道之见端，及唐虞之世，君师一体，书载綦详。尧传舜曰允执其中，舜传禹曰允执厥中，是君臣传位，亦即是师弟传道。"❶ 段正元特别强调远古君师一体的政治模式，中道之传既表现于位之传递，也表现于道之继承。所以"汤尹文周孔孟或见或闻，皆执中之实学，用中之实事"。其实位与道的传承实在是不能分开的一体之两面。段正元借助于远古君师一体的政治伦理合一的模式，与君臣传位——师弟传道的实际情形而归纳推衍出师道的成立，进而论证中道的成立，就从内在的传道内容与外在的传道形式两面论证了儒家道统之传的谱系。

道统之传是传"执中、用中、立中"的心法。这一点张舜徽在《周秦道论发微》中有详细说明："因才命职，各司一事，以臻无为之治，乃百王之所同……群下既各分任其事，为人主者，则但恭己正南面而已……惟舜能无为而治，故其言莫从己出，而但察群下之议，择其可施于民者用之耳。郑玄说之曰：'两端，过与不及也；用其中于民，贤与不肖皆能行之也'，郑玄此释，必有所受。证以管子所云：'圣人精德立中以生正，明正以治国，故正者，所以止过而逮不及也。'盖操之于己，则曰执中；施之于事，则曰用中；布之于民，则曰立中，其实一耳。"❷ 可见"正"是政统之源，"正"是为"中"，而"中"是"正"的内在价值追求，也从外在方法的角度确保了"正"不偏离正确的、可实践于天下万民的轨道。这样的一种传授确非寻常师徒之技艺相传所能比拟，当然更与书斋中经师的辞章讲论相隔天渊，必得有亲身的接触与实践才不致使"中道"之传走了样。

那么，如何才能做到这一点呢？段正元将师道作为外在的保证，将德与位的传承都纳入师道的范围之内，使得儒家道统之传能够在内容和形式两方面得到统一。段正元指出："夫中道之不传，由于师道之不立。师道之不立，由于举世不知尊师。"（《道德学志·师道之变迁》）段正元之所以说师道不立，也是对儒学在科举制的缰索下沦为辞章记诵、博取利禄之工具的现实反映。朱子说《中庸》是"子思子忧道学之失其传而做"，把道的传承置换为学，难免使中道的"德""位"两个方面发生实质内容的分离，徒有师徒传承的外在形式

---

❶ 鞠曦：《段正元语要》，吉林文史出版社 2003 年版，第 115 页。
❷ 张舜徽：《周秦道论发微》，中华书局 1982 年版，第 44 页。

而失了中道之传的内涵。

段正元对中道传承的界说是着重于政治哲学的意义上，将儒家道统、中道、师道在"中"的基础上加以贯通。从其逻辑结构上看，的确避免了"德"与"位"的冲突，也反映出儒家知识分子仁以为己任的亲民情怀，反映出段正元即器求道的致思路径。"夫天下岂有离器言道，离形存影者哉？彼舍天下事物、人伦日用，而守六籍以言道，则故不可与言夫道矣。"❶ 但是，经过段正元的这种注解，现实政治中"德"与"位"的紧张也更趋尖锐。自周公以后，既圣且王的君主就只能保存在儒家知识分子的历史记忆中，在当权者以利禄功名相诱惑的情形下，儒家士大夫少有不丧失以道抗势的勇气的。段正元在自己的道统说中提出一个师道，其实也是一种抗势的要求，但在残酷的现实面前他也只能说出"举世不知尊师，虽有圣人生于其间，怀抱中道，掌握经纶，亦无从推诸天下"的话来。

三、中道的现实着落——政治大同

段正元曾将中国文化的核心规定为中道文化，在另一场合又指出中华文化的核心有三："中国固有文化的特长是什么？就是人人良心中固有的道德，互助互爱的人道主义，和大同的政治。"❷ 人人固有的真良心可视为天命之性、生人之本，是中道思想的本体基础，人道主义可视为在个人—群体伦理方面的秉持中道所要达成的中和之境，而大同政治则可视为在个人、群体、社会诸方面皆已达到中和的理想政治状态。在段正元看来，无论是个人的心性修养、内外谐和，还是群体社会的和谐发展，主持其中的皆是中道。大同政治就是中道原则的彻底贯彻与最终趋势，行中道是势必要走向大同的。

段正元将中国文化的特点归结为良心中固有的道德、人道主义与大同政治，反映的是儒家士人的愿望。他对大同社会的构想就是从这三个方面展开的，其中最核心的是仁心仁政说。段正元说："如欲统一中国，协和万邦，舍中国古圣先贤尧、舜、禹、汤、文、武、周、公、孔、孟所实行有效而发挥尽致之道德仁义，断断乎莫由。何谓道德仁义，本诸身，征诸庶民，考诸三王而

---

❶ 章学诚撰，李春伶校点：《文史通义》，辽宁教育出版社1998年版，第37页。
❷ 鞠曦：《段正元语要》，吉林文史出版社2003年版，第611页。

不谬，建诸天地而不悖，质诸鬼神而无疑。百世以俟圣人而不惑之仁心仁政是也。"（《政治大同·统一中国协和万邦之大经大法》）仁心仁政是构筑大同社会的外在设施，历代儒家士人对现实政治的构想都不外乎以不忍人之心行不忍人之政。孟子答梁惠王时提出行仁政则民心归之，也就是说仁政是以民心，是以人的内在意愿作为外在政治治乱的根本。仁政的理论前提是不忍之心，而具体设施则是"保民"，即是使人民安乐的方法："五亩之宅，树之以桑，五十者可以衣帛矣；鸡豚狗彘之畜，无失其时，七十者可以食肉矣；百亩之田，勿夺其时，数口之家，可以无饥矣……"（《孟子·梁惠王上》）仁政说是儒家人性论在政治上的必然归宿，但在具体实行的时候总是四处碰壁。孟子所处的时代，诸侯国间的互相征战已成为国家间关系的常态，生存问题是每一个国家的君王不得不直面的重大问题，人口和土地是关乎国家生存的两个基本要件。若如孟子所说，行仁政则不仅本国人民丰衣足食，安居乐业，也能使他国人民归顺，这显然缺乏现实的可能性。在生产力比较低下的条件下，国家之间的互相征伐中所俘获的大量奴隶是推动本国农业生产发展的强大动力，任何一个国家的君主显然都不可能任由本国人民弃国他去。段正元说"（行仁政则）民归之犹水之就下，沛然莫能御之。此即孟子切实开示仁心仁政，足以统一中国，协和万邦之要图也"（《政治大同·统一中国协和万邦之大经大法》），这只能说是良知论者的一厢情愿，在孟子时不可能实现，在20世纪更不可能实现。自然经济社会中推动生产发展的是人口，在工业社会机械化、自动化的大规模应用则是排斥人力的。段正元说缔造大同首先应取消国籍，则中国可倡行仁义而使万国之民皆来归服，"所谓贤能者就是行大同主义，专为人民谋生活容易的人。依孟子所说，则凡关于穿衣、吃饭、住宅、旅行等事，皆不纳税，人民该多少自由，所以说邻国之民皆悦而愿去入籍。此是孟子破国界、造大同的入手办法"（《道德和平·废除国籍限制谋世界大同》）。这样的主张，其实是在延缓中国的现代化进程，由于现代民族国家国力的大小并不单一地取决于人口，相反，人口问题却可能带来环境、资源等更严重的问题。同时，现代民族国家的祖国意识、民族自治的意识极强，某一民族也是不可能因为哪一个国家实行了仁政，成为人民安居乐业的家园，就弃母国而归附于它的。

仁政说是以民心，从深层次说是以人所禀赋于天的心性为政治的根本。孟子的仁政又被称为王道，因为孟子深信行仁政即能得民心，得民心则可称王天下。显然，与霸道对称的王道也是以王天下为归趋的，只是在达到最终目的的方式上，仁政与霸道正相反。"由于孟子以民心所向决定政权所归，又以'仁政'为得民之要，故'仁'观念在孟子学说中遂得一扩张，由纯道德意义之观念化为涉及实际之观念。此即所谓'仁之效用化'。"❶ 这种效用化了的"仁"观念是孟子为解决现实的社会问题而做的观念转化。段正元身处类似的环境，仍以仁政作为解决中国近代积贫积弱的局面的方法，核心仍是天赋人性的心性学说。所谓"不嗜杀人者能一之"，在段正元看来就是人人俱有的与生俱来的真良心，这是贯穿于段正元大同社会政治构想的一根基准线。

走向大同社会的途径是仁心仁政，那么其切实下手处是什么呢？"德政就是实行孝悌之政"（《政治大同·天下为公的真实行》），孝悌是仁之本，既以仁政为达致大同的途径，则孝悌必然是大同社会的根基。"孝悌是大同学问，大同政治之本源……所有政治调教，及凡一切不离人世间之范围者，无不从孝字推衍而出……凡可以了一生之生死与乾坤同寿命，破虚空为粉碎，以及一切超乎人世间之范围者，无不从悌字实行得来。"❷ 孝悌同时也是家庭和睦的根本，将孝悌作为齐家治国的入手处反映的是封建宗法等级社会的真实状况。周公治礼作乐所依据并加以强化的是宗法人伦，依王国维考证，周人制度与殷人不同之处在一是立子立嫡之制，二是庙数之制，三是同姓不婚之制。"此数者，皆周之所以纲纪天下，其旨则在纳上下于道德，而合天子、诸侯、卿、大夫、士、庶民以成一道德之团体。周公制作之本意，实在于此。"❸ 通过宗法将各等级的人纳入一家国同构的关系网络中，国是家的放大，所以治国犹如治家，其坚持的原则自然也是能在家庭中找到原型的。所以毫不奇怪，段正元能将大同社会的各种情形皆以人伦关系一一解释："选贤与能，即君臣一伦之究竟也。讲信修睦，即朋友一伦之极则也。故人不独亲其亲，不独子其子，即父子一伦所推及。男有分，女有归，即夫妇有别之大义。至于老有所终，壮有所用，幼有所长，鳏寡孤独废疾者，皆有所养，则系长幼之序所流演而发皇者。大同世界仍一人伦倡明之世界。"（《政治大同·大同主义诠真》）在大同社会的诸种鲜明特色中，"明伦"为段正元所特别强调。

在中国的传统政治社会中，人伦与政治有着天然的亲缘关系。政治就是指怎样处理人际关系，人是政治的核心，政治措施以人为出发点，又以人为归

---

❶ 劳思光：《新编中国哲学史》，广西师范大学出版社2005年版，第135页。
❷ 鞠曦：《段正元语要》，吉林文史出版社2003年版，第405~407页。
❸ 干春松，孟彦弘：《王国维学术经典集》，江西人民出版社1997年版，第129页。

宿。大同社会必然以人伦为立足点。但就"大同"来说，是指社会中各种人伦关系的和谐共处。一个家庭中上下关系的相安共处是源于自然的血缘，但在社会中，上下等级秩序中并没有这种血缘关系，那么如何才能达到"中和"之境呢？段正元提出第二条原则"正纲"，"纲"即"三纲"。段正元不主张等级秩序中上对下的统治义，而是强调上对下的模范义、规范义。"三纲所以树人道之仪型，正人道之本源"（《政治大同·大同主义诠真》），"树、正"说明了教化对于三纲之能成立的重要性。君臣夫妇之间本没有血缘，所以只能靠以身作则、率先垂范，才能维系这种人伦关系，而教化之能行之有效，靠的又是人同此心、心同此性的良知良能。这样，大同社会各种关系之维持、各种设施之措置最终又归结到了原点——真良心。

　　心性之源不仅是本体，也是施行于外的功用，"天人合一之处，酝酿于内外者曰中，上下四方，磅礴于外者曰和……天地之道，中而已矣。故曰君子之学，亦中而已矣……"❶ 也即是说，只要修养内在的心性——"中"，自然可以达到外在人伦关系以及人与天地关系的协调——"和"。

　　段正元的中道思想能够在其政治构想中起到核心价值的就是作为本体论层次上的"中"——真良心,这突出表明段正元中道观的心性论特色。从人的本体存在到中道思想的现实着落都是围绕着人人同具的真良心而展开，将眼光固着于大本，不免在各种政治设施上表现出简陋、片面以及一厢情愿的主观性。实际上段正元并不唯德性是举，他也曾说"吾人立身制行，才德安可偏废，才者制行之具，办事之资。德者尽性之实，立命之源。两者无偏，即是一付圆满天性，一个完全人格。"（《道德学志·才德相互之作用》）但又指出"德者体也，才者用也……德发为才譬如有源之水，混混不舍，应用无穷。是以稽古帝尧，克明俊德，以之亲九族，而九族既睦，平章百姓，而百姓昭明，苾临万邦，而万邦协和。稽古帝舜，玄德升闻。乃命以位，慎徽五典，五典克从……稽古大禹，汝惟不矜，天下莫与汝争能。汝惟不伐，天下莫与汝争功。予懋乃德，嘉乃丕绩。可见有大德必有大才，有大才乃有大用。"（《道德学志·才德相互之作用》）以体用来分，德更为根本，经世济民必不可少的技术手段则是第二位的，而且其来源因已被纳入体用的框架内而附属于体——德，即真良心，所以就不需要在经验界内获得，而是德行修养的自然结果。所谓"德发为才，譬如有

---

❶ 鞠曦：《段正元语要》，吉林文史出版社2003年版，第422页。

源之水，混混不舍，应用无穷"的说法都只能说明由内圣而家、国、天下的顺次推演之间是缺乏技术性手段的，有的只是圣人发用无穷的真良心。

在传统的内圣而外王的政治架构中，强调的是君王个人的心性修养，是通过培植个体的伦理道德，而达到王天下的目的。在这之间缺少外在的技术性手段，事实上儒家心性之学特别是良知论者是排斥对于具体事物的认识的。就个体对社会的影响而言，光有自身伦理道德的提升是不够的，还需要有具体的方法。如果只关注于内在的心理预设，那么由此出发所提出的外在设想就可能是迂腐、浅陋的。❶ 面对身处的社会现实，段正元提出的许多措施正是如此。例如破国籍、去军队，认为现代国家的财政只是使民困国弊的工具而主张废除财政……一味追求合民心、合民意，但在国家政治、经济、军事等许多方面提不出合乎时代发展的主张来。

大同社会之外在设施的简陋，因除了由传统流衍而来的心性之学的缺陷导致外，也与段正元对现代国家的认识偏差有关。段正元认为："国家者，团体的人格之一种也。国家之成立，由于多数人类相结合，依共同之组织，达共同之目的，而成一单位的团体。故其团体之意思，不得不藉自然人之意思以为意思。其行为，不得不藉自然人之行为以为行为……团体之人格亦与自然的人格等。"（《政治大同·国家问题之根本研究》）这种认识显然仍旧是原始社会氏族公社式的，在范围与眼界都极为有限的氏族公社中，管理手段并不需要复杂、精心的构想，只需把家庭管理中所遵循的原则移植于群体中即可。我们知道，在一个家庭中，家长的身体力行、模范作用是任何说教或强制的力量都无法代替的。在段正元为解决时局问题而提出的三项措施"综合名实、表彰先圣、尊师重道"中，后两项恰恰就是要树立这样一个可资遵奉的伦理模范。大同社会构想中提出的正纲，其核心还是要求上位者首先做出表率。

这种过分着重于内在修养而忽视外在方法的思维方式说明段正元的中道思想虽然归宿在政治层面，但核心根本仍是心性论的，其思维方式是简易的、一元化的。

---

❶ 这一问题在现代新儒家那里表现为如何由内圣开出新外王——民主、科学。牟宗三的良知坎陷说肯定了儒家内圣心性之学及其内在精神是不能够直接作为民主、科学的基础的，而梁漱溟所做的以伦理代替法律的乡村建设试验，也是在按照传统的政教合一的模式来解决现时代的外王问题。这其实都说明了儒家心性之学与知识探求之间存在的差异。许纪霖：《二十世纪中国思想史论》（下卷），东方出版社2006年版，第197页。

"现代中国孔夫子"段正元

黄 慧 冯俊强

段正元（1864~1940）原名段德新，出生在威远县原望集乡堰沟坝（现威远县镇西镇红林村9组）。段正元8岁左右，祖父母相继去世，12岁时父亲去世。15岁那年，因母亲生病，段正元暗暗咬破中指对天发誓："吾乃孤儿，唯母是依，母在子在，母亡子亡。"

一天晚上，他忽然闻到满山坡香气扑鼻，瞬时心境澄明。他突然想到，小老君山有一名医可治母病。第二天一大早，他就去寻医。在路上遇老人龙元祖，凭一副汤药救了段正元母亲的命。段正元立志学医，但是老人不传医术，反要段正元学道："医乃大道之绪余，果明大道，则医不待学而自精。否则为庸医，可以医肉身，不能医性灵，可以医个人之病，而不能医天下世人之病"，并赐以道号"正元"。从此，段正元随老人在峨眉山、青城山学道，4年后学成下山，并在成都创立了"人伦道德研究会"。1909年，段正元怀揣一块银圆到北京，创办了"北京道德学社"。

段正元一生四处讲学，著作颇多，有《阴阳正宗》《归元自在》《大学心传》《政治大同》《圣道发凡》《师尊特讲》《道德学志》《师道全书》等300多篇著作，表达了他对儒学的理解和创新，受到学术界任宝菊、韩星、鞠曦等人大力推崇。

段正元在《重刊阴阳正宗略引序》一文中，对写作《阴阳正宗》的情况做了描述："我自十九在青城山明心见性后，了然于大道之生天、生地、生人、生物之由来，与人在后天宜如何存心养性、归根复命、返还先天之究竟，默识于中，未敢轻发。至三十觉可以著书，始将觉悟所得笔记出来。其时在已经舍弃产业以后，家况窘迫，昼间营生计，过暑无暇，夜间秉笔，燃桐油灯照明。为惜油计，芯草捻如线，故油虽省而目力耗，几为之盲，耳亦为之减聪。

骨头更咀嚓做声，身体之劳瘁可知。书稿虽成，无力发刊，遍向亲友告贷，无一人肯应，甚至受其奚落。孟子所谓劳其筋骨，饿其体肤，空乏其身，行拂乱其所为者，我实一一经验过来。"(《师道全书》)

韩星教授肯定了"道德学社"的历史作用，认为段正元"是'现代中国的孔夫子'。他的思想是在明心见性之后从其天性中自然流出，能够见人所不见、发人所未发。在中国文化经历亘古巨变的时代，他以高超的智慧、深挚的仁爱和大无畏的勇气，在中国现代思想文化史上发挥了独特的历史作用。"

在思想上，段正元以道德为轴心，以儒学为重点，对中国传统文化从本原和本体层次进行融会贯通。段正元对秦汉以后原始儒学的基本精神进行了正本清源，对儒家"道统"结合先秦道家思想进行现代重构，对儒家"学统"批判中进行转化，对儒家"政统"通过"内圣外王"重新梳理。

在实践上，段正元另辟蹊径，恢复原始儒学下学上达的学术道路，以民间性、独立性为基本原则，使儒学在民众当中得到传播。"北京道德学社"致力于复兴传统文化，还力所能及地进行社会公益事业。1937年，全面抗战爆发，学社把举办《中和日报》的费用，用来办收容所。1938年，学社在北京安福胡同七十六号成立经学讲习所，在大栅栏七号成立妇女挑花工作所，并讲习儒家经典。

1952年11月，"北京道德学社"被当地政府以封建迷信为由强令解散，各地"道德学社"也"转轨"或解散。"文革"时期，北京海淀善缘桥段正元陵园被破坏殆尽，各地社员都不同程度地受到了冲击，有的甚至被抓进了监狱。

威远县政协委员祁建华曾经多次去段正元故居收集资料。民国时期，后人为纪念段正元修建了"元仁堂"，大门两边曾悬挂对联："天下为家乐各国平等，世界大同成仁人自由。"横批是："天下一家"。在"元仁堂"礼堂门外曾悬挂对联："南极北极太极无极，天尊地尊师尊独尊。"横联是："大尊无极"。《师尊故里纪要》载："上坝"与"溅滩坝"河水曲折，相抱如太极。周围有山，前面河水萦绕，如衣带然。平坝皆田亩，后面狮子山由老君山发脉而来。相传古时有真人张三丰游历到此，题写四句偈语："老君山前抬头望，二十四个金拍像，有人得此阴阳宅，世代簪缨出宰相。"

祁建华了解到，在威远县城、镇西镇等地，村组干部对段正元其人几无听闻，走访堰沟坝段氏家族时才证实确有其人。

站在段正元故居附近的山上，能够清晰地看到两边的山坡相依，山脚下的小河曲折环绕，在油菜花和田埂下可以看到若隐若现的"太极"图形。

在威远县与荣县交界的一处山崖上，后人于1944年在此镌刻了四个楷书大字"师尊故里"。石刻笔法工整，浑厚有力。

走过高高的石台阶，就到了段正元故居，2009年，文物部门已将段正元故居录入国家"文物调查及数据库管理系统"。现在，段正元故居仅存客厅等几间泥墙瓦屋，为了防止坍塌，段氏后人用竹木勉力支撑维护。目前，威远县委、县政府及文体局正组织有关力量搜集段正元文史资料、段正元儒学思想的基础性资料，争取上级文化部门支持以修复段正元故居，拟适时召开段正元儒学研讨会，以弘扬段正元先生的儒学思想。

（原载《内江日报》2010年3月28日）